俊秀
青 年 书 系

策划人 郝宁

王 青／著

教练心理学
促进学习与成长的艺术
（第二版）

上海教育出版社
SHANGHAI EDUCATIONAL
PUBLISHING HOUSE

U0120706

前言

当我首次在国内提出"教练心理学"这一概念的时候，四周传来五花八门的问题：

"它是关注体育教练员的心理学吗？"

"它到底研究什么？"

"它和书店里那些商业教练，还有教你怎么发展领导力、自我提升之类的理论有什么关系？"

"心理教练和心理咨询有区别吗？"

……

这些问题展现了人们的好奇，也说明这个领域仍然处于发展初期，对人们来说相对陌生。

教练心理学的概念正式进入心理学领域是在 2000 年，我最初接触教练心理学是在 2009 年。当时，教练心理学的研究机构还不多，主要由英国心理学会（British Psychological Society）和澳大利亚心理学会（Australian Psychological Society）的教练心理学特殊研究小组率先开展。经过国际同行二十余年的努力，教练心理学的科研与应用从运动管理、工业组织领域扩展到企业管理、教育培训、医疗咨询、社会工作等领域。在学术研究方面，国际教练心理学学会（International Society for Coaching Psychology）于 2011 年正式成立，英国心理学会于 2021 年正式成立教练心理学分会（Division of Coaching Psychology），这些标志性举动说明教练心理学已经逐渐成为一门独立的心理学分支学科。

在高等教育领域，许多大学也开始跟进，开设与教练心理学相关的硕士和博士研究生的课程，如悉尼大学、昆士兰理工大学、伦敦城市大学、东伦敦大学、雷丁大学等。在实践领域，较权威的行业组织开展了一系列心理教练的认证课程，发放教练执业证书以及提供教练服务，如国际教练联盟（International Coaching Federation），隶属于哈佛麦克莱恩医学院的教练机构等。在中国，我于 2014 年在华东师范大学心理与认知科学学院创立教育教练研究组，率先开展关于教练心理学在教育领域的研究工作，也开始了教练心理学的研究生教学工作。国内同时涌现了一批以"心理教练"服务为主的机构，然而，行业规范的建立还需要很长一段时间的摸索。

教练心理学适用于不同年龄层和不同背景的人，是一种自我成长以及帮助他人成长的有效途径。教练心理学很简单，它不需要购买任何高端的设备或装置，也不需要学习任何复杂的事物，只需要至少两个人（教练者和受教者）

投入真诚、平等、开放和切实有益的对话中。

这本书面向所有对教练心理学感兴趣或有意从事教练工作的人群。与市面上的自助类教练书籍有所不同，本书因循"理论指导实践，实践检验理论"的原则，结合教练心理学基本原理、日常实践、具体的教练过程、教练者的角色以及教练干预技术，希望能够将教练心理学的面貌简洁、清晰地展现给读者。

这本书的第一版于 2018 年出版，至今已过去五年。这五年间，教练心理学领域出现一系列变化和发展。第二版在关注最新学科动态的前提下，增加了第十一章（整合性教练取向）和第十六章（学习心理品质教练模型），修订了第一章（教练心理学的来源及发展）以及第二十二章（教练心理学家和执业教练的职业伦理）。

衷心希望教练心理学能够在国内被普遍重视，逐步建立行业规范，并广泛运用到教育、培训、辅导、社会服务等育人、助人的行业中。

目录

第二部分　教练心理学的主要流派

第三部分　教练心理学模型

第四部分　教练心理学实践

第一部分

何谓教练心理学

第一章　教练心理学的起源及发展

---- 本章导读 ----

- 教练是一种系统性地促进他人表现、学习、发展的非直接指导过程。

- 教练心理学是致力于提高正常的、不具有心理问题或精神疾病的临床症状的人们在个人生活和职业领域的表现水平的科学，它建立在成熟的学习理论和心理学理论框架之上。

- 教练心理学经历三个时代的发展：以问题和目标为导向；以优势和未来为导向；以反思和意义为导向。

何谓教练

让我们从"教练"的概念开始，简单回顾一番教练心理学概念的起源及其发展。为了更好地区分"coaching"（作为一种过程的教练）和"coach"（作为一位开展教练过程的人），我们用"教练"和"教练者"分别表示两者，接受教练的人我们称之为"受教者"（coachee）。

从词源学的角度来说，"coaching"源自中世纪英语"coche"一词，意思是载着一个人或一群人的马车，帮助人们从出发的地点到达目的地。这个词很好地表述了教练概念中的两层意思：人们的发展和进步可以被看成一段旅程；教练能帮助人们更快、更好地抵达目的地。

1986 年美国哈佛教育学家兼网球教练蒂姆·盖尔威（Tim Gallway）出版了一本《网球的内在比赛》（*The Inner Game of Tennis*），他认为运动员真正的对手是自己的内心状态，它比网球场对面蹦来跳去的比赛对手更令人敬畏，更难以对付。网球教练真正的作用不是单纯地传授技术，或告诉运动员如何打得更好，而是帮助运动员了解自己的内心，消除内在的心理障碍，让运动员本身的能力以最自然的方式发展，自然而然地有优秀的表现。这本书在美国引起广泛反响，"教练"这一概念迅速地蔓延到商业管理、咨询、个人发展、教育、医疗等领域。

"教练"这一概念和社会科学领域众多的概念有同样的问题：它很难被所有研究者一致、明确地定义。教练牵涉诸多理论、背景、目标、技术、策略和取向，定义它本身就是一件麻烦事。1991 年，丹尼尔·传克曼（Daniel Druckman）和罗伯特·比约克（Robert Bjork）从强调指导（instructional）的角度定义教练，他们认为教练是一种包括观察、给予暗示和线索、回馈、提示、新的任务，以及帮助人们将注意力重新转移到他们可能会忽略的地方的一种指导方法；一切教练行为都是为了让受教者的表现能够达到或尽可能接近专家的表现。

这个定义受到许多专家的质疑，最大的争议在于，教练究竟是偏向指导，还是偏向辅助（facilitative）？约翰·惠特莫（John Whitmore）于 1992 年给教练下了一个定义：教练是发掘人们的潜力，使人们能够最大程度地展现自己的一种方式。教练帮助人们学习，而不是教会人们学习。惠特莫将教练过程看成一种学习和发展的过程，而教练者是学习的促进者。持有这种观念的学者很多，如弗雷德瑞克·哈德森（Frederic Hudson）强调教练的作用在于辅助，而不是指导：当一个人能够帮助另一个人开展体验性学习，发展有助于未来的能力，看到有利于成长的更好的选择，教练过程就自然地展开了。教练者要做的事情是激励、挑战、辅助受教者，而不是指导、建议或说教。这个观点目前已被大多数学者接受。

　　学校心理学家伊恩·麦克德莫特（Ian McDermott）和温蒂·雅戈（Wendy Jago）将教练理解成一种特殊的对话形式：它必须聚焦、有重点和有规则，同时也必须开放、真诚和接纳多样性，目的是让受教者学习如何通过反思自己的问题、资源、情境和潜力，更有效地进行自我管理和自我领导。同样，罗拉·怀特莫兹（Laura Whitworth）阐述了教练作为一种对话关系的重要性：它需要双方具有一定的心理品质，在一种尊重、开放、富有同理心、热情和相互承诺的关系中展开真实的探讨。

　　教练心理学家、澳大利亚学者安东尼·格兰特（Anthony Grant）和戴安·斯通博（Dianne Stober）从合作学习和发展的角度对教练下定义：教练是一种系统的合作关系，合作双方为教练和受教者；教练过程包括共同构建达成目标的步骤和解决问题的方法，以推动受教者的持续的自我引导式学习和个人发展。他们认为教练在于向人们提出正确的问题，而不是告诉人们如何去做。2010 年，教练心理学研究者伊莲恩·考克斯（Elaine Cox）给予的定义是：教练可被看成一种人的发展过程。这个过程涉及具有结构性和聚焦性的互动，以及各类教练策略、技术和技巧的合理使用，目的是促进人们理想中的进步以及维持这种进步。

我们可以从以上令人眼花缭乱的定义中归纳出三个关键词——表现、学习、发展。教练的核心构成包括以下成分，这些同样是教练心理学的核心成分：

- 教练者和受教者之间存在合作关系，而不是权威或等级关系。
- 焦点在于积极地构建解决方案，而不是深入地分析问题。
- 受教者为具有一般能力、正常行为表现或高功能人群，不具有心理疾病的临床特征。
- 教练的目的以及是否达到目的的标准由双方共同商议和构建。
- 教练者不需要掌握受教者所选择学习或讨论的领域的特殊知识。教练者的专业之处在于帮助他人学习、辅助他人成长的技能，而不在于某一个领域的具体知识。
- 教练是一种系统性、以目的为导向的过程，能够强化受教者的自主学习和个人成长。教练的理想结果是受教者能够做到自我教练（self-coaching）。

何谓教练心理学

格兰特为了更好地区分教练心理学作为一门心理科学和一些流行的、未经科学检验的教练模型，提出循证教练（evidence-based coaching），强调专业的教练者——在商业、教育、咨询、医疗或任何领域——必须将他们的职业行为和干预范式明确地建立在成熟的心理学、学习理论框架和科学实证研究的基础上。

与此同时，一场关于"什么是教练心理学"的运动在美国、澳大利亚、英国和其他欧洲地区轰轰烈烈地展开。这场运动由两派主力队员组成：一派为以格兰特和迈克尔·卡文纳（Michael Cavanagh）等人为首的澳大利亚学者，他们于 2001 年在悉尼大学成立教练心理学中心，得到澳大利亚心理学会教练心理学研究组的支持。另一派为以斯蒂芬·帕尔默（Stephen Palmer）、乔纳森·帕斯莫（Jonathan Passmore）、艾莉森·怀布罗（Alison Whybrow）等人为首的英国学者，他们于 2002 年建立英国心理学会教练心理学特别兴趣小组（现已正式成为教练心理学分会），并在伦敦城市大学建立教练心理学研究中心。这两派学者之间的互相合作、欣赏以及共通的理念促成了教练心理学学科的快速发展和成熟。

2002 年在伦敦举办的首届国际教练心理学大会（International Congress of Coaching Psychology）上，格兰特和帕斯莫共同提出教练心理学的定义：教练心理学是一门建立在成熟的学习理论和心理学理论框架之上的，致力于提高正常的、不具有心理问题或精神疾病的临床症状的人们在个人生活和职业领域的表现水平的科学。帕斯莫从学术方面强调，教练心理学是在教练职业领域对人的行为、认知和情感的科学研究。其研究方法包括早期的案例研究和现象学研究，也越来越多地采用心理学中的实验方法和随机对照干预研究。在此之后，教练心理学作为一门正式的心理学子学科，开始在世界范围内发展起来。

从概念上来说，"教练心理学"和"教练"的主要区别在于：教练心理学明确强调心理学理论在教练过程中的核心作用。一切脱离了心理学原理的教练行为都可能建立在未经科学检验的假说之上，甚至会包含对人性的普遍误解。这样的教练行为不但不会给受教者带来益处，而且不利于教练者和受教者建立正确、健康、有效的教练关系。

　　所有教练者必须是教练心理学家吗？其实不然。2007 年的一项针对 2000 多名教练者的调查表明，其中仅有 31% 的人接受过系统的心理学教育或培训（包括咨询心理学、心理治疗、教育心理学、社会心理学等专业），有过心理学实证研究经验的人仅占 12%。有人也许会问：没有心理学背景的教练者就不会用到基于心理学的教练方法吗？其实也未必。根据 2017 年的一项大规模调查结果，教练心理学家会运用多达 38 种基于心理学的教练取向及整合性的教练取向，其中绝大多数取向也会被专业的教练者采用（Palmer & Whybrow，2017）。最常见的包括积极心理学教练（63% 的教练心理学家以及 57% 的教练者会使用）、认知行为教练（57% 的教练心理学家和 46% 的教练者会使用）、正念教练（48% 的教练心理学家和 46% 的教练者会使用）、焦点解决教练（43% 的教练心理学家和 42% 的教练者会使用）、人本主义教练（28% 的教练心理学家和 41% 的教练者会使用）。

　　我们可以看到，不论是教练心理学家还是专业的教练者，都试图掌握一系列基于心理学的教练方法，并倾向于采用他们认为最适合受教者的方法。目前教练领域的学者普遍认为：教练心理学家必须具有心理学领域的高等学历，受过心理学研究训练，以及获得充分的、受督导的教练实践经验；成功的教练者不一定需要受过心理学训练，也不一定要取得心理学领域的高等学历。也就是说，教练者不一定要成为教练心理学家，但从事教练职业的人必须至少掌握心理学的基本知识和理论，了解人的认知、情感和行为的一般规律，了解个体差异和多样性，了解社会文化对个体的影响，并且累积受督导的教练实践经验，取得专业的教练资质。因此，系统地接受心理学相关教育或培训是每一位合格教练者的必经之路。

教练心理学发展的三个时代

教练心理学经过二十余年的发展，已经成为拥有诸多流派的理论和实践相结合的心理科学。从其定义的演化历史我们可以看出，教练心理学历经几个时代的发展。哥本哈根大学教授瑞恩哈德·斯泰尔特（Reinhard Stelter）总结了教练心理学发展的三个时代。值得一提的是，这些时代并不完全按照时间进程划分，它们代表的是教练心理学发展的主要阶段以及此阶段的主流倾向。这三个时代可以共存，相互影响，相互借鉴。在教练实践工作中，经验成熟且富有智慧的教练者能够根据受教者的实际情况和秉持的哲学理念，灵活地采用三个时代中任意一个时代的教练方法，以更好地匹配受教者的需求和来访的初衷。

第一个时代为以问题和目标为导向的教练心理学。典型的教练模型和取向包括 GROW 教练（goal-reality-options-way forward/wrap up）、NLP（neuro-linguistic programming）教练、精神动力学教练、行为教练、认知行为教练等。它们旨在帮助受教者理解过去经历的或正在经历的具体的挑战和问题，制定细致、合理的个人目标，形成能够达到目标的行动策略。例如：我想换个新的工作，我该怎么做？我想减掉 10 公斤体重，我怎样做才能尽快达到目标？我想更好地平衡我的事业和家庭，我该怎么做？受教者的困惑和面临的挑战通常是具体的个人生活、工作或关系中的现实问题，他们需要专业人员与他们一起制定解决问题或达成目标的方案，同时着重于某个特殊的领域，如在刚才的示例中，受教者需要的教练者可能分别在职业辅导、健康管理或家庭咨询领域受过专业的培训。这些领域的知识固然重要，但在教练过程中，教练者很可能成为一个"问题专家"，热衷于提供相关信息和知识，忽略了引导受教者自己找出问题的答案或解决方案的能力，所以第一个时代的教练者需要警惕陷入与教练心理学精神相违背的"专家陷阱"。

　　第二个时代为以优势和未来为导向的教练心理学。典型的教练模型和取向包括系统教练、焦点解决（solution-focused）教练、欣赏式探询（appreciative inquiry）、积极心理学教练、基于优势的（strength-based）教练等。例如：我想成为一个更受他人欢迎的人，我能怎么做？我如何成为一个更富有主动性的终身学习者？这个时代的核心目的和意图在于帮助受教者生成积极的未来图景，发掘现已存在的优势和资源，并进一步培养受教者自身认可的、想要发展的优势资源。教练对话的重心放在发掘现有能力、探索理想的未来和可能性上，而不是已经或正在经历的挑战和困难。如果说第一个时代的教练心理学采取"过去—现在"的时间轴，第二个时代的教练心理学明显向前一步，采取了"现在—未来"的时间轴。教练者的角色偏向于一位冷静的鼓励者，构建一种聚焦的、结构性的对话框架，邀请受教者进入对话，大胆地描绘更好的未来图景，自信地阐述其已经拥有的良好品质和资源，发掘先前没有意识到的潜力并共同制定行动计划。

　　第三个时代为以反思和意义为导向的教练心理学。典型的教练模型和取向包括叙事（narrative）教练、叙事—合作（narrative collaborative）教练、哲学教练等。例如：一位曾患癌症的中年女子讲述她战胜病魔的经历，以及她如何思考生与死；一位备受爱情煎熬的男子梳理自己的故事，反思自己对爱情、欲望、责任感的理解。第三个时代的教练心理学是第二个时代的延伸，更多地体现了教练者的基本角色及教练者与受教者关系的变化。如果说第一个时代的教练者往往是某个领域的专家，第二个时代的教练者是刻意避免直接提供问题的答案的中立者，第三个时代的教练者就是试图与受教者建立更平衡、平等的关系的创造者。受教者向教练者讲述自己的经历、故事、思索，教练者向受教者分享自己的经验、考量和反思，成为个体经验的见证人和对话的共同创造者。

教练对话是对受教者所关心的某个话题的真诚探索，是对受教者身份认同的反思、解构与再建构。用奥地利哲学家马丁·布伯（Martin Buber）的话来说，这是两个至诚之人的深层对话，是一种真正的"我—你"关系（I-Thou relationship）。教练者和受教者可能各自是不同领域的专家，他们也都是了解自身的专家，双方在合作、共创的氛围中展开未知的对话，任思想相遇，观念碰撞，共情交融。

相对于第一个时代和第二个时代较为结构化的对话框架，第三个时代本身并不存在对话框架，它是自然生成的，随着双方关系的发展逐渐浮现出来。同样，与探讨的话题相关的新知识，也是在对话的展开和推进中共同构建出来的。第三个时代的教练心理学还有一个突出的特点，即教练对话会围绕着双方的价值观不断演变。教练者和受教者成为人生故事的讲述者、哲学家、意义建构者，双方创造出反思的空间，他们的讲述往往折射出对人生重大问题的思考，也反映了对人生的新理解。

第二章　教练心理学的哲学基础

本章导读

- 教练心理学具有三大交融的哲学内涵和思想基础：以人为本、存在体验和系统建构。
- 教练心理学以人为本的精神遵循人本主义心理学的原则。
- 教练心理学强调个体的存在体验、自我意识和自我觉察。
- 教练心理学是一个完整的系统，由教练者、受教者和其他社会文化环境因素建构而成；因素互成次级系统，相互影响和相互作用。

　　教练心理学并不是在现代心理学发展中凭空冒出来的领域，它有深厚的哲学内涵与思想基础，在诸多社会科学和哲学流派中汲取精华，形成独特的精神体系。

　　教练心理学的哲学精神可分为三个方面：基于人本主义心理学的以人为本精神；基于现象学和存在主义的存在体验的精神；糅合了建构主义和系统思维的系统建构精神。这三个方面涵盖了一些相互重合、相互关联的原则，对教练心理学的精神根基

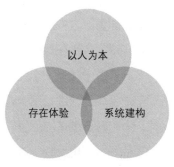

图 2-1　教练心理学的哲学基础

有各自独特的贡献，构成教练心理学中诸多理论的"元理论"（meta-theory），也就是"理论的理论"，为教练心理学奠定坚实的哲学基础。

以人为本

以戈登·奥尔波特（Gordon Allport）、卡尔·罗杰斯（Carl Rogers）、亚伯拉罕·马斯洛（Abraham Maslow）等人为首的人本主义心理学以及"来访者中心"（client-centered）方式，在心理咨询和治疗领域取得非凡的成就。几乎所有心理咨询和治疗学派都接受了罗杰斯提出的无条件积极关怀、共情、尊重等原则，并将其视为建立和维持良好治疗关系的关键。

人本主义心理学家认为，心理学的作用绝不仅仅是修复一个个被损害、病态或被潜意识困扰的人；除了"主流"的心理治疗方法（如精神分析、行为疗法、医学模型等），必须有一种新方法强调人的潜能、成长、自我实现、自我决定等积极的方面。人本主义心理学的原则和精神影响巨大，在社会学、医学、教育学等领域也有大量衍生而来的词汇，如"以人为中心""以病人为中心""以学生为中心""以学习者为中心"等，在各领域被反复使用。

指导教练心理学的人本主义哲学精神主要包括以下几点：

其一，尊重每个人的完整性。人不是一个由部分拼凑而成的总体，自我是人格最主要的组成部分，是了解人的自然本性的关键。一个人是否健康、成熟的标准是：他是否有确定的自我形象和自我同一性，有适当的自尊心，能够公开、无条件地去爱，有情绪上的安全感，并具有为人生带来意义的目标和意图。

其二，人能够清醒地意识到自身拥有选择的权利和自由意志。当人能够自觉、自发地实施忠实于自我选择的行为时，就会感受到情绪和精神上的满足、愉悦和健康；而当人受到他人或社会的禁锢、逼迫、威胁时，就会产生不良的心理反应。环境对人的影响是巨大的：人在能够行使合理权利和享受自由的社会环境中才能自然而然地发展。

其三，人是追求意义的动物，即人拥有意图感（intentionality）、目标感和在生命中寻找意义和价值的本能。当人主动采取与自己的价值观和意图相一致的行动时，就会体验到愉悦感、满足感和效能感；当人没有赋予行动以意义的时候，行动本身会带来困惑、不解、感到受胁迫、难以维持等不良的情绪和行为反应。

其四，人有趋向成长、发展、学习、发掘自身潜力的本性，即自我实现的本能。人是积极的有机体，天生就具有心理成长和发展的倾向，会努力应对挑战，并整合外部经验和自我意识。人不断在社会中学习，从他人身上汲取经验，并将自己的经验分享给他人，在自己生活范围内形成一种流动的学习社区（learning community）。当人被无条件理解、尊重和接纳的时候，将极大地激发学习和成长的潜能，有更开放、真诚的态度，积极、健康的人格，以及更佳的表现。

其五，人是自身最权威的专家。简单地说，没有人会比你更了解你自己。通常所说的"你不了解你自己"，是指人们陷入压力中或被阻碍时可能会自我蒙蔽和自我欺骗。在一种开放、健康的社会环境和人际关系中，我们对自身的理解和决定权始终掌握在自己手中，我们完全有权利相信这一点。

其六，尊重每个人的自我决定。需要同时满足自主性、胜任力和归属感这三个方面的需求，并且有必要持续一段时间。当环境让一个人体会到自主性（如发表意见、主动行动等），他就能够体会到自己是自己的主人，能够决定和控制自己的行为。胜任力与自我效能感有关，即个体相信自己能够达到某个活动的水平。归属感指个体需要来自周围环境和相关他人的理解、关爱和支持。这些需求是人们先天固有且普遍存在的，是内在动机的源泉。内在动机帮助人们改变，使人们对经历采取更开放的态度，也使人们的行为对自己和社会更有益。满足这三种需求的社会环境能够促进外部动机的内化，促使个体更长久地从事某种活动，保持积极的心理状态，产生更积极的行为结果。反之，阻碍这三种需求的环境通常会降低个体的内在动机、幸福感和行动表现水平。

教练心理学本质上是为了促进人的成长和发展，尽可能地发掘潜能，提高功能表现。教练者充分尊重受教者的权利和决定，全然接纳受教者是一个完整而本真的人，相信受教者拥有自我发展、自我成长、自我改变的能力，这些都是人本主义坚持的精神。

教练关系作为一种非直接指导的关系，给人们提供了一个互相关心、理解和接受的典范，帮助受教者学会用更成熟的方式澄清自己的感受，规范自己的行为，提高自觉性和自我接纳，将自己与他人和社会联结在一起。

有效的教练过程包括构筑开放、平等、自由、宽容和正确的教练关系，允许受教者在一定程度上理解自身和他人。建立在这种程度上的理解能够使受教者鼓起勇气，坚定信心，向新的目标迈进，产生积极的变化。持有以人为本精神的教练者能够在教练操作过程中践行以上原则，寻找适合自身和受教者的方法，将这些原则融入不断演变的对话和关系中。当然，实际操作要比大众理解的复杂得多。要想成功实施这种方法，教练者必须掌握杰出的社交和沟通技巧，保持自身的协调性和统整性，全身心地关注每个受教者当下的体验，保持心理接触（psychological contact），使受教者感受到最低标准的共情和无条件的积极关怀。这项任务不但是一种荣耀，更是一种挑战。这本书的第二部分将具体探讨人本主义教练心理学采用的操作原则和方法。

存在体验

人存在的本质就是存在于世（being-in-the-world）。人存在于世界之中，与万物密不可分，共同构成一个不断生成、变化的整体。其中最核心的是存在感，即人对自身存在的经验。人不同于动物之处就在于人具有自我存在的意识，能够意识到自身的存在。

存在感和我们日常较熟悉的自我意识相近，但自我意识并非纯粹认知、智性的意识，而是对自身的体验，如感受到自己沉浸在自然万物之中。人的存在体验是一种珍贵而智慧的体验，它能够超越分离，实现自我整合，将身心、自然和社会等合为一个系统。只有人的自我存在意识能够使人的各种经验得以连贯和统整，通向深刻的内心世界。

伟大的存在主义哲学家和心理学家，如丹麦哲学家索伦·克尔凯郭尔（Søren Kierkagaard）、德国哲学家马丁·海德格尔（Martin

Heidegger）、法国哲学家让·保罗·萨特（Jean-Paul Sartre）、美国存在主义心理学家罗洛·梅（Rollo May）等，均强调人的生活中无处不在的存在性矛盾（existential paradox），以及面对矛盾时的责任感和自主选择。存在主义的真理必须在流动的个人体验中一次又一次被建立、改写和刷新。这是极其困难的一件事情：我们在探索体验之境的边缘的同时，随时冒着掉入真理之渊的危险。这种困难培养出人们对存在体验的敏感和热切探索的精神，然而这里依然存在一种矛盾，即我们只有通过自己已经历过的那些体验，才能真正理解他人描述存在体验的意义。

根据存在主义心理学家及治疗师艾米·范·德尔岑（Emmy van Deurzen）的说法，存在体验有四个维度：

物理维度，即人们所存在的现实环境，包括人与自然、世界以及种种客观事物的关系，人们与自己和他人的身体的关系，以及所有在宇宙中自然存在的物种的关系和它们带来的影响。

社会维度，即在历史、社会和文化的影响下人与人之间的互动和联结，这些影响带来的要求、困难或挑战，以及人们如何寻找到属于自己的平衡之道。

个人维度，即个体自身的世界，人们如何认识自身，如何建立身份认同感，如何理解自身和他人的相通及相异之处，自身的优势、资源和弱点，以及所有定义自我的理想、希望、信念、渴望、记忆等。

精神维度，即个体最高层级的信仰、价值观、世界观、对生命意义的理解、原则等，这些信念指导着人们日常生活每时每刻的行为，每一种行为都指向深刻的精神维度的内容。

只有当人们在这四个层面全然投入对方的存在经验中，才能真正理解彼此的视角，探索新的可能性。从这个视角出发，优秀的教练者可能在某种意义上抱持存在主义的哲学精神。指导教练心理学的存在体验哲学精神主要有如下几点：

其一，人与世界是不可分割的整体。自然和世界万物并不是行为主义声称的引起人的反应的客观刺激，而是与人的存在的独特意义相关联。如人看到一棵树，树并不是纯粹客观的刺激物，它对不同的人有不同的意义，不同人的内心会浮现与之相关的往事或想象，继而感受到欢乐、悲伤等情绪体验。

其二，存在体验的个人维度是开拓人生地图的基础。它拥有"具身"（embodiment）的特性，包含感觉、知觉、直觉、灵感、情感等极其丰富的存在性资源。教练者关注受教者的这些直接体验，以培养其认知的具身能力。

其三，每个人都是被"抛入"（thrownness）这个世界中的，因而需要现实地接受世界中的一切和自己的命运。同时，人的存在又是自己选择的，并非被动地承受一切。每个人都不可避免地产生存在性焦虑体验，这是因为每个人都有选择的能力，需要承担选择的结果，同时自我存在的有限性也会引起焦虑。然而，人的存在始终处于生成、变化之中，每个人都在过去的基础上，在变化中展现不同于他人的独特经验，理性地认识到自我存在的局限性，通过自由选择并勇于承担由此带来的责任，实现自身的可能性，朝向未来发展。

其四，每个人都是独一无二的，没有人可以取代或占有他人的自我。心理健康的首要条件就在于接纳自我的独特性，而每个人都拥有独特的人生观、价值观、世界观以及对生命的理解。人类普遍的存在状态（如生与死）和个体的私人体验（如不同的生存方式、对待死亡的态度）之间存在永恒的张力，我们应该带着尊重、真诚的好奇和开放的态度去接近他人，承认彼此存在体验的特殊性，在保存自我核心的基础上融入这个世界。人的独立性和参与性必须适得其所，平衡发展。

其五，每一种存在体验都具有"一体两面"的特征。没有极端正面或极端糟糕的分类，每一种体验多多少少都带着一些矛盾或冲突的特质。人与人之间依靠对话相互讨论并深入探索存在体验。辩证法（dialectics）是一种多方面、多角度谈论事物的方法，教练心理学提倡大量使用辩证法，督促人们清晰、冷静地看到事物的原貌，正确认识并有效处理矛盾和冲突。

其六，个体通过觉知发现世界，而觉知一旦成为习惯，就容易自动化，人们在不知不觉中行动，缺乏觉察和洞见。人们需要时间和空间实现跳出来，去反省、挑战、怀疑、犹豫、反思和深刻理解。教练心理学一方面致力于提供这样的空间，另一方面提倡清晰的方向和目标，而不是散乱、零碎的思考。教练者需要保持冷静、稳妥的态度，拥有纵览全貌的能力和大局意识，帮助受教者往他们想探索的方向上推进，但不会让对话无休止地围绕着矛盾和冲突进行。

其七，存在体验可能存在一些盲点或对现实的否定。人们可能自我欺骗、自我催眠，拒绝接受事实，宁愿生活在美好的假象和幻想之中。教练心理学承认这些假象和幻想在某种程度上可以暂时缓解焦虑，教练者工作的重点就是帮助受教者清晰辨别它们的功能和本质，既会移去扭曲、有破坏性的想象，也会逐渐移去那些令人愉悦的幻想和美梦，坚持真相和现实的意义。

其八，人具有真实性。人作为存在的主体，所思、所言、所行、所感都反映了我们是谁，而对自己的定义和认识也会影响我们的言行和感受。人本主义提倡"做真实的人"，即做至诚和开放的人，采取与自己内心的理念和价值观一致的行为。存在主义的真实性指"我性"（mine-ness），即人们对自己的存在具有承诺感，对于生活中能够获得身份认同的任何情境和任何人，给予一种热诚的、无条件的承诺和接纳。按照海德格尔的观念，真实和不真实的区别在于在何种程度上我们定义自己，而不是被他人、规则和风俗等定义。我们可以将真实性理解成一种与我们存在为人相关的"活力"（aliveness），而不是盲目地成为"必须成为"的样子，或为"必须要做的事情"碌碌终生。

教练心理学试图帮助人们增强存在的自我意识，加深对自身经历的理解，发掘自身的价值和世界观，勇敢地探索自己所坚持和信守的价值观，而非不加批判地随波逐流或人云亦云。用自己的头脑和心灵去感受世界是现象学和存在主义的主旨，它界定了一种如何系统地运用注意、体验、观察和反思的哲学方法，使人能够在仓促地定义事物或体验之前进行一种审辩性和创造性的活动。人一旦有勇气和决心反复进行这样的活动，就会与更强大的自信和目的感共存。人的存在感越强、越深刻，自由选择的范围就越广，视野就越开阔，把握自己命运的能力就越强。反之，如果一个人丧失了存在感，忽略存在体验，意识不到自己存在的价值，就会盲目听命于他人，不能够自由地选择和决定自己的未来，种种心理疾病也可能随之产生。

教练者唤醒受教者的真实性，受教者意识到自己对自身和所处的情境负有责任，拥有自由，对于身份认同拥有选择的权利。身份认同不是僵化、固定的，也不是结论性的；它们是开放的、变化的，随着我们采取不同的角色和视角而产生新的可能性。

系统建构

　　教练心理学的系统建构哲学扎根于系统思维。系统思维起源于奥地利生物学家卡尔·范路德维希·冯·贝塔朗非（Carl Lugwid von Bertalanffy）1920—1960 年提出的一般性系统理论（general systems theory），在当时对占主流地位的科学机械论和还原论提出质疑和挑战。

　　冯·贝塔朗非强调，我们生活的世界不是由具有因果关系的线性部分组成的，而是由多种互相依存、具有不同层级的系统组成的。这些系统和它们各自的环境具有交互影响。我们可以把世界看成一个包含一系列内在系统的系统，这些内在系统可能展现了一些共同的元素和特质。系统内的元素依照自身的规则和目标不断交互，相互适应、调整和变化，随着时间流逝而产生更大的系统规则。一个真正的系统，其整体永远大于部分或元素的总和。

　　我们的身体就是一个绝佳的例子：身体作为一个系统，由多种器官组成；每个器官作为一个系统，由多种细胞组成；每种细胞由更小的系统组成。在这种多层级的系统中，每一个系统各司其职并相互作用，相互影响。如果外界环境发生变化（如气候变得恶劣），或某一个次级系统受到损害（如生病、身体受伤），系统的平衡就被打破了，我们的身体会感到不适。相关的次级系统首先作出反应，以求适应或恢复，建立新的平衡和秩序，保障系统整体的功能。

　　系统思维是一种整合理论，它不但揭示了自然科学中的一般规律，而且对社会科学（如社会学、心理学）产生深远的影响。系统思维在诸多领域得到发展，衍生出各具领域特殊性的理论，如信息工程

领域的控制论、复杂理论、复杂适应性系统理论，社会学领域的场域
理论，心理治疗领域的家庭系统理论等。

对教练心理学有启发意义的系统思维的观点主要包括：

其一，提倡人作为整体，大于部分的总和。这与人本主义的观念
一致，强调人的统一性、整体性和有机性。人生活在围绕着每个人的
独特的社会情境之中，每个人都有特殊的生态文化背景（bio-cultural
context）。社会情境中的每个元素的相互联结和相互作用（如个体
与个体之间的关系）都将形成次级系统，从而产生人与情境的相互
影响。

其二，个体的心理问题可能是因为系统中的元素互相作用和适
应的过程产生的，而不是完全来源于自身。传统的心理治疗往往采取
一种"命名标记—启动责备—产生羞愧"（name-blame-shame）的方
式，将有心理问题的人看成单一的需要治疗的对象。在系统思维的视
角下，有心理问题的人受到系统内其他元素的影响，在考虑个体的心
理状态时，需要把个体系统中的其他元素也考虑进去。

其三，系统的开放性是一个重要的特质。所有系统都有边界，但
边界是一个比较模糊的概念，它是可渗透、可穿越的。这意味着所有
真正的系统都具有一定开放度，既能够吸纳新元素，也能剔除对维持
系统无用的元素；能够随时保持与其他系统的交流、互动，与更大的
环境系统相互影响。系统的开放性特质也会变化：系统既可能在某些
时候变得非常开放，也可能在某些时候变得较为封闭。就系统理论而
言，所有元素的能量都会随着时间变得更低，一个完全封闭的系统会
逐渐干涸并死亡，因而不断有新的能量和资源进入系统是保障系统生
存的关键。保持开放有利于新的能量进入系统，系统进而不断调整、

进化和革新。

其四，因为系统的开放性特征，所有系统都不可避免地会遭遇干扰，处于一种持续的不稳定状态。用场域理论之父库尔特·列温（Kurt Lewin）的话来说，就是处在"混沌的边缘"（edge of chaos）。此时系统自身会维持动态平衡，不断根据新元素创造出新的模式和次级系统，这是一种看似矛盾实则极其合理的特质。不同能量的冲突会产生一种内在张力，迫使系统产生创新性和革命性的改变，从而得到成长和发展。

其五，系统内各元素的相互作用使系统具有可见性和生成性。如我们能观测到的一杯水、一片雪、一块冰或一团蒸汽，它们具有不同的颜色、湿度、硬度和结晶结构，都是由水元素与其他的环境元素以不同的作用模式生成的。人的心理状态和行为系统也具有生成性，同样的元素在不同的环境中与其他元素互动的不同模式，会造成可观察到的、有所区分的外显行为。

其六，个体在系统中起操作性主体（operational agency）的作用。指导系统主体操作的是各种反馈和前馈回路。反馈既可以是正反馈，也可以是负反馈。正反馈又称增强反馈（amplifying feedback），意味着强化和增强行为以促进系统成长和扩大；负反馈又称平衡反馈（balancing feedback）或调解反馈（regulatory feedback），意味着减弱行为以减缓系统成长，或让系统聚焦于某个特定的水平。两种反馈都对系统具有重要的意义。前馈回路是人们对反馈的预期，可预期的正反馈更能促进创造和改变，而可预期的负反馈会使人们趋向于谨慎、保守以维持系统的稳定。教练者的工作是帮助受教者对系统中的各种形式的反馈更敏感和作出反应，利用正反馈增强受教者的探索行为和创新行为。

　　教练心理学是教练者和受教者共同构建的系统，是社会系统中的一个次级系统，它受到社会环境和文化等诸多因素的影响。其中教练者和受教者各自有独特的系统，包含生活背景、经验、环境、文化、性格、教育、职业、人际关系等元素。每一种元素可被看成更小的系统。教练者需要考虑受教者系统中的情景、事件、相关他人等重要元素，将教练过程个人化、系统化，尽可能贴近受教者系统运作的规律和目的，并解决系统每一个层面上的问题。在教练系统中，双方的反馈和沟通能够帮助系统维持开放状态，这意味着教练者和受教者同时在心理层面开放自己、交换信息、交流思想、表达感受、接纳情绪，共同建立对当前问题的新的理解架构和解决问题的新的行动模式。

　　开放的程度决定了教练过程的质量：如果开放的程度太低，新的信息和反馈就无法流动起来，教练系统中的元素会处于停滞和固着状态；如果开放的程度太高，教练系统一时承受不了猛然涌入的信息，这些信息的数量和多样性会让双方应接不暇，造成一时的混乱和失序。有效的教练过程试图达到恰到好处的开放程度，将系统维持在混沌、紊乱和千篇一律之间。教练系统巧妙地利用内在张力，一方面改善过于焦虑、动荡、紧张的状态，一方面打破过于舒适、稳定、固着的状态，增加新的信息和能量的流动效率和多样性，强调正反馈，让受教者从舒适圈中走出来，创造新的观点，形成新的思考角度，建立新的行动模式。

第三章 教练心理学与其他助人方式

---- **本章导读**

- 教练大量借鉴了心理咨询和治疗的技术，但它与其他助人方式仍有许多不同之处。

- 教练与心理治疗、心理咨询的主要差别：教练采取预期式视角，以目标为导向，以行动为基础；受教者主导性更强；教练关系更灵活、开放。

- 教练与启导的主要差别：教练不一定涉及某个领域的特殊知识和经验；教练不给予直接指导，不加评判；教练关系更平等、合作。

- 教练与学习指导支架的主要差别：教练者不一定比受教者在某些学习任务上拥有更多的知识或能力；教练更看重培养受教者在知识建构上的主动性和主导性。

教练心理学是一种研究和实践如何帮助他人成长、发展和学习的科学。教练干预借鉴了心理咨询、心理治疗及学习辅导等领域的多种助人方式，有的学者甚至质疑教练心理学中的干预与心理咨询等助人方式有何不同（Williams & Irving，2001），到底是什么将教练与其他助人方式区分开。约翰·沃尔克（John Walker）于2004年在《每周商业评论》上发表了一篇商业管理教练的综述研究，细致地探讨了目前在"人类发展产业"（people development industry）中人们所知晓的所有助人方式，如心理咨询、心理治疗、启导（mentoring）、讲授、指导等，并试图建立这些方式的关系模型。沃尔克发现，教练和每种助人方式都有或多或少的联系，在模型中的位置飘忽不定，这给进一步研究造成了困难。

　　我对此的思考是：教练的确在理念和技术上与其他助人方式有许多相似之处，它们之间的界限有时很模糊，具有一定职业水准的教练者可以在必要的时候同时采用教练的方式和其他助人行为，但教练和其他助人方式仍然存在明显不同。

教练与心理咨询、心理治疗

　　大部分教练技术都建立在心理咨询和心理治疗的技术基础之上（Richard，1999；Neenan & Palmer，2001；Greene & Grant，2003；Law，2003）。较常见的有精神动力咨询、来访者中心疗法、认知行为疗法、理性情绪行为疗法、短期焦点解决疗法等。教练与心理咨询、心理治疗拥有同样的理论成分，具有类似的流派分类，每个流派内有相似的技术和策略，以及相似的"从业者—当事人"议题（practitioner-client issues）。

　　然而，教练与心理咨询、心理治疗在很多方面不尽相同，例如助人过程中关注的焦点和问题的本质、时间视角的取向、行动水平、教练者与受教者之间的对话类型等（Hart et al.，2001）。在心理咨询和治疗中，关注的焦点往往是当事人经历的创伤或问题，时间视角是回溯式的，尤其是精神动力治疗和一些人本主义学派的咨询，咨询师往往需要当事人花较长时间大段讲述自己的过去，试图挖掘一些潜意识的议题，或治愈早期经历中的创伤。典型的心理咨询或心理治疗对话涉及大量情感和情绪的表达，以及对深层次的私人故事的挖掘。相对而言，教练采取的时间视角是预期式的，关注的是受教者的目标、期望、待开发的潜力，以及自我实现之旅中的一些重要议题。在必要的时候，教练者也会关注受教者过去的经验，如邀请受教者讲述一些与议题相关的经历，曾经做过哪些尝试，结果如何，等等。但这种关注的目的不是为了疗愈创伤，而是为了促进反思：让受教者了解过去的经历对现在及未来意味着什么，那些经历中有什么资源可以用来帮助受教者接近他们设定的目标。教练对话和双方的互动都更生动、灵活、开放、不拘小节，更以目标为导向，以行动为基础。

　　教练和心理咨询、心理治疗的另一个重要的区别体现在从业者（教练者或咨询师、治疗师）和当事人（受教者或来访者、患者）的关系上。在典型的心理咨询与心理治疗的关系中，咨询师或治疗师被视为"治愈者"，拥有较强的权威感及力量感，来访者或患者需要被他们不断地引导，相对而言较为弱势。尽管在人本主义或后现代主义的流派中，心理咨询师或治疗师越来越强调与来访者或患者建立平等、合作的关系，然而，在现实的操作过程中，这种平等往往流于表面，来访者或患者仍然在很大程度上听从甚至依赖咨询师或治疗师的指引。教练关系极大地鼓励教练者和受教者建立合作关系，所有议题和程序都是双方共同建立的，受教者本人的意愿也更被重视。教练者需要做的是适当指引，而不是主导整个谈话的方向或受教者需要改变的方向——所有需要"掌舵"的地方，受教者都拥有主导权。受教者在关系中拥有较强的责任感、力量感和行动意识。

关系的灵活度也是教练与心理咨询、心理治疗的重要区别之一。通常而言，心理咨询和心理治疗对双方关系的界定非常严格：双方只能是咨询或治疗关系，不存在其他人际关系。事实上，多重关系是心理咨询和心理治疗的大忌。日常生活中教练关系则灵活得多：教练者和受教者可以同时拥有双重甚至多重人际关系，他们可以是工作中的经理和员工的关系、教师和学生的关系、监督者和工人的关系，等等。当然，这种关系也有其限定：拥有职业认证的教练者需要与受教者建立界限分明的关系，类似于心理咨询和心理治疗中的关系，需避免多重人际关系；灵活的教练关系仅指在建立教练关系的同时双方可以拥有职业关系（如师生、上下级），而不鼓励同时拥有情感关系（如情侣、家人、朋友）。

教练与启导

教练和启导非常容易混淆，很多支持学习和成长的研究并没有对二者进行严格区分，它们经常被交互使用。启导常被用来形容一位较年长、更富有经验的"导师"和一位较年轻、缺乏经验的"徒弟"之间的关系，启导的目的是帮助、启发并指导这位徒弟在特定的领域学习和入门，积累经验，磨炼技艺。在企业内，导师和徒弟通常在同一个领域甚至同一个部门工作，导师对徒弟面对的困难和问题有深刻的理解和丰富的经验，他通过传授经验和对某些特殊技巧的专项培训，以及与徒弟建立私人关系，倾注情感和关注，推动徒弟的职业发展和个人成长。

教练和启导最主要的区别在于某个领域的特殊知识在其中的作用（Allison & Harbour，2009）。启导通常涉及某个具体的行业或领域，导师在某个岗位上比徒弟拥有更多的经验和更纯熟的技能，他将自己的知识和技能传授给徒弟。正如我们听说的，"徒弟要入行，师傅领进门"。导师不但比徒弟更具有权威性，而且更清楚行为的标准，也就是说，导师决定什么是有效的行为，何时目标能够达成，达到目标的最佳途径是什么，所以启导通常涉及直接的指导，要教授某个领域的专门知识，且带有评判或评价性质。例如，高校中的教授带研究生就是典型的启导关系，教授与学生分享自己所掌握的某个领域的专业知识，指导学生进行科研活动，并判断研究的质量是否达到考核标准。

与之相反，对教练而言，非直接指导和不加评判才是重要的。教练者更倾向于使用一些技巧（如主动倾听、开放式询问、总结等），调动受教者的知识背景、积极性和资源，让受教者自己制定目标、计划、行动方案以及标准。教练者给予的反馈是一种中性的信息，而不是测验、考察、评价、判断等。所以教练者不一定是受教者领域内的专家，他不一定拥有领域内的相关知识或经验，也没有评价受教者的行为是否符合规范的权利。例如，同样在高校的情境中，辅导员和学生的关系就更偏向于教练关系：辅导员不一定提供某些领域的知识，也不对学生作出知识方面的评价，他们更多地倾听学生的话语，帮助学生了解自身的资源，在生活和学习中自我觉察、自我探索，以实现自我成长。

在典型的启导关系中，主导者为导师，徒弟是跟随者。导师往往掌握话语权，讲授得多，徒弟则聆听得多。教练则强调双方是平等、合作的关系，一般而言，教练者主要的行为是倾听并鼓励受教者多表达，尽量将话语权转交给受教者。

教练与学习指导支架

在促进学习和学习辅导方面，教练和学习指导支架之间的异同值得一提。学习指导支架的概念来源于苏联著名的心理学家及教育学家列维·维果茨基（Lev Vygotsky），它和学习中的"最近发展区"（zone of proximal development）概念息息相关。

维果茨基认为，在学习者的实际发展水平（由学习者独立地解决问题决定）和潜在发展水平（由更有经验和能力的他人帮助及合作解决问题决定）之间，存在一段抽象的、可拓展的距离，这段距离就是最近发展区。最近发展区假设学习者的发展空间有上限和下限，在此之间的所有活动理论上都能够促进学习和发展。有效的学习指导需要建立在学习者已有水平上，可以稍微超越但不能大幅超越现有水平。如果学习指导大大低于现有水平，学习者会没有挑战感，感觉厌烦；如果学习指导超越现有水平太多，学习者会感觉沮丧、焦虑。所以学习指导的最佳水平在于平衡支持和挑战，确保学习者在最近发展区之内拓展知识、加深理解且积累经验。

学习指导支架的概念由一个比喻而来：建筑工人在盖楼房的时候会在墙外搭建临时的脚手架，当楼房建筑基本成形、稳固的时候，就能拆除脚手架。学习指导支架是辅导者为学习者提供的一种临时的支撑结构，帮助学习者发展新的技能，吸收新的知识，面对他们暂时不能独立解决的问题。学习者独立完成学习任务后，支架就可以拆除，然后根据学习者已经上升了的当前水平，搭建新的学习支架，由此不断帮助学习者成长。

教练和学习指导支架有明显的相同之处：两者都基于社会建构

主义的认知观，强调知识是构建而来的，而不是单纯地由掌握知识的一方传授给缺乏知识的另一方；两者都注重话语和对话在助人者和受助者之间起到的重要作用；教练和学习指导支架的建立均为双方的参与性社会行为。此外，两者都认为平衡支持和挑战能够促进学习和发展。教练和学习指导支架并不构建治愈的目标，也不把治愈当成主要的功能，因此教练者或指导者会适当地提出挑战性问题，邀请受教者或学习者参与中等困难的任务，鼓励他们跳出舒适区（comfort zone），进入伸展区（stretch zone），类似于进入学习的最近发展区。两者也都认为学习和发展的责任在于受教者或学习者，教练者或指导者在这个过程中逐渐将这种责任感传递过去，使其最终能够为自身发展作决定。

　　教练和学习指导支架的不同之处主要在于教练者和指导者的角色以及知识的重要性。提出认知学习理论的美国教育心理学家杰罗姆·布鲁纳（Jerome Brunner）形容支架是一系列减少学习者自由程度的步骤，以帮助他们集中心神在最关键的过程上。教育心理学家大卫·伍德（David Wood）指出，在那些学习者不受协助，仅用自己的能力无法完成的任务中，包含着受成人控制的因素，学习者因而能够集中发展一些关键的技能。在这个意义上，学习指导支架意味着指导者更有能力、知识、技巧、经验，他们帮助学习者解决当前问题，决定哪些技能才是最关键的，也对学习进程更有控制权。因此，学习指导支架在早期可能是一种单向的过程，尤其是学习者年龄较小、经验较少时。

　　教练并不认为教练者一定比受教者在某些学习任务上拥有更多的知识或能力。维果茨基曾说过，今天孩子能够在合作中做到的事情，明天他们将能够独立做到；重要的不是成人的知识和能力本身，而是他们对与学习者的最近发展区有关的辅导和帮助的理解。因此，受教者应当提出自己认为有意义的议题，而且不一定假设教练者也会对这些议题感兴趣；在知识的共同建构过程中，教练者是学习者进步的促进者和支持者，但不一定拥有受教者所需要的每一项具体的知识；受教者能够对学习进程进行自我监控，但不一定需要教练者为每一步亮绿灯；受教者能够自己设立标准，对学习效果作出自我评价，因而不一定需要教练者的评价。教练更强调双方关系的质量，在任何情境中均提供个人化或客制化（customized）的成长方案。

总而言之，如果将所有助人方式放在一条连续线上，以"当事人为主导"和"助人者为主导"为两个极端，教练可能处于图中的位置（见图3-1）。教练和其他助人方式的界限时常是模糊的，并服务于具体目的。必要的话，教练可以采取心理咨询、训练、启导、辅导或更传统的讲授方式（Munro，1999），融合多种助人方式也往往更有效（Allison & Harbour，2009；Wang，2013）。在实际的助人过程中，我们需要意识到教练和其他助人方式有清晰的区分，但不需要为每一种流派或技术贴标签。

图 3-1　教练与其他助人方式的对比

第二部分

教练心理学的主要流派

第四章　人本主义教练

本章导读

- 人本主义教练的特征：受教者能够做真实、完整的自己；教练过程聚焦于受教者的积极性和个人福祉；关注受教者的成长、发展和潜能最大化；以目标和具有意图的行动为主导；受教者为主导者；双方建构强烈、真诚和互相滋养的教练关系。
- 人本主义教练的指导原则：重视教练关系；受教者是改变的源泉和掌舵人；每一位受教者都是完整且独特的人；教练者是成长的促进者。

教练心理学关乎人的成长、发展和改变，推动受教者积极变化离不开人本主义理论的贡献。教练心理学家阿兰·赫德曼（Alan Hedman）在比较了人本主义、以人为中心的一系列助人方式和教练方式后得出结论：人本主义的思想和原则是教练得以成功的核心。

人本主义心理学的影响

人本主义心理学和教练心理学都强调人的成长和发展（Downey，2003；Peterson，1996；Sherman & Freas，2004），追求达成人们自己制定的目标（Gregory et al., 2011; Kilburg, 1996），以及发掘潜能和改善表现（Diedrich, 1996; Stober, 2006）。在研究方面，比较困难的一点是，有很多容易混淆的学术名称，如"以人为中心的教练"（person-centered coaching）、"关系教练"（relational coaching）等。尽管在表述方面可能有诸多不同，但其基本取向都是人本主义，有相同的操作原则，因此在这本书中倾向于将它们一视同仁。

成功的教练包含一些共同成分，例如：对受教者的无条件接纳；理解受教者是完整、独立、特殊的个体；在教练关系中，双方成为真实、平等的合作对象。大多数教练模型都假设人们具有自我实现的天性和朝着目标前进的本能，每个人都具有成长和自我实现的渴望和能力，教练的目的是发掘潜能和促进成长（Hargrove, 2003; Hudson, 1999; Skiffington & Zeus, 2003; Whitmore, 1996）。这些普遍持有的理念都来源于人本主义心理学，它强调在开发受教者自我成长潜力的过程中情境和关系的核心地位。许多教练模型和实践都证明基于同理心、赋权及相互信任的教练关系是至关重要的因素（Stober, 2006）。

人本主义的重要影响在于提炼出教练心理学的一部分哲学思想，即教练的本质就是人本主义。现在我们很难想象一个教练心理学的模型和取向完全不具备人本主义所持有的价值观和原则。不论教练心理学有多少不同的理论流派和操作技巧，人本主义带来的影响几乎是共通的。

人本主义教练的六大特征

在人本主义视角下，人本主义教练具有六大特征（Gregory & Levy，2013）。

第一个特征是，因为扎根于人本主义心理学的"人是完整而统一的人"的思想，人本主义教练要求教练者采用系统且完整的视角去看待受教者。受教者在教练过程中应该能够体验到作为一个真实而完整的人而产生的力量感、舒适感和放松感。为了实现最佳功能，需要受教者全然投入生命的每一个细节中，无论这些细节是好是坏。人本主义教练者也需要关注受教者生命的细节，如他们的生活情境、行为、情绪、人际关系和当前的状态；不仅仅关注积极或享乐的方面，还关注中性、消极或负面的信息，从而描绘出受教者的完整形象。受教者遇到的成长挑战和问题并不是凭空冒出的，它们在完整的生活情境中出现，真切地反映了受教者复杂、多维度的现状。因此，受教者的议题不能被线性分析，而是应该与完整的人、情境联系起来。教练者可以使用一些简单的方法让受教者更了解真实的自己，一种很常见的做法是：用一系列自我陈述的问题邀请受教者详细描述自己的特点、优势和缺点，不断反思和深入分析它们，鼓励受教者寻找发挥自己特点的创新性方法，将所有特点整合成一幅完整的图像。

第二个特征是，关注受教者的积极性和福祉。人本主义心理学家批评传统心理学过分关注精神疾病和心理问题，人本主义教练遵循这个思路，聚焦于受教者的积极情感、积极行为、幸福感、健康和福祉。具体而言，人本主义教练较少探讨受教者问题的成因、困惑的来源或功能不良的方面，而花较大的精力关注如何实现受教者的最佳功能（Joseph，2006；Joseph & Bryant-Jefferies，2007）。例如，如何更好地自我关注、自我照顾（de Haan，2008），如何提高自尊和自信心，如何更好地平衡工作和生活从而提高生活质量（Passmore，2006），如何有效开展能够促进正面情绪的活动（Biswas-Diener，2006；Kauffman，2006），以及关注促进个体实现最佳功能的社会环境，等等。值得一提的是，人本主义教练的目的并不纯粹是让受教者变得高高兴兴，而是将培养正面情绪视为达成目标的一种手段。受教者的积极性、正面情绪、身心健康与更佳的心理弹性、更有效的压力对策、更高的认知灵活度以及更准确的决策均具有正相关（Kauffman，2006），因而人本主义教练试图通过关注受教者的积极性和福祉帮助他们行动起来，在工作和生活中取得成效。

第三个特征是，积极的改变是人本主义教练的驱动力（Stober，2006）。人本主义心理学最重要的一个观点是，人具有力求实现自身潜力的本能。持有人本主义立场的教练者的首要任务就是帮助受教者成长、发展，尽可能地开发其自我实现的潜能（de Haan，2008）。必须指出的是，教练者并不提供受教者发展、成长的驱动力，受教者应在教练者的帮助下，搜寻并利用自身的驱动力、资源和能力（Biswas-Diener，2010）。人本主义教练者坚信人们拥有富有建设性的、具备积极表现功能的内驱力，教练者的工作就是创造能够释放这种内驱力的环境，使用各种教练技术、模型、工具和活动，让受教者想象发掘潜能或达成目标的理想状态和所需的理想条件。换句话说，受教者往往不知晓自身潜能完全开发是一幅什么样的情景，他们自我实现之后会成为什么样的人，这对他们的生命意味着什么。教练者可以帮助受教者去想象、认同并实践理想的自我和理想的未来。

如果受教者已经明确树立这种理想，教练者就可以用谨慎、巧妙且能够促进思考的提问帮助受教者找到激发潜能、向理想迈进的途径（Downey，2003；Kauffman，2006）。这一点和下一个人本主义教练的特征密切相关，即目标和行动导向。

第四个特征是，有效的人本主义教练需要具有清晰的目标和受教者积极改变的明确方向。如果离开目标，成长、发展、潜力最大化这些说法就是空泛的字眼；如果没有明确的方向，学习和成长可能在某些时刻随机发生，但它们对受教者来说并不具有连续性和明确的意义。因此，在早期的人本主义心理学著作中，人本—存在主义治疗师詹姆斯·布根塔（James Bugental）指出，人本主义的基本原理之一是，人们总是采取有意图的行动，即目标导向的行动；人们知道这些行动对未来事件的影响，而且知道得越多和越明确，采取行动的意愿就越强烈。将这项原理应用在人本主义教练中，就意味着教练者有责任帮助受教者实现目标，确保他有清晰的理想，鼓励他有意图地采取行动并全权为自己的行为负责（Kauffman，2006；Stober，2006）。近几年的人本主义教练心理学研究集中在教练者用反馈机制帮助受教者调控达成目标的行动过程。我们必须强调：教练者不应该代替受教者制定目标，对理想的最终状态的确认必须来自受教者本人。当然，教练者不是"甩手掌柜"，他无疑有非常重要的积极作用，担任非直接指导的辅助性角色。

第五个特征是，在人本主义教练的过程中，受教者担任主导者的角色，不断自我发现、自我驱动和自我成长，教练者则是一位非直接指导的促进者。在教练者的引导、支持和启发下，受教者应该能够较独立地完成人本主义教练中必须做的任务和工作，承担自身成长、发展的责任，并具有积极改变的坚定信念。这不是因为教练者具有"魔力"或高人一等的智慧，而是因为教练者增强了受教者改变自身的信念。没有受过人本主义教练心理学训练的大众可能会认为，教练者必须对那些有缺陷、心理问题或困惑的受教者做些什么，就像施展法术一样。然而，事实与之相反，人本主义教练者会和受教者一起行动，杜绝受教者的依赖心理，使知识和经验的所有权牢牢掌握在受教者手中，做到真正赋权。有效的人本主义教练不依赖某位足智多谋的专家型或教师型教练者，而是选用一位擅用非直接指导技巧以加强受教者自我发展能力的教练者（Joseph & Bryant-Jefferies，2007；Stober，2006）。非直接指导技巧的核心有两点："问"和"听"（具体的教练技术会在第四部分详细介绍）。教练者用提问、探询、倾听、反映和总结等教练技术帮助受教者确立目标，获取积极自我意识和洞见，以及探索达到目标的各种途径。没有教导，没有讲授，没有直接告知——辅助和促进的方式有助于培养受教者的自我信念、自我赋权意识、自我效能感和对目标的承诺感。为了达到这个效果，教练者必须与受教者建立心理联结，共同构建一种强烈、真诚且具有培育性的工作联盟（working alliance）。这是我们即将讨论的第六个特征。

第六个特征是，人本主义教练的基石之一是互相滋养、良性的教练关系（Cain，2002；de Haan，2008；Passmore，2006；Stober，2006）。人本主义心理学对咨询师和当事人之间的治疗关系有诸多研究，认为良好的关系有助于增加治疗投入和取得积极结果。与之类似，实证研究反复发现，良好的教练关系具备如下几个信号：教练者强化与受教者之间的信任关系（Gregory，2010；Passmore，2010）；教练者在态度、情感或行为方面展现对受教者的同理心并能够被受教者感知（Kilburg，2001；Passmore，2006；Stober，2006）；教练者对受教者无条件接纳和积极关怀（de Haan，2008；Passmore，2010）；教练者在与受教者交流的过程中保持自身的真实性和一致性（Gregory，2010；Joseph，2006）。这些结论被反复印证并不出奇，它们几乎都在人本主义心理学家对治疗关系的讨论中出现过。罗杰斯在其1980年的著作《存在之道》（*A Way of Being*）中强调了信任、同理心、积极关注、无条件关注和真实性对建立有效的治疗关系的重要性，并指出一种正面的沟通情境有利于当事人朝着积极的方向改变。

同理心是指能够准确地感知和理解他人的情绪，推己及人的能力。真实性是指教练者能够在教练情境中完全成为真实的自己的能力，不伪装、掩饰、辩护或曲解，开诚布公地袒露自己的想法和经验。同理心和真实性能够使双方建立强大的信任感（Gregory，2010；Stober，2006）。无条件接纳和积极关注是指教练者能够不加评判地接纳受教者。这并非指教练者必须完全赞成受教者的任何行为或决定，而是指教练者始终能够对受教者怀有尊重和敬爱之心，不论对方说了什么或做了什么。虽然我们一再强调受教者本人才是教练过程的掌舵人和主导者，但我们必须承认，教练者需要担当发起者和奠基者的角色。尤其是在教练过程刚刚开始的时候，教练者对受教者的行为和态度奠定了整个教练氛围和环境的基础，它可能对受教者能否投入、教练任务能否完成、教练结果能否有效起决定作用。因此，人本主义教练者主要的责任是采取适当、积极的教练行为和态度，成为一位兼具耐心和技巧的促进者，并与受教者建立真诚、温暖且富有成效的关系。同时，教练者需要有一定的自省能力，知道自身的经历、生活经验、专业训练、个性倾向和潜在的主观信念可能带来的影响，对受教者不怀有歧视或偏见，不负面解读受教者的叙事。

指导原则及教练任务

运用人本主义教练的方法不是一件容易的事，它需要我们深刻地理解并从内心认同人本主义的理念，并通过长期的实践和反思积累经验。

人本主义教练有几项指导原则为教练实践建立了基本框架，这些原则也进一步反映了人本主义教练的特征。

指导原则一：重视教练关系

人本主义教练的第一个原则是教练者和受教者之间要构建相互信任、平等合作、温暖与真诚的关系。我们已经拥有诸多实证研究的数据，均说明教练者需要在对话过程中充分展示同理心、无条件接纳和真实性。当受教者能够感知到这些态度和行为时，双方就能够进一步开展充满信任感、安全感和合作感的互动。

教练任务 1：为理解而倾听

教练者最重要的任务之一就是掌握主动倾听的技巧，培养同理心和站在受教者的角度看待事物的能力。要拥有一种准确共情的能力，教练者需要花时间、精力和耐心去仔细倾听受教者的叙述，提出具有探究性及开放性的问题，反映受教者经验中核心的部分，并用询问和求证的方法澄清细节，确认反映式总结是否正确。将自己的理解准确地传达给受教者也是对建立教练关系至关重要的一项任务：教练者需要充分地了解受教者所处的情境，还原一个关于对方的真实画面，并且明确表达对当前情况的了解和对受教者的理解。完成这些任务的好处在于：教练者能够更好地理解受教者；受教者更好地知道教练者已经理解了自己；受教者有一个反思自己经验的机会，为新的意义建构作准备。

教练任务 2：培养接纳，寻找积极联结

对他人保持长久且持续的全然接纳和无条件积极关注听上去仿佛是圣人才具有的能力，但对教练者来说，这是建构、维持和发展良好教练关系的一项重要任务。当教练者有意识地、主动地寻找每一位受教者身上能够产生共鸣的积极特质（性格、品德、人格特质、脾气等），就能够进一步尊重、接纳并珍视受教者。

教练者需要寻找积极的联结，作为了解受教者的开端，同时尽量克制评判的冲动。正如罗杰斯提出的：如果咨询师不能对与他一起工作的对象产生一种温暖的接纳感，他无论如何都不可能培养出准确的共情。我们可以换一种更直接的说法：如果教练者在受教者身上找不到一丁点儿自己喜欢的特质，教练者就不可能真正理解对方。当然，我们在坚持受教者是有价值的、值得尊敬的个体的大原则下，仍然承认教练者拥有选择权和决定权：当教练者实在无法和当前的受教者培养积极认同和温暖的接纳感的时候，可能意味着他们之间并不"匹配"。这时教练者可以友好而坦诚地提出结束教练关系，将受教者转

介给更匹配的教练者。这个过程同样要充满诚意和尊重，转介的出发点是对受教者福祉的关心。

教练任务 3：及时给予诚实的反馈

真诚和诚实是与教练关系相关的重要概念。对教练者来说，这意味着在互动过程中，教练者能够觉知受教者的想法、情绪和感觉，并能够以坦诚、体贴的方式与受教者沟通这些觉知。所有的教练方式都提倡表达支持和确认（affirmation），然而有时候双方交流的信息也许不那么令人愉快，也许会让人有些不适，或不完全是受教者想听到的。我们强调教练者以温暖、关切的方式传递真实、准确的信息，成为受教者的"镜子"或"回音壁"，所以诚实的反馈十分重要。进一步而言，能够同时传达积极信息和消极信息是教练关系足够强大、坚实的信号，这样受教者才能在安全的氛围中探索自己最真实的体验。

教练任务 4：建立合作

建立平等合作的关系是良好的教练关系的一个重要特征。人本主义教练强调受教者本人拥有自我成长的能力，因此教练者不是"对"（to）受教者做了什么事情，而是"和"（with）他们一起工作。教练者从一开始就需要表明自己所持的人本主义哲学立场和非直接指导的教练方式，说明教练过程中彼此能够期待什么，能够贡献什么，能够共同做什么工作，充分调动受教者的主观能动性，让他们作为工作伙伴积极地参与自己的成长过程，而不仅仅是教练者的经验或智慧的被动接受者。这种合作关系将延续到教练关系的每个阶段。

指导原则二：受教者是改变的源泉和掌舵人

人本主义教练的第二个原则是认同并利用受教者自身的资源，包括他们的成长内驱力、生活背景、个体经验等。每一位受教者都是自身最好的专家，他拥有的资源能为发展和改变提供充足的能量。教练者需要让受教者确信这一点：每一个人都是自身改变的源泉。

教练者在帮助受教者发展的时候，也需要允许受教者选择改变的具体方向。这并不意味着教练者不需要投入精力，而是指教练者不需要为受教者制定目标或指明方向，其投入应该服务于受教者自己制定的目标。教练者应该扎根于现时此地，帮助受教者开发自身资源，表达对其能力的信任，将责任感和决定权交给对方，使其自我效能感不断增强，在整个教练过程中不断作出自我决定。

教练任务 1：辅助受教者制定计划、目标和方向

当教练者收集了足够多的信息，对受教者足够了解之后，双方需要一起从受教者的视角出发，确定方向、明确目标并制定计划。对受教者有个人意义的、具有价值感的目标能够帮助他们燃起内在动力，从而积极主动地制定发展计划，保有心理弹性，能够在遇到挫折的时候坚持贯彻发展计划。教练者可以提一些开放式问题，帮助受教者启程，探索他们想要走的道路，例如："你想从哪方面着手？""你想要在这个过程中收获什么？"需要注意的是，这个时候教练者必须不加评判地倾听，避免过早提出建议或给予评价。

教练任务 2：将受教者的个体经验作为联结点

我们需要牢记，受教者是最了解自己的生活中发生了什么事的人，他们是自身经验的最好专家。这些经验是教练者了解受教者的生活情境、建立联结的最好来源。教练者对受教者的经验情境越熟悉，越有助于产生亲近感和建立信任关系。缺乏经验的教练者可能会有点"急性子"：在充分理解受教者的生活情境之前，提前跳跃到自己认为的关键节点。因此，教练者需要随时对自己的理解保持一种怀疑精神，扪心自问："我真的听懂了对方的经验吗？""我真的准确理解了对方的意思吗？""会不会有一些信息被我遗漏了？"要将质疑的空间向受教者开放，邀请对方修正教练者可能理解错误的地方，补充可能遗漏的细节，提炼关键的事件和节点并详尽阐述，以此推进教练过程。

指导原则三：每一位受教者都是完整且独特的人

人本主义教练的第三项原则即尊重个体的多样性、独特性和统整性（wholeness）。教练者应当把受教者看成完整的复杂有机体，每一位受教者都同时拥有多重身份和相应的身份认同感。

让我们想象一位女性受教者：她可能是一位职业经理人，同时还是妻子、母亲、女儿、姐姐，有时也是业余摄影师、网红店店主；除此之外，她可能还有其他多种与社交关系有关的社会身份，如社区志愿者；她还具有自己定义的、他人未必知晓的身份，如她认为自己每年至少有两周要当一位隐士。要了解这位女性受教者并帮助她成长，教练者需要了解她作为一个人的丰富性、独特性和完整性。每一个人皆如此，因此教练者必须以最适合受教者的方式开展沟通并调整教练策略。

对人本主义教练而言，没有放之四海而皆准的教科书，有的只是匹配每一位受教者的教练方法。

教练任务 1：全面了解和仔细评估受教者

为了开展更具体、准确的教练工作，而不是停留在解决表面问题上，教练者必须花大量时间系统、全面地了解受教者。了解本身也会经历更新和迭代，因而应该从教练过程的一开始延续到最后。教练者要尽量避免"我已经完全了解受教者"的心态，保持开放状态，接纳新的信息和变化。尽管某些教练工作是在具有一定局限性的情境下开展的（如咨询管理企业中的领导力教练），全面了解和仔细评估受教者仍是非常重要的事情。

除了收集一些工作背景资料和与职业相关的信息外，教练者还需要了解受教者的生活情况、生活经历、脾气和性格、价值观、兴趣爱好、才智和能力、重要他人、社交环境等。在必要的时候使用心理测评也能够帮助教练者更好地了解受教者，但这些测评需要考虑受教者的偏好和需要。最后，教练者需要与受教者核对自己理解的信息是否准确，测评结果是否真实地反映了受教者的经验和背景，将受教者纳入对其整体情况的解读之中。

教练任务 2：寻找互相关联的要点

为了更好地理解受教者，教练者需要寻找对方的人生经验中重要的事件以及相关人物如何产生关联，例如：受教者生活的某一个方面是如何影响其他人生经验的？受教者身边的重要人物之间有什么关系？这些关联具有什么意义？这些关联对受教者目前的情绪和行为有什么影响？从人本主义的观点出发，将各种事件和经验整合起来能够帮助教练者更好地理解受教者的生活全貌。教练者可以问一些问题，例如："这些经验之间有什么联系？""这件事情对其他生活方面有什么影响？""这些事情对你重视的人来说意味着什么？"这样做可以辅助受教者梳理事件、人物和经验之间的联系，鼓励他们关注生活的各个方面，全面、系统地了解现状。

教练任务 3：辅助整合，校准方向

当教练者帮助受教者看清生活经验和事件的关联点后，可以辅助他们规整生活中一些看似矛盾的方面，校准方向，观察它们如何共同对受教者的整体生活情境产生影响。例如上文提到的那位女性受教者，她可能会告诉教练者一些关于升职和开展一个新项目的消息，感觉自己雄心勃勃，兴致高昂，充满能量；她也可能讲述自己错过了与家人相处的时光，深感遗憾、惋惜、沮丧，以及工作、家庭等事务挤占独处时间所带来的无奈、退让感。教练者帮助受教者重新整合这些承载着不同情绪的经验，它们共同指向的行动方向就是如何在生活中不断权衡和清醒地取舍。

指导原则四：教练者是成长的促进者

教练者的角色不同于心理咨询和治疗中的治愈者、启导关系中的年长智慧者、顾问关系中的专家，教练者是成长的促进者。基于对受教者全面、深刻的理解和平等、合作的工作关系，教练者使用对话帮助受教者探索改变的方向，确立目标和制定发展计划，而不是带领受教者走向某条道路。

教练者是一位可靠的合作伙伴，是受教者成长的催化剂，是受教者自己选择的支持者。这意味着教练者承认受教者应该对自己的决定和行为承担责任，以此对受教者的自身成长作出真实的评估。

教练任务 1：引导过程，而非内容

我们反复强调教练者是成长的促进者，积极帮助受教者确定当前的水平和成长的潜在水平，使其投身于每一个当下的成长区间（还记得最近发展区的概念吗？见第三章）就是非常重要的步骤。教练者是发展过程的引导者，有时候甚至要担任领路人的角色，就需要灵活使用多种教练技巧（如主动倾听、开放式询问、角色扮演等），帮助受教者重视经验，发掘潜力，制定可行的计划。

如果受教者对自身情况非常了解，认为自己成长的方向十分明确，对自己自我实现的潜力充满自信，教练者在这种时刻可以退后一步，支持受教者的决定，但要持续地关注其发展的方向。只有当受教者是自身成长蓝图的绘制者时，人本主义教练才能获得最大的成效。即使有其他人（如教练者或受教者的上司、伴侣）参与了蓝图的设计，只要具体的内容、目标和解决问题的方案是受教者自己决定、从内心认同、匹配需要且适合当前情境的，教练就有机会获得成功。

教练任务 2：永远保持探索之心

人本主义教练需要双方始终保持好奇的态度和探索之心，齐心协力地寻求更深的理解、更清晰的解释和更准确的潜在答案。探索之心

意味着对经验、情绪、观点和意见均保持开放的态度，深刻认识到人和情境的复杂性以及时间带来的变化，不急于"盖棺定论"和得到可能并不成熟的结论。

一种常用的合理做法是：教练者把对受教者的观察和对情境的理解等都看成一种假设，每时每刻都会面对和需要新的信息、"数据"、证据去支持假设；假设一直有待检验、修正或更新。

教练任务 3：增强受教者对优势、资源和挑战的觉悟

在辅助他人成长的过程中，引导受教者了解自身的品质、资源、能力以及其他优势是一项重要的教练任务，这些都将有力地支持其发展和成长。受教者有意识地评估自己当前的能力与情境要求的适配度，这本身就是一个培养自我观察和自我评估能力的过程。与之类似，当受教者有意识地评估当前的挑战，他们的自我意识和觉悟能力也会随之增强。通常受教者是带着目标感进入一段教练关系的：他们总是想要达成些什么。因此，受教者的觉知应该聚焦在诸如充分了解自己拥有的优势和资源、当下面对的挑战和问题、达到目标需要掌握的信息和能力上，教练者应该有意识地培养受教者的这种觉知。

教练任务 4：帮助受教者作出有意识的选择

与存在主义的观点类似，人本主义教练认为人们在每一个时刻都面临着选择。有的选择是我们在无意识的情况下作出的，有的选择则是我们在有意识的情况下作出的，即我们能够清楚地说明为什么这么做。在温暖、接纳和真实的教练关系中，教练者能够如实反馈受教者面临的选择，用开放式询问与他们一起探索每个选择，并给予受教者

时间、空间和能量，使其能聚焦于自己认为可行的选择。即受教者能够作出有意识的选择和行动，而不总是对情境或刺激产生类似本能的反应。

实验法是探索选择的一种范式：当受教者作出新的选择，或是对事物形成新的认识的时候，他们实际上是在探索一种新的自我认同，这种自我认同还没有最终形成，因而可以用一种"做实验"的态度，去观察新选择带来的暂时结果，以及自己的内在会发生什么，外界会发生什么，然后衡量新选择能否带来令人满意的改变。实验法能够减少生活中的限制性和绝对性，让受教者灵活、变通地调整自己的选择。

教练任务 5：辅助受教者确立目标和强化负责态度

教练者应当辅助受教者确认并达成目标。经过一系列教练活动，受教者已经对自己的资源、优势、观点、挑战有所了解，也感受到教练者的强大支持，应该能够在人本主义教练所带来的安全环境中选择和确立目标。教练者可以主动邀请受教者清晰表达他们最想做的是什么，最渴望达到的目标是什么，以及如何达成目标。

教练者需要强化这一概念：受教者完全可以自行寻找目标、探寻方向和设计前进的步骤，而不需要完全依赖教练者给予方案。教练者应该在教练关系中不断强化受教者的负责态度，确保制定计划和实施行动都由受教者自己承担责任，并致力于交出行动结果而不是草率了事。

当然，没有一本教科书明确告诉我们人本主义教练的每一个步骤应该做些什么，教练者可以利用自己的经验和资源，与受教者一起铺筑成长和发展之路。

第五章 认知行为教练

···· **本章导读** ·······································

- 认知行为教练的理念和技术来源于认知行为疗法，强调人们对
  事件情境的理解和认知、情绪和反应之间的关系，力图纠正常
  见的思考误差。
- 认知行为教练的最终目标是帮助受教者发展出更强的自我觉察
  和自我接纳精神，培养正确的思维能力和方式，拥有丰富的内
  在资源，增强稳定性和自我效能感，成为自己的教练。
- 认知行为教练方式包含多种模型，它们有一些共用的工具和
  技巧。
- 越来越多的实证研究支持认知行为教练的有效性，尤其是在降
  低焦虑和压力的水平，提高目标达成感、认知韧性、自我觉察
  和自我效能感、元认知技巧等方面。

认知行为教练可定义为一种整合了认知、行为、想象、问题解
决技巧和策略的教练方式，它处于认知—行为框架之中，目的是帮
助受教者达成他们的现实目标（Palmer & Szymanska，2007）。根
据 2017 年的一项大规模的调查研究，认知行为教练在职业教练和
教练心理学家中是最受欢迎、应用最广的方式（Palmer & Whybrow，
2017），可用于多种教练情境，包括发展技巧和改善表现、生命教

练、发展教练、领导力教练、同伴教练（peer coaching）、团体教练、职业教练和健康教练等（Williams et al., 2010）。

理念来源和心理学基础

认知行为教练的理念和技术来源于认知行为疗法，它是心理咨询和治疗领域中最庞大的体系之一，涵盖了严格的认知疗法、严格的行为疗法、理性情绪行为疗法等结合认知调节和行为塑造的方法，在临床上取得令人瞩目的成功。

认知行为流派的理念最早可以追溯到公元前 1 世纪的斯多葛学派哲学家爱比克泰德（Epictetus），他观察到人们不为事物本身所动，而是因自己对事物的理解而烦扰。德国古典哲学家伊曼努尔·康德（Immanuel Kant）生动地描述了从意识到行动的连续性反应：我看见了一只老虎；我想我遇到危险了；我感觉到害怕；我赶紧逃跑。这段描述体现了人的认知、情绪和行为是如何联系在一起的。

从 1950 年开始，心理学家在心理治疗领域大量使用基于联结性学习的行为主义理论，即条件性联结（conditioned association）驱动人们在无意识层面行动，主要技术有交互抑制疗法、脱敏治疗和暴露疗法等。奥地利精神病学家、个体心理学的创始人阿尔弗雷德·阿德勒（Alfred Adler）则提倡认知角度，认为人们的认知决定了人们赋予情境何种意义，进而产生某种心理反应。美国临床心理学家阿尔伯特·埃利斯（Albert Ellis）探索了情绪困扰的心理机制，认识到人们的信念在刺激情境和行为反应之间起中介作用，发展出后人熟悉的理性情绪行为疗法。认知疗法之父、美国精神病学家亚伦·贝克（Aaron Beck）强调内在对话对后续情绪行为的重要性。贝克发现，即使当事人并不总是能觉察到自己的内在对话，他们也可以学习如何识别出它们，然后就有机会去检验那些自发产生的、充满情绪的想法是否适用，进而找到更健康、合适的想法替换它们（Beck，1976）。贝克区分了三种认知层面：第一个层面是自发的想法；第二个层面是起到中介作用的信念，包括态度、规则和假设等；第三个层面是核心信念。负面的自发的想法和信念会直接影响人们面对刺激情境的情绪、行为和生理反应（Ellis，1994）。持类似观念的还有唐纳德·梅琴鲍姆（Donald Meichenbaum），他在认知行为矫正法中强调自我对话（self-talk）的重要性。正如认知行为教练心理学家迈克尔·尼南（Michael Neenan）所说：要改变情绪，就需要改变认知和行为。认知疗法采用一种冷静、理性的视角，假设人们首先能够发展元认知的技巧，不加评判地观察自己的想法，然后进行富有逻辑的实证性对话，去挑战或改变对自己没有帮助的信念，替换为更富有建设性的新信念。

此外，贝克在认知疗法中提出"认知扭曲"（cognitive distortions）的概念，在认知行为教练心理学中我们通常称之为"思考误差"（thinking errors），即人们在认知层面上处理不完整或不当信息的过程中产生的一些偏差，会使人们进行错误的推理或得出缺乏证据支持的结论（Palmer & Szymanska，2007）。认知扭曲或思考误差总会伴随着对过去、当下或未来事件的理解和判断，随之可能产生各种情绪和行为问题或次级焦虑（secondary disturbance）。常见的思考误差包括：

"读心术"和妄下结论。即未被实际情况验证就迅速、武断地得出负面结论，仿佛算准了会有糟糕的事情发生，尽管这种预测纯属子虚乌有；或想当然地猜测他人会有的负面想法，例如："如果我不拼命加班，我就会被炒鱿鱼。"

非此即彼思维，也称两极化思维。即评价事物或个人品质时采取极端模式，不是"棒极了"，就是"糟透了"。例如："我在这次考试中只得了 B，我简直是个废物！"

胡乱责备他人。即认为罪责完全在他人身上，尽管毫无根据，也坚信全是别人的错，自己不用负责。例如：今天忘记寄出一份重要文件，就认为"这都是同事的错，是他没有提醒我去寄这份文件"。

罪责归己 / 个人化倾向。即把负面事件的责任全部揽到自己身上，即使某件事情和自己无关，还是会武断地认为事情之所以发生，是因为自己有问题。例如老师在孩子的成绩单上写了不太好的评语，一些父母非常自责："孩子学习不认真其实怪我们没有监督好，我们真是不合格的爸爸妈妈。"

妄下预言。即假设自己总是知道未来会发生什么，毫无根据地相信自己的预感（往往是负面的）。例如："下周的会议上我的提案肯定不会通过，现在我还费劲做什么呢？"

情绪化推理。即将情绪当成事实的依据；如果事情不顺心，实际情况肯定也如此。这类情绪往往会误导人，并不正确，然而人们很少质疑其后面潜藏的假设是否正确。例如："我这么紧张不安，明天的报告也肯定会一塌糊涂。"

乱贴标签。即乱用标签或用一种过度概括的方式给自己或他人下定论，是一种极端的以偏概全的方式，往往会树立一个完全负面的形象。例如："如果我没有通过这次考试，我就是一个彻头彻尾的失败者。"

要求、必须和应该，又称"必须强迫症"。即总是对自己说"应该做这件事"或"必须达到那个目标"，在日常叙事中过多使用"必须""应该"等字眼，对自己和他人要求严苛，如果达不到，就会情绪波动。例如："我穿过大半个城市看望他，他居然还要加班，聊了几句就走了。他真不应该这样，他应该热情欢迎我。"

过度放大或灾难化。即在检视错误、恐惧或一些不完美之处时，将实际情况不成比例地放大，将负面事件想得极其糟糕。例如："我今天犯了一个错误，这太可怕了！这下子天下人皆知，我的名声全毁了！"

过度缩小。即在评价优点、优势或一些积极之处时，将实际情况不成比例地缩小，过分谦虚，将好的地方描述得无足轻重。与过度放大相反。例如："我一次就通过了考试，肯定是因为这次考试太容易了，随便谁都能通过。"

不耐挫或常常觉得"我实在受不了了"。即在面临挑战、压力或遭受挫折的时候，不能耐受挫折，心理弹性较差。压力一旦来临，就开启逃跑模式，告诉自己"我实在受不了了"。例如：相亲之前很兴奋、紧张，觉得压力太大，索性不去了。

"冒充者综合征"（imposter syndrome）。即认为自己的优势和正面形象是不真实的，总有一天会被别人戳穿；如果犯了一点错误，别人就会认为自己曾经的样子都是装出来的。例如："如果我今天上班迟到了，老板就会说我勤勤恳恳的样子都是装出来的，我实际上是个起不了床的懒汉。"

心理过滤。即专门挑出负面的细节、缺点或不完美的地方，只允许负面信息进入脑海，类似于"选择性失明"。例如一个学生觉得自己没有答对试卷的最后一道题，这次考试肯定完蛋了。等到试卷发下来，发现全班没有人答对最后一题，自己仍然考了全班最高分。

为了纠正这些思考误差，认知行为治疗可谓下足了功夫。认知行为治疗可分为三大类别，即应对技能、问题解决和认知重构（Dobson & Dozois，2001）。

应对技能指向个体之外的一系列问题，这些问题往往是个体无法控制的，如换了一个新的工作或学习环境而产生的问题。干预途径有很多，常用的有：压力预防训练（Meichenbaum，1985），旨在帮助个体承受低强度、可控的压力，逐渐提高耐受较高强度、较不可控的压力的能力；自我控制训练（Steiman & Dobson，2002），主要用于面对一个问题情境时，个体如何觉察自身的行为以及如何评价自己当前的能力、解决问题所需的能力，使个体接受一系列训练，朝着需要达到的标准去控制、调整、塑造自己的行为。

问题解决旨在帮助个体发展应对日常问题的能力。参加这类认知行为治疗的人处理日常问题的水平通常较低，对环境的把控力不足，容易感觉力不从心、灰心丧气等。问题解决类治疗帮助人们更好地辨认可能出现问题的日常情况，想出多种解决方法并挑选其中较合理的一种，继而确定何种行动途径是最佳的（Steiman & Dobson，2002）。

相对于前两种，认知重构更偏向于认知行为治疗的"认知"端，它包括一系列识别并改变负面思维方式的技巧。贝克指出，人们是通过认知图式（schema）来认识世界的。认知图式是个体拥有的最基本的认知单位，用来构建和组织对自身和周围环境的理解。当个体的图式属于适应性不良图式时，就会产生种种问题。一般而言，大部分认知重构技巧旨在帮助人们辨认并改变自己的适应性不良图式或自动想法。不论是抑郁症患者还是焦虑症患者，或是有物质滥用问题、愤怒管理或危机管理问题的人，都能从认知重构治疗中获得帮助（Dobson & Dozois，2001）。

认知疗法和理性情绪行为疗法都在认知行为疗法的大框架之中，它们与目标设定理论（Locke & Latham，1990）、问题解决和焦点解决方式（Palmer & Neenan，2000），以及多模态方式（multi-modal approach）（Lazarus，1989；Palmer，2008）相互借鉴、相互影响。近年来，认知行为流派发展出"第三浪潮"，包括接受与承诺疗法（acceptance and commitment therapy，ACT）（Brewin，2006；Hayes，2004）和基于正念的认知疗法（mindfulness-based cognitive therapy，MBCT）（Kuyken et al.，2010；Segal et al.，2013；Singh et al.，2008）。这些治疗手段都采用了一种更具有建构性的哲学角度，综合运用认知行为疗法的策略和方法，聚焦于帮助人们发展元认知能力，创造或加强积极的记忆、认知和情绪，以避免或"激活"负面的认知和情绪。同时强调对当下状态的全然接受，增强自我觉察，控制注意，以及不产生情绪反应的自我观察（Segal et al.，2013）。以上疗法均为认知行为教练心理学铺设了重要的理论和实践发展之路。

理论发展和常用认知行为教练模型

随着越来越多的认知行为治疗师和心理咨询师帮助人们在非临床环境下提升自我发展，认知行为流派从 1990 年开始逐渐渗透教练领域，在个人发展和工作领域均有较多从业者，例如将理性情绪行为疗法的操作原则用于发展管理技巧，为商业领袖提供认知行为教练（Dryden & Gordon，1993），或将 ABCDE 框架和七步问题解决模型结合在一起（Palmer & Burton，1996）。

自 2001 年开始，关于认知行为教练的各种书籍和学术论文开始井喷式增长。例如，教练心理学家格兰特和简·格林（Jane Greene）在 2001—2004 年发表了多篇研究成果，整合了焦点解决教练、目标设定和认知行为教练方法，展示这种综合性教练方法如何帮助人们在应对环境变化和挑战的时候有效管理自己的思维、情绪和行为，消除不良或无用的想法，并以能够促进行为表现的想法取代它们。布鲁斯·佩尔蒂埃（Bruce Peltier）2001 年广泛考虑了多种认知行为治疗和咨询理论，将它们应用在高管教练（executive coaching）中。2008 年《理性情绪和认知行为疗法杂志》（*Journal of Rational-Emotive and Cognitive-Behavior Therapy*）发表了认知行为教练的专刊，总结了一系列顶尖的认知行为流派学者的理论和实践贡献，涵盖的论题从认知行为疗法到认知行为教练的模型适用性、在认知教练中重新构建比喻和心理图示、认知教练中的正念训练，再到利用多模态教练减轻工作压力、使用理性情绪行为疗法的视角处理拖延症等现代社会中人们所经历、关心的话题。

认知行为教练在发展过程中产生很多不同的具体操作。虽然方法具有多样性，但主要建立在三个基本原理之上：其一，我们对事件的认知、理解和我们所持有的信念将影响我们对事件的情绪、行为反应及决策；其二，我们对事物的认知和理解并不是一成不变的，信念可以被挑战、调整、改变；其三，认知和行为相互影响，认知的改变将导致行为的改变，行为的改变也将导致认知的改变。

认知行为教练是一种有期限、以目标为导向、聚焦于此时此刻的教练方式（Neenan & Palmer，2001）。它的理论假设是，人们对事件的理解将直接影响其对事件的情绪和行为反应，这些反应继而影响其压力感知和表现。

认知行为教练和认知行为治疗的主要区别在于：相对于治疗关系中的来访者，认知行为教练中的受教者不需要解决非常严重或紧迫的问题，所面对的情境也不会非常糟糕，以至于严重影响心理健康；相对于解决困惑和问题，认知行为教练更聚焦于个人的成长、领导力和变通性的发展，或新的思维方式的训练（Good et al.，2010）。

早期的认知行为教练吸收了认知行为治疗和理性情绪行为治疗的原则，着重于改变和替换那些对人们没有帮助的想法。尽管认知行为教练也会采用行为主义的一些实验方法，但这是为了提供实证数据，以帮助教练者和受教者更好地挑战无用的想法（Brewin，2006）。当代认知行为教练灵活运用行为主义原理，试图创造和强化积极的情绪和认知，采取双向系统性手段（dual systems approach），即从认知干预和心理干预两个方向双管齐下，帮助受教者作出符合其意愿的改变（Neenan & Dryden，2002；Palmer & Szymanska，2007）。例如，多模态方式是一种典型的认知行为教练方法，它提倡行为、情感、感官、想象、认知、人际和生理等模式的交互作用（Lazarus，1989；Palmer，2008）。

认知行为教练也时常置身于问题解决、焦点解决和设立目标的框架之中，教练者和受教者从一开始就要明确教练目标，即要解决什么问题，或要在哪个领域找出什么样的解决方案。众多认知行为教练心理学家均形容设立目标是成功的自我调整的基石，目标理论和认知行为教练方法紧密结合，教练者鼓励受教者明确并努力达到SMART 目标，即具体化的（specific）、可测量的（measurable）、可达到的（achievable）、与受教者有关的（relevant）和有期限的（time-bound）的目标。焦点解决治疗中的一些原则同样可融入认知行为教练之中，即强调积极构建解决方法，想象未来理想的状态，使用受教者自身的丰富资源，以及采取"小而稳"的步骤向目标前进（Grant，2001；Palmer & Neenan，2000）。

认知行为教练最终的目标是帮助受教者发展出更强的自我觉察和自我接纳精神，培养正确的思维能力和方式（以消除认知扭曲或思考误差），建立丰富的内在资源，增强稳定性和自我效能感，并成为自己的教练（Williams et al.，2010）。认知行为教练最有用的时刻可能是当一些纯粹的行动模型不起作用的时候，一些认知扭曲或情绪问题成为障碍的时候，或是压力或焦虑情绪影响受教者的表现的时候。

表 5-1 列出了常用的认知行为教练模型及其主要步骤（参见本书参考文献）。模型的名称均由主要步骤的英文首字母缩写而成。其中特别重要的模型，如 SPACE 和 ABCDE（F）模型，我们将在第三部分"教练心理学模型"中做具体介绍。

认知行为教练有一些共通的工具和技巧，例如几乎所有模型都鼓励对目标的探索和选择。我们大致将其分为两方面。

在行为工具和技巧方面，时间管理策略对受教者而言是非常有用的，例如辨别紧急和重要事件的优先次序，待办事件列表，留出多余的时间处理不可预测的事情，通过一些紧密、有序的步骤处理拖延症问题，等等（Palmer & Cooper，2010）。另外，自信训练（assertive

表 5-1 常用认知行为教练模型及其主要步骤

教练模型	主要步骤
PRACTICE 模型 （Palmer, 2007）	确认问题（problem identification）；发展出现实且相关的目标（realistic, relevant goal development）；生成新的解决方案（alternative solutions generated）；思考结果（consider the consequences）；锁定最可行的方案（target most feasible solutions）；执行所选择的方案（implementation of chosen solutions）；评估结果（evaluation）。
ABCDE（F）模型 （Ellis et al., 1998; Palmer, 2009）	刺激事件或对问题的意识（activating event or awareness of problem/issue）；对刺激事件的信念和感知（beliefs and perceptions about the activating event）；情绪、行为或生理方面的结果（consequences-emotional, behavioral, physiological）；辩驳或检验信念（disputing or examining the beliefs）；有效的新反应（effective, new response）；未来的焦点（future focus）。
BASIC ID 模型 （Lazarus, 1981; Palmer, 2008）	行为（behavior）；情绪（affect）；感官（sensation）；想象（imagery）；认知（cognition）；人际（interpersonal）；药物及生理（drugs, biology）。
CABB 模型 （Milner & Palmer, 1998）	认知（cognition）；情绪（affect）；生理（biology）；行为（behavior）。
SPACE 模型 （Edgerton & Palmer, 2005）	社会情境（social context）；生理（physiology）；行动（action）；认知（cognition）；情绪（emotion）。
ACE FIRST 模型 （Lee, 2003）	行动（actions）；认知（cognitions）；情绪和焦点（emotions and focus）；意图（intentions）；结果（results）；系统（systems）；冲突（tension）。
CRAIC 模型 （O'Donovan, 2009）	控制（control）；责任（responsibility）；觉察（awareness）；推动力（impetus）；信心（confidence）。
INTENT 模型 （Good et al., 2010）	理想的未来（ideal future）；现在（now）；针对性的认知和行为（targeted cognitions and behaviors）；试验活动（experiment）；培养（nurture）；转变（transition）。
CLARITY 模型 （Williams & Palmer, 2010）	情境（context）；生命事件或经验（life event or experience）；行动（actions）；反应（reactions）；意象和身份认同（imagery and identity）；想法或信念（thoughts/beliefs）；你的未来选择（your future choice）。

training）是一种很有效的行为干预方式，它让受教者充分理解被动攻击状态、攻击状态和能够达成双赢局面的自信状态之间的本质区别，以及如何运用口头表达和肢体语言传达自信。当受教者面对压力，有明显的生理反应时，放松训练可能是一个很好的行为工具，如呼吸练习、帮助放松的音乐或更高阶的冥想课程等，它们能够帮助受教者减轻压力。认知行为教练还会使用行为策略帮助受教者测试他们的新行为是否更好，是否与他们的新认知一致，新的信念是否更有效。在每次教练会面中，教练者会和受教者协商，布置一些功课，目的是帮助受教者聚焦于他们设定的目标，采集有价值的信息和证据，以便在下一次教练会面中做回顾和总结。也可以使用行为实验方法，例如让受教者尝试做一些他们害怕有不好结果的事情，之后会发现其结果是他们能够承受或足以应对的，以此挑战受教者曾持有的无用的自动想法和信念。

在受教者进步和成长的道路上，时常会有情绪和认知方面的阻碍，成为他们改变的障碍，这时认知方面的工具和技巧就变得非常有用。例如，苏格拉底式问答法是一系列有助于提高觉察力的问题（Neenan & Palmer，2001），这些问题按照一定的阶段设计，其目的不是为了得到所谓正确答案，而是为了刺激受教者生成想法和提升觉悟。觉察力提高后，苏格拉底问答法能帮助受教者更理性地思考，摒弃思考误差或阻碍有良好表现的想法，拾起崭新、有用、增强良好表现的想法。

类似的思维工具还有去标签化、采取多种视角考虑事情等。教练者会使用推论链（inference chaining）或下行箭头法（downward arrow technique），帮助受教者推导出刺激事件或问题的哪一个具体方面使受教者感觉不适，例如询问受教者："如果 XXX（所担心的事情）真的发生了，对你来说意味着什么？"诱导受教者将核心的负面信念清楚地表述出来，进而剖析负面自动思维背后的深层信念。如果受教者同时存在自尊心不足的问题，提升自我接纳的训练就成为降低焦虑和压力的有效工具。自我接纳意味着避免那些过于宽泛且站不住脚的自我评价，例如，"我真是个糟糕的人""我什么都做不好"。同时鼓励受教者学习一种具体的、根据事实作自我评价的方式，例如，"今年我考驾照失败了"，而不是仅仅根据一个方面对整个人作出评价（Palmer & Cooper，2010）。

受教者也时常报告他们脑海中会出现非常鼓舞人或非常令人泄气的种种意象。对人们有用的意象训练包括：动机式意象（motivation imagery），如想象自己充满了动力去做某件事情；应对式意象（coping imagery），如想象自己成功地克服了某种困难；时间投射意象（time projection imagery），如想象自己解决问题之后的理想未来；放松意象（relaxation imagery），如在脑海中描绘在沙滩上玩耍的无忧无虑的画面（Palmer & Cooper，2010）。通过灵活地整合人们头脑中的画面及其情绪、信念、生理反应等元素，认知行为教练能够帮助受教者达到非评判的自我觉察和接纳、深层放松及对负面信息的有效辩驳，采用全新的理解和态度去处理日常问题。

实证研究证据

认知行为教练在早期的干预实践工作中缺乏收集、分析数据的科学意识，所以有相当一部分证据是建立在认知行为疗法之上的。有学者搜集了两大心理学数据库（PsychLIT 和 PsychINFO）中与认知行为教练相关的学术文献，做了元分析（即对研究分析的分析），发现仅有三篇公开发表的研究论文专门论证认知行为流派在教练领域的理论和实践贡献（Grant，2001）。

第一篇论文是用案例分析的方法研究认知行为教练在促进销售人员的销售表现上的作用，干预过程为共 20 次、每次 1 小时的团体教练训练，包括认知训练（如何应对恐惧和拒绝，以及展现乐观态度）和行为训练（沟通和销售技巧）。研究结果发现，经历认知行为教练后，销售人员能更好地处理被客户拒绝的情况，与他们第一次销售的表现对比，也有了明显进步（Strayer & Rossett，1994）。

第二篇论文是单个案例研究，对象是一位"表现极其出色"的男性受教者，其目标是进一步提高人际沟通技能。经过两年的认知行为教练，他认为自己在自我觉察和沟通行为方面有了明显进步（Kiel et al.，1996）。

第三篇论文也采用类似的单个案例研究的做法，对一名女性公司高管进行认知行为教练。经过 10 个月的干预，她自我报告在工作表现上有了进步，能够更好地处理压力和工作冲突，在个人生活方面幸福感也更强了（Richard，1999）。

2001 年至今，越来越多的实证研究证明了认知行为教练的有效性。我们选取并介绍一些具有代表性的研究。

澳大利亚学者格兰特 2001 年发表了一项研究，考察认知教练、行为教练和认知行为教练这三种不同的教练方法在实习会计师的学习和成长方面的促进作用，并设立了一组控制组。整个干预过程包括 7

个小时的研讨会和共 5 次、每次 2 小时的工作坊。结果表明，三种教练方法都能够显著降低实习会计师的考试焦虑和提高其学业表现，但只有认知行为教练能够在干预结束后一段时间内有持续促进作用；认知教练和认知行为教练均对受教者的学业表现自我概念有促进作用。格兰特特别指出，因为研究没有随机分组，参加教练干预的实验组成员可能自身动机较强，所以我们要谨慎对待实验结果。他于 2003 年发表了另外一篇论文，考察焦点解决和认知行为技术在团体个人教练中的作用，参与者为 20 名大学生，教练干预持续了 10 周。结果表明，这些大学生的精神健康水平、生活满意度和目标达成感均明显提升。但这项研究受现实约束，没有设立控制组，缺乏对照数据。

教练心理学家格林及其同事在 2005 年、2006 年分别发表了两篇研究论文，同样采用焦点解决和认知行为技术，对 56 名参与者随机分组，使约一半参与者接受为期 10 周的教练干预，另一半成为控制组。结果表明，受教者有明显的目标达成感和较强的积极情绪，心理健康（包括个人成长、环境控制感、与他人的积极关系、生活目标感、自我接纳和希望等 5 个维度）水平更高。

格兰特及其同事在 2005 年和 2007 年发表研究，对 64 名参与者随机分组，考察焦点解决、认知行为的职业教练和同伴教练分别对受教者有什么作用。结果表明，职业教练和同伴教练都对目标达成感有促进作用；职业教练能够提高生活满意度；两种教练都未能明显提升心理健康水平。2008 年，格兰特考察了持续 10—12 周的 5 期焦点解决和认知行为教练干预的效果，对象为 29 名受训的教练者。结果表明，这批未来的教练者降低了焦虑水平，提高了目标达成感、认知韧性和个人洞察力；相对于没有接受教练干预的人，在学期测验中取得更大的进步。

休·卡恩斯（Hugh Kearns）及其同事于 2007 年研究了认知行为教练在具有完美主义和自我妨碍倾向、不具备心理疾病的临床特征的人群中能否发挥作用。参与者为 28 名高校学生，在参与一系列教练工作坊的教练活动后，他们的完美主义和自我妨碍倾向明显减弱，在一个月后的测评中仍有减弱趋势。同年，格林及其同事邀请 56 名高中女性学生作为参与者，研究焦点解决和认知行为教练的作用。此项研究设立了随机控制组，结果表明，教练干预在提升认知韧性和希望方面有显著效果，并能有效降低抑郁水平。

帕尔默及其同事以随机对照分组实验的方式，检验 102 名公司中层管理人员学习以认知行为教练为基础的自我减压手册之后的效果。结果表明，这些中层管理人员在任务、情绪和控制分心方面有了明显进步，也表示他们在与他人分享自我减压手册时感受到积极情绪。

菲欧娜·贝多丝-琼斯（Fiona Beddoes-Jones）和茱莉亚·米勒（Julia Miller）结合量化和质性研究方法，对 8 名职业经理人进行每月 1 次、每次 1 小时的电话认知行为教练。3 个月之后，这些职业经理人在访谈中表示，他们有更多的自我觉察，作出个人决策时更自信，也变得更真诚。

克里斯汀娜·吉伦斯坦（Kristina Gyllensten）及其同事 2010 年在瑞典开展一项质性研究，用现象诠释学的方法考察了 10 位受教者参与认知行为教练的经验。结果表明，教练者的角色在其中起至关重要的作用，包括保护受教者的隐私、教练者的经验与理论水平和采用接纳的方式。受教者表示在以下三个方面有显著进步：自我觉察和对他人的觉察，以新颖的方式处理事情，以及获得新的认知和情绪方面的知识。

在以上研究中，研究者均提出受教者是自愿参与干预的，他们本身可能具有较强的成长动机，有对进步的期待，以及想要讨好研究者的潜在心理，所以在自我报告的时候不自觉地往更好的方向陈述，即出现我们所说的"社会赞许性偏差"（social desirability）。未来的研究也许可以采用一些更客观的测量方法，如采用双盲的随机对照实验、行为观察法等。

一些关于认知行为教练的实证研究正源源不断地涌入这个领域，为认知行为教练的有效性添加有力的证据。我们不难看出，认知行为教练和一系列具体的心理健康和行为表现测量之间有一定关系，如降低焦虑和压力水平，提升目标达成感、认知韧性、自我觉察和自我效能感，以及提高元认知技巧，等等。同时，有越来越多的教练方式和认知行为教练方式相结合，如焦点解决和认知行为教练、正念和认知行为教练。在未来的实证研究中，我们可以在不同的参与者群体中进行认知行为教练干预，对动机和社会赞许性偏差有所控制，引入更客观的测量方法，以及进行长期跟踪研究。

第六章　焦点解决教练

······ **本章导读** ······

- 焦点解决教练的理念、原则和实践技术来源于焦点解决短期疗法。它聚焦于受教者的优势资源和能力，而非问题和经历本身，目标是帮助受教者自己构建解决方案。
- 焦点解决教练一般分为三个阶段——共情阶段、设立目标阶段和达成目标阶段。三个阶段有序进行，有各自的主要任务。

焦点解决教练是一种常见且应用性较强的方法。对我来说，也是我最喜欢、使用最多的一种方法。接下来将花较多篇幅介绍焦点解决教练，并在每个阶段穿插实例和面向受教者的经典提问，以便读者在日常实践中借鉴，更好地理解焦点解决教练如何一步步帮助人们自然而然地解决问题。

基本精神和原则

焦点解决短期疗法的创始人之一，茵素·金·伯格（Insoo Kim Berg）曾说过，要相信当事人对他们的未来有控制权，不管他们有怎样的过去，这是一种令人乐观、获得解脱的想法。

焦点解决教练来源于焦点解决短期疗法，它采取的途径和我们通常解决问题的方式不一样。在一般的问题解决范式中，我们往往会在问题上下很大功夫：询问与问题相关的细节和回忆，探索过去的经验对问题有何影响，挖掘产生问题的深层机制，问题解决对人们的意义，如果问题没有得到解决会对人们产生什么影响，等等。我们围绕问题发问，企图获得更透彻的觉察、更深刻的理解，从中收获新的想法或习得新的行为。这种对问题本身孜孜不倦的探索建立在三个假设之上：每一个心理问题都是由一个具体的原因造成的；这个原因是可以被识别的；在问题的原因和问题解决方案之间存在一种关联，也就是说，找到了问题的症结所在，我们就能够解决问题（Walter & Peller，1992）。这些假设均受到焦点解决实践者的挑战。

焦点解决短期疗法的先锋史蒂夫·德·沙泽（Steve de Shazer）、伯格及其同事在 20 世纪 80 年代创立短期家庭疗法中心，此举措代表了心理咨询和治疗领域的一次颠覆性范式改革。他们采取了一种与直觉相悖的方法，即探索来访者对解决方案的理解，而不是围绕问题本身发问。这与当时传统的以问题探索为主的心理咨询背道而驰。在焦点解决短期疗法中，咨询师着力于辨别和探索来访者的优势、资源和目标，这个过程意味着治疗对话从"以问题为焦点"转变为"以解决方案为焦点"。尽管有些心理咨询和治疗方法也强调来访者的优势和资源（如积极心理学治疗、人本主义疗法等），但依据焦点解决短期疗法，这些只是改变的一些动因。真正区别于传统问题解决治疗的核心前提是：针对来访者的问题和困难构建解决方案的过程应该独立于讨论问题本身的过程。也就是说，讨论问题解决方案是一条路，讨论问题本身是另一条路，它们也许是平行关系，也许有交叉点，但本质上是两条不重合的道路。焦点解决短期疗法强调要走第一条路，而不是走第二条路。

在焦点解决短期疗法中，咨询师很少会费工夫（甚至完全不费工夫）去强调问题，直接减少问题或减缓问题造成的伤害等（Johnson & Miller，1994）。治疗对话聚焦在发掘来访者想要什么（目标）上，辨别他们现有的能够解决问题的行为（优势、资源、成功经验等），并展望理想的未来：如果问题都解决了，或者来访者能够很好地处理问题，他们的生活会有什么不同？焦点解决短期疗法并不指向对问题本身的洞见或理解，其目标是促进改变，促进改变的过程同时会给来访者提供构建解决方案的机会。

焦点解决短期疗法直接影响焦点解决教练的精神和操作原则，以下是焦点解决教练的主要假设和原则：

其一，突出积极方面。强调积极、正面是焦点解决教练的核心，也是其所有策略和发问方式的核心。聚焦于"想要什么""想达到什么目标""有哪些资源和优势""有什么进步"等，要比聚焦于"哪里出错了""哪里做得不好"更有力量，更能够给予受教者赋权感和前进的动力。德·荣格（De Jong）和伯格说过，一个人改变的能力与其以不同的方式看待事物的能力是相关的。因为焦点解决教练主要强调积极、"什么是有效的"方面，它有时候被称作"以能力为基础"或"以优势为基础"的教练手段。

其二，构建积极目标。受教者想要什么，也就是他们的目标，给焦点解决教练提供基本方向。当受教者能够清晰、有力地说出他们的目标，而这些目标恰好能够反映他们最重视的东西的时候，他们自身持有的希望感和改变的动力就随之增强了。我们应该这样表达目标：小而明确，指向具体的行为，并用积极的口吻来陈述。例如，要说"我想与伴侣建立更融洽的关系"，而非"我不想再与伴侣争吵"。以消极的口吻陈述目标，例如，"我想要停止酗酒"，其实是没有什么效果的，它需要被重新定义。为了做到这一点，教练者会问受教者将做些什么，使他们想消除的行为不再成为问题。只要受教者能够在教练者的帮助下辨认出其核心积极目标，不论问题或诊断本身是什么性质，焦点解决教练就开始发挥作用了（Sklare，2005）。

其三，采取"非专家，不知晓"（non-expert，not-knowing）的立场。能够驱动焦点解决教练并辅助受教者发掘自己的问题解决方案的一个事实是：所有的教练对话和问题都采取非专家的立场。人本主义心理学先驱罗杰斯在来访者中心疗法中首次明确拒绝医学模型中"治疗师即专家"的说法。德·沙泽另外加了一个绝妙的主意：采取不知晓的态度能够帮助咨询师快速、有效地进入非专家、信任来访者自身能力的状态。放在教练情境中，这种不知晓的态度并不是稀里糊涂，一问三不知，或是冷漠对待受教者的提问，而是相信受教者是自己生活的专家，他们是自身的权威；受教者知道什么对自己来说是好的，知道自己未来想过什么样的生活。问题解决方案必须来自受教者自己，他们才拥有解决自己问题的资源和能力。焦点解决教练者要做的是更好地辅助受教者构建解决方案，这才是体现教练者的"专家性"的地方。

其四，辅助构建解决方案过程。焦点解决教练者是辅助受教者构建解决方案的专家，并不是提供解决方案的专家。教练者需要增加受教者自身的资源，提供支持系统，为其自我改变的过程提供咨询。为了更好地辅助这个过程，教练者需要对受教者的资源、优势和未来展望展现出一种赞许、好奇的态度。最主要的任务是提出基于优势的问题，这些问题能够赋予受教者能量，使其充分发挥自己的优势和资源，最终找出解决问题的方法。

我们谈了好几次基于优势的方式，这一方式是焦点解决教练与聚焦问题教练的主要区别。我在焦点解决教练的实践工作中也感觉到，始终聚焦在优势和资源上，而不是聚焦在问题上，是整个过程的核心。在帮助受教者构建解决方案的同时，我自己也逐渐摆脱传统的聚焦问题的模式，转变为重视积极资源和优势。

我们以一个实例说明聚焦问题教练和焦点解决教练的区别：受教者王女士身患一种慢性疾病，尽管疾病本身对生活有一定影响，但更大的问题是，她对丈夫不理解、有时不耐烦的态度多有怨言，感觉十分委屈，因而时常争吵。她对丈夫渐渐失去了信心。针对这个案例，表 6-1 列出了聚焦问题教练和焦点解决教练如何向受教者提问。

表 6-1 聚焦问题教练和焦点解决教练的提问对比

	聚焦问题教练	焦点解决教练
探询性问题	问题产生的原因；问题的源头；问题的开端、持续时间；问题的严重程度；相关的过去经验；问题带来的影响。	目标；优势和资源；成功解决问题的经验；没有出现问题的积极经验；理想的未来。
提问举例	"你能告诉我，在你和丈夫争吵的时候发生了什么吗？"	"你能告诉我，最近一次你和丈夫成功地避免有关疾病的争吵是什么时候吗？你们是怎么避免争吵的？"
	"当你的丈夫对你的要求无动于衷的时候，你有什么样的感受？"	"有什么方法能够让你的丈夫对你多一些关心？哪怕只进步了一点点？"
	"当你告诉你的丈夫这个病如何影响你的生活时，他有什么样的反应？你有什么样的感受？"	"想象一下，如果你的丈夫能够很好地理解你的病情，你会有什么样的态度？"
	"考虑到你们争吵的激烈程度，你有没有想过离开他的可能性？"	"你们激烈争吵，却依然没有分开，是什么将你们牢牢地绑在一起？"

我们可以看到，聚焦解决教练中的提问没有太多对问题本身的探索，也没有让受教者一遍遍重复那些比较敏感、使人尴尬的问题，而是挖掘生活中积极的一面，通过展现理想的未来，让解决问题的方法在受教者脑海中自然而然地出现。

需要注意的是，所有聚焦解决方案、聚焦优势的提问都必须在共情的情境下发生，否则这些问题就会变得冷冰冰且缺乏同理心，有可能损害教练者和受教者之间的关系。教练者如何形成一种共情的反应，并有效地将这种共情传达给对方，我们会在下一部分讨论。

三个阶段及其主要任务

焦点解决教练有三个主要阶段——共情阶段、设立目标阶段和达成目标阶段。三个阶段依次进行，其中共情阶段是必经之路。

共情阶段：建立融洽的教练关系

这个阶段教练者的主要任务是：尽可能地倾听，表达同理心；帮助受教者辨识自身的优势和资源并表达赞许；处理共情阶段可能产生的负面情绪。

表达同理心

如果受教者感受到被倾听和被充分理解，他们会进一步感受到被全然接纳，增加自尊、自信和拥有自我价值。

　　一项被我们忽略的重要技能就是倾听。大多数人能言善道，却不擅长倾听。共情阶段的主要目标就是让受教者感觉到被充分理解，如果没有达到这个目标，接下来的两个阶段就无从提起。如果教练者的共情反应较微弱或不充分，构建解决方案的过程会面临重重阻碍。

　　一些我们在生活中经常使用的倾听反应其实没有想象中那么有效，例如：保证或试图让对方安心（"事情有一天会变好的""肯定没有问题啦"）；自行给予建议（"其实你应该这么做""你这样做肯定更好"）；将问题最小化（"这有什么大不了的""这都不是事儿"）。在受教者叙述问题的时候，如果采用以上三种反应，几乎没有任何效果，因为它们都在某种程度上驳斥了受教者的叙述，受教者没有感觉到被充分理解，甚至会觉得说了更糟，还不如不说。这些反应也不会帮助受教者解决问题。真正有效的反应是让受教者知道自己被倾听，所说的事情被认可，这才是建立共情和谐关系的基础。

　　我们举一个例子说明对同一事件的不同反应方式会对受教者产生什么样的影响。一位男大学生即将参加第一次工作面试，他非常紧张，他说："我几乎一夜没睡，一直在想面试的事儿。我才知道原来有一群面试官要同时考察我和另外一大群人，不是一对一的面试。我感冒刚刚好，状态不佳，现在感觉胃在抽痛。我是不是打个电话说我病了，不去面试比较好……我不知道怎样做才能发挥好。"

　　一些常见但不怎么有帮助的反应会是：

　　"哎呀，面试没有你想的那么难。"（将问题最小化）

　　"我也参加过团体面试，没那么难，你肯定会表现得很好的。"（试图使对方安心）

"记住，面试之前深呼吸几次，还要少喝水，免得中途想上洗手间。"（自行给予建议）

这些反应都不会让他感到被真正理解，他的面试焦虑问题也没有解决。如果他感觉好一些了，那可能是因为"将问题讲出来"本身在一定程度上舒缓了焦虑，而不是因为这些反应多么有效。

真正有效、能够展现共情的倾听反应会是：

"听上去这是一次挺重要的面试，让你比较紧张。尤其是你现在感冒刚好，状态不那么好。"

这个反应看上去平淡无奇，似乎只是总结了一下对方说的话，但它能够让对方感受到"你听懂了我说的话"，讲述的内容被承认和尊重。对方一旦感受到被充分理解，就为下一步制定目标和达成解决方案开启了大门。

充满共情的倾听反应背后存在一种理解性思维。我们用另外一个例子做个示范：一位年轻女士的丈夫某一天突然对她坦白自己有了外遇。"他说对方是办公室里的某个女人，只发生了一次关系。他说他不想失去我，他感觉很愧疚，不知道做些什么能挽救我们的婚姻。我难受极了，打电话告诉了我的母亲。我的母亲说我可以搬去和她住一段日子，可我的孩子还在家里。我不知道该怎么做，一切都乱七八糟的。"

听到这段对问题的叙述之后，我们可能有以下几种反应：

反应1："你的丈夫一直以来是个什么样的人？他作为父亲，表现如何？"

反应2:"你有没有考虑与丈夫一起去找一下婚姻咨询师?"

反应3:"除了现在的愤怒感,你对丈夫还有什么感觉?你还爱他吗?"

反应4:"我能理解你为什么感觉乱七八糟并且不知所措,尤其是你已结婚多年,又发生这件事情。"

以上反应中,前三种是聚焦于问题的。反应1试图了解受教者的婚姻状况,以更好地评估现在的状况,这是典型的以问题为中心的反应方式。其弊端在于可能会制造受教者的内心压力和忧虑。反应2隐含了一个建议,它可能是有效的,但提出的时机比较草率。受教者可能觉得还没有走到需要和丈夫一起去做婚姻咨询的地步。这样的一个建议将其他的道路都堵死了,也剥夺了受教者自己寻找解决方案的勇气和信心。反应3鼓励受教者探索她对丈夫的感情,这会立刻激起她的情绪反应,在一开始就出现迷惑、愤怒等情绪,而对负面情绪的探索也属于聚焦问题的模式。虽然以上所有反应或多或少都会对受教者有帮助,但只有反应4是有共情效果的,它的背后藏着理解性思维,即教练者能够即刻向受教者传达对当下情况真诚的理解,并不直接告诉她要怎么做。因而反应4不会将情况复杂化,也不会引发受教者过多的情绪波动,这种反应在心理咨询领域被称为"反映式倾听"(reflective listening)。常用的有效倾听技巧包括积极倾听、适当重复受教者使用的词语、总结式倾听、共情式反映等。

发掘优势和资源

当我们向某个信任的人讲述我们遇到的困难或不太好的经历的

时候，这个过程不但能揭露问题的本质是什么，而且能发掘我们的优势、能量以及周围环境中有利的因素，包括对我们而言重要的东西和人。根据美国积极心理学家芭芭拉·弗雷德里克森（Barbara Fredrickson）的扩展和建构理论（broaden-and-build theory），积极情绪体验可以拓展个体即时的思维—行动范畴（mind-action repertoire），帮助个体发掘自身持有的优势资源，并构建个体持久的优势资源和心理弹性。而当人们难过的时候，会倾向于对自身持有的优势资源视而不见，自我评价也较低。在焦点解决教练中，帮助受教者看到自己拥有的各种资源和优势，了解在面对困境的时候能够使用这些资源，可以增强他们的信心和希望感，这是构建解决方案过程中不可或缺的一步。

优秀的焦点解决教练者能够辨识出受教者话语中表达或隐含的优势和资源，鼓励受教者谈论它们，并讨论如何利用这些优势和资源达到目标。除了品行、性格、价值观等内在的优点，教练者还需要仔细倾听受教者如何讲述与周围人的关系，为他人提供了哪些帮助，在财务、健康、人际关系、生活环境等方面存在哪些优势，并倾听对受教者来说重要的是什么。值得注意的是，我们许多人习惯用"聚焦缺陷"的方式去倾听，不自觉地聚焦于错误、缺点、瑕疵和那些不成功、令人泄气的经历。我们将注意力放在这些事情上，就会忽略真正有作用的事情。

我们继续思考上面的年轻女士的例子：尽管她遭遇了婚姻危机，但其中有没有蕴含个人优势和资源呢？除了受教者自己叙述的内容，在实际的教练过程中，教练者也可以从受教者的神态、语气、肢体动作等非语言线索中获取重要的信息，从而辨识出受教者的优势资源。

例如，这位女士虽然遭遇了情感创伤，但她并没有选择立刻躲到母亲家里疗伤，她首先考虑了孩子的利益；尽管她遭受背叛，但她没有被情绪冲昏头脑或作出不成熟的反应，而是选择参加焦点解决教练，寻求专业帮助；尽管目前的状态看上去乱糟糟的，但她试图理清思绪，采取行动，表现出决心和勇气；她和母亲的关系看上去很好，是具有支持性的重要资源；从她的丈夫主动坦白外遇经历并表达悔悟来看，她和丈夫的关系并不是无药可救的，这种情感的牵系也是资源……从受教者的一小段叙述中，我们能够分析出这么多优势资源，而且还能进行更深层的探索。

　　除了探索和辨识优势资源，对它们表示认可和赞许也是教练者的重要任务。表达赞许意味着对受教者的赞同、允许、尊重、敬佩等，这些态度都能有效地建立和谐的关系，促进受教者整体的良好状态，以及增强受教者的力量感和赋权感。我们很多人受到中国传统文化的影响，不擅长表达赞美。我曾经在教练培训的时候做过一个小调查，问在座的学员，以下哪项最符合他们的日常经验：（1）他们收获了很多赞美，有时候甚至是不必要的赞美，超过了他们的预期；（2）他们收获了适宜的赞美，因而被鼓舞和感到快乐；（3）他们收到的赞美和认可很少，被欣赏的程度远远不够。绝大多数学员选择了第三项，我自己亦如此，可见我们没有被足够欣赏过（很遗憾！）。以民调为基础的全球绩效管理咨询公司盖洛普（Gallup）收集了近百万名受访者的数据结果，发现经常或定期得到赞许和认可的工作人员能够提高生产率，与同事建立更良好的关系，更愿意在公司待得久一些，他们的客户也有更高的忠诚度和满意度，并且更少发生工作上的意外。彼此之间更充分地表达赞许时，我们不但能够让对方感觉被重视、被欣赏，也能让自己拥有更多被赏识的机会。

焦点解决教练者对如何建设性地给予批评和建议也有所思考。有时候教练者承担的角色（如导师、主管、父母等）要求他们必须对错误和不当行为给予直接的批评、建议或纠正性评价（corrective comments），但在指出什么行为是不可接受的，什么行为是错误的，什么是不足之处时，能否采取建设性方式是很重要的事，否则难以帮助对方进步。事实上，如果将重点和所有的关注都放在错误和不当行为上，往往会有副作用：对方会感觉自我价值和自尊受到攻击，觉得自己很差劲，没有能力做得更好，因而更不愿意改变或进步。

我们如何有效地作出纠正性评价呢？沟通的语气、态度、双方的关系等都是重要的考量因素。例如，在不同的夫妻关系中，一位丈夫对妻子说，"你又买了一双新鞋"，既可能意味着他很高兴（他一向欣赏妻子的品位），也可能意味着他不高兴（他觉得妻子又乱花钱了）。对一件事情的评价是什么性质的，取决于它是如何被表达的。如果我们想让纠正性评价变得有效，我们首先要注意将语气和态度控制得恰到好处，并且让评价出现在积极的关系情景中。纠正性评价背后的评论者的动机或良好的意图，对被评价者来说意义不大；评论是否有帮助，取决于被评价者是否愿意接受评价并积极改变。其次，指出一件对方已经知道的事情往往是没有帮助的，例如，"你把这个项目搞砸了""你最近长胖了""你这次考试成绩不及格"，等等。类似的评论让被评价者觉得对方根本不了解事情的难度或自己的苦处。最后，将批评放在赞美之前，会让后续赞美的力量大大削弱，甚至显得不太真诚。若将批评放在赞美之后，则会让对方觉得在受尊重和被认可的大前提下，可以在某些方面改进，对方采取行动的概率就会大大增加。因此，有效、富有建设性的纠正性评论需要考虑语气、态度、关系情境和它在一段沟通中的位置。

著名的婚姻关系学者约翰·高特曼（John Gottman）及其同事在一项关于婚姻沟通的研究中表示，正面信息和负面信息维持 5∶1 的比例可以预测成功、美满的婚姻关系。同样的比例可以用在我们对赞许和纠正性评价的表达上：当我们想告知对方一个需要纠正的行为或指出不足之处时，要伴随相应比例的赞许和认可。

处理负面情绪

焦点解决教练处理负面情绪的方式与一般的心理咨询或访谈所用方式不同。在焦点解决教练中，与受教者对话时必须少用"感觉""情绪"之类的词。这一点乍一听与助人准则似乎有些出入：我们不是一向强调要关照受教者的情绪和感受吗？教练者、心理咨询师或其他助人者不是应该训练对方反思自己的情绪吗？主要差异在于，焦点解决教练对"情绪"一词有独特的理解。

当受教者表达负面情绪时，焦点解决教练者以共情的方式承认这些情绪的存在，认可带来这些情绪的体验对受教者来说是真实的。但教练者不会增加这些负面情绪的能量，不会鼓励受教者深入探索负面情绪，也不会以提问的方式（如"到底哪里出了差错？"）让受教者重温不良体验。受教者可能会经常谈及自己的情绪和问题，这些都是可以接受的，教练者仍会带着尊重和同理心去倾听，但他此时已经开启寻找积极因素、以目标为导向的雷达，开始询问一些富有建设性和解决意义的问题。一个重要的普遍现象是：如果我们对受教者的叙述作出带有强烈兴趣的反应，受教者就会无形中受到鼓励，更多地讲述一些事件；如果我们对受教者的叙述兴趣不大，受教者在这些事件上的自我表露就会有所控制。

在焦点解决教练过程中，教练者的强烈兴趣应该放在两件事上：一是当受教者的情绪和感受非常好时，可以进一步探索良好情绪；二是当受教者专注于构建解决方案的思考和表达，如谈论自己的优势资源、成功经验、目标或应对问题的策略的时候，我们可以表现得非常感兴趣，以鼓励他们继续发掘。对焦点解决教练者而言，对这种特殊的沟通模式有敏锐的觉察和适度的微调，尊重地倾听受教者的负面情绪但不过分扩大对问题体验的描述，在受教者谈论目标和优势资源的时候有选择地去强化，是非常关键的技巧。

我们依然使用婚姻危机的例子对此阶段作出总结。当年轻女士不断地谈论自己的问题、被丈夫背叛后的愤怒和失望、是去母亲家还是留在家里照顾孩子的矛盾心理等负面感受时，教练者始终带着同理心和尊重去倾听。当她说了一大段，停下来等待回应的时候，可以这样说：

教练者："好的，我听到这件事情对你来说打击很大。但我不得不说，我十分佩服你：在有这种痛苦经历的时候你还能保持冷静，试图做正确的事情；你没有失控，依然关心自己的孩子，考虑怎么做最好。"（教练者作出共情反应之后，表达赞许和对受教者优势资源的评价。）

年轻女士："孩子、家庭和婚姻对我来说是那么重要！但我如何才能再次相信我的丈夫呢？他背叛了我！"（受教者再次谈论问题并表露负面情绪。)

教练者："孩子和家庭对你而言是生活核心，但信任对于婚姻能否持续下去也是核心问题，这确实是一个难题。"(教练者作出共情反应，简要总结受教者的叙述，但没有继续发问。)

当教练者做到以上这些时，受教者应该能够感受到被理解、尊重和获得某种程度的赞许。这时候可以进入下一个阶段，即设立目标。

设立目标阶段：发掘受教者"想要什么"

在焦点解决教练的第二阶段，即设立目标阶段，我们将学到如何有效地发现受教者的目标，以及如何发展焦点解决目标和将目标归类。

设立目标的核心技巧

帮助受教者设立目标有一个核心技巧，说出来可能会让读者大跌眼镜，那就是——耐心。你可能会问：耐心是这么常见的事物，算得上技巧吗？然而，在与他人沟通的过程中，有多少出于良好意愿的建议和观点，被缺乏耐心的我们仓促、急不可耐地抛出，而给对方造成进一步的困扰？在焦点解决教练的培训中，学员常见的错误有两个：太快推进，在共情阶段还不充分的情况下就匆忙进入下一个阶段；非常害怕沉默或冷场，在受教者还在思考的时候就跳到下一个问题。这样做不但对构建解决方案没有帮助，反而会损害好不容易建立起来的教练关系。尽管很多富有经验的焦点解决教练者会在第一次会面的时候就问受教者"你希望这次会面对你有哪些帮助？"之类的指向目标的问题，但是在缺乏经验的教练者还没有培养出熟练使用共情反应的技能和评估教练关系的职业敏感度的情况下，还是应该将更多的耐心放在倾听和共情反应上，然后再进行以目标为导向的提问。

设立目标对焦点解决教练有多重要呢？如果没有一个清晰的目标，焦点解决教练就不可能进行。目标给双方的谈话提供了一个方向：不管受教者的问题或诊断是什么，只要他们能够辨识出真正想要什么，构建解决方案就会发挥巨大的作用（Sklare，2005）。焦点解决问题都是能够引起思考、发人深省的问题，它们通常需要较长的时间去回答。这段沉默的时间也许会给缺乏经验的教练者带来压力，难以把控长时间的空白，让他们觉得是不是哪里问错了，强迫性地要说点什么。回答焦点解决问题需要深入的反省式思考，在这个过程中需要保持耐心，以及延续一贯持有的尊重和同理心。焦点解决短期疗法的创始人之一德·沙泽曾说过一句戏剧性的话："问完了问题，就别挡着当事人的道，赶快滚出去吧！"这句话当然不是说教练者在问了问题之后立刻走开，而是说在提出每一个焦点解决问题之后要留出充分的思考时间。焦点解决问题的能量和效果取决于受教者在回答的过程中能否充分展开。如果受教者感觉舒适、安全，与教练者有和谐、融洽的关系，有足够的时间，这个反省式思考的过程就会自然而然地发生，目标和解决方案也会随之浮现。因此，教练者必须对沉默有舒适感、把控力和冷静的态度，知道沉默意味着受教者在思索、反省、酝酿答案，然后他们才会清晰地说出想要什么。

除了沉默，另外一种对耐心形成挑战的情况是受教者说"我不知道"。如果现在有人问你："在读完这本有关教练心理学的书之后，你会在哪些方面花功夫以成为一个更好的职业教练？"你在当下可能给出的回答是："我不知道。"焦点解决问题往往是这样的问题：在没有充分思考的情况下，人们的回答是"我不知道"。这时教练者可以采取三种做法：

其一，保持焦点解决的思维方式。没有学习过焦点解决原则的人可能会把"我不知道"的回答理解成："对方不知道答案，那我还是赶快问下一个问题吧。"具有焦点解决思维的教练者可能会想："对方可能从来没有对这个问题有过深入思考。我需要等待，有点耐心，并且要有信心，相信对方有能力逐渐开始建构解决问题的方案。"

其二，锻炼对沉默的舒适感。时刻记住受教者需要时间和空间去思考和反省，可以试着在内心默数五秒，安静地等待受教者开口。如果五秒过后受教者还是没有任何反应，可以采取以下技巧：给予保证（"这是个挺难的问题，你可以慢慢想，不着急。"）；使用关系情境问题（"如果是你的伴侣／好友／父母来回答这个问题，他们会怎么说？"）；假设受教者知道如何回答（"假设你知道这个问题的答案，你会怎么说？"）。第三个技巧看上去有些自相矛盾，但在焦点解决实践训练中，这个问题往往很有效。

其三，对任何延迟的回答都采取积极的回应。如果受教者沉默较长时间后说出一个简单的回答，如"我大概会感觉好些吧"，教练者可以回应："好的，你会感觉好些——这样非常好。那么当你感觉好了一些后，你会做跟以前不同的什么事情呢？"这种积极回应首先对受教者的回答作出共情反应，然后用一个更聚焦的问题帮助受教者进行更细致的思考。

发现受教者的目标：将"什么地方出错了"转变成"我想要什么"

帮助受教者发现他们的目标不是一项简单、直接的任务。事实上，它可能是焦点解决教练中最有难度的任务。当我们感觉不安或被问题困扰的时候，通常只会觉察到我们不想要什么（例如，"我不想那么不快乐""我不想要一个被背叛的婚姻"）。受教者在回答焦点解决问题的时候，往往会告知更多的问题，如他们不想要什么，什么地方出问题了。焦点解决教练需要记录这些要点，引导受教者将"什么地方出错了"的问题模式转变成更积极、具体、有助于构建解决方案的模式。

一种常见做法是提出一些无意中引导受教者思考目标的问题。例如，在第一次会面中，教练者可以问"你这次来希望得到什么样的帮助？"之类的问题，这些问题也可以用问卷的方式，在正式教练会面之前让受教者填写。这类问题能启动聚焦目标的思维模式，把精力和能量放在想达成的目标和效果上，而不是放在问题上。

另一种常见做法是替换掉受教者的"不想要"类语言，用"想要"类语言重新叙述。例如，受教者说，"我不想那么不快乐"，教练者可以回应："你想过一种更快乐、无忧无虑的生活。"这样做至少有两个好处：一是引导受教者用积极、聚焦目标的语气去谈论事情；二是给予受教者进一步明确目标的机会（受教者可能会说："倒也不一定是无忧无虑，而是在我目前的工作和家庭生活中找到价值感和幸福感。"教练者就能抓住这条线索，鼓励受教者将自己的核心目标清晰、具体地陈述出来。）不用担心重新叙述会出错，受教者会即时纠正不符合情况的语句，顺着聚焦目标的"想要"思维模式说下去，这才是重新包装语言的关键作用。

发展焦点解决目标

在受教者发现自己的目标之后，教练者要持续且温和地发问，帮助受教者进一步发展出焦点解决目标。使目标越来越清晰的追问会明确谈话的方向，避免双方陷入重复讲述问题的死胡同里。微观提问（micro questioning）是一个很有用的技巧，即围绕"想要什么"提出大量细节问题，这样有助于厘清并发展出焦点解决目标。

发展良好的焦点解决目标有三个特征：

其一，目标可以被分成几个小步骤。受教者有时候会没有耐心，想一下子找到解决问题的终极答案，一步达成目标，这种心情可以理解。职业的焦点解决教练者会问一系列连续的、聚焦的、可操作的问题，询问受教者一步接一步能做什么，而非被一个庞大的目标吓到。例如，受教者说，"我想变得更迷人、漂亮"，教练者可以问："那你想从哪些方面开始呢？"类似地，如果受教者提到很多生活中想要改变的方面，教练者可以问："好的，我听到了你对这些问题的担忧，今天你想先从哪个问题着手呢？"以此帮助受教者聚焦到具体步骤上。

其二，从行为的角度陈述目标。目标必须是能够被执行、被观察以及其结果能够被评估的。简单而言，目标是那些真正会发生的事情。如果目标是"增强自我反省能力""变得更开心""成为一个自我实现的人"，这些都不是以行动为基础的陈述，它们就不属于焦点解决目标。当然，我们需要认可并接受这些目标背后的意愿、动机和感受，然后用一种表述行为的方式重新构建它们。例如，如果受教者的目标是"变得更开心"，教练者可以问："当你变得更开心的时候，你会做什么现在的你不会去做的事情？""你感觉更开心的时候，周围人会看到你有什么变化？"这样的问题能帮助受教者聚焦在可真正达成的目标上。

其三，以积极的口吻陈述目标。正如我们说过的，"想要什么"或"想要做什么"是积极的口吻，它们比"不想要什么"或"停止做什么"具有更强烈、持久的促进作用。停止酗酒、减轻体重等都是消极目标，它们不属于焦点解决目标。受教者当然希望能够达成这些目标，然而焦点解决教练的核心是帮助受教者改变，采取行动，做不一样的事情，关注做什么才能让这些问题不复存在。上面的问题如果用焦点解决目标的方式来表达可能是"培养健康的饮酒习惯""加强体育锻炼，平衡膳食"等。在人们脑海中植入积极的画面要比移去消极的画面有效得多，这种移植本身也具有鼓舞人心的作用。

有时候受教者的目标听上去不切实际，探索目标、搜索细节仍然是非常重要的，包括如果达成目标，会对受教者的生活产生什么影响。这样的方式能帮助受教者修改目标，将它们变得更实际。教练者也可以礼貌地询问受教者对达成目标的可能性的理解，这种现实检查（reality check）通常能带来更站得住脚的清晰目标。

目标归类：是哪一个种类的改变？

采用最简单的归类方法，人们的任何改变过程都有两种目标：要不我们自己改变，要不我们期待他人改变或情境改变。我们先来看比较简单且较少见的第一种目标，即在教练过程中，受教者一开始就知道自己改变不了其他人，也改变不了情境，所以他们自身完全肩负改变的责任，其焦点解决目标指向改变自己的行为。目标拓展问题可以帮助受教者厘清目标并增强承诺，例如：

"这些改变将会给你带来什么好处？"

"你会做些什么事情，让改变发生？"

"改变的第一步是什么？"

"当你达成目标的时候，周围人会观察到你有什么变化？"

"你是如何知道自己可以作出这些改变的？"

第二种目标在焦点解决教练中较为常见，通常受教者的目标会牵涉到对他人改变和情境改变的期待。举个典型的例子，受教者希望"我的伴侣能够减减肥""孩子好好上网课""上司能够公正一些"，等等。这些目标都直接指向他人的改变，而不是受教者自己的改变。现实却是：我们无法改变他人，我们只能改变自己；期待他人改变往往会落空。

然而，作为职业教练者，我们不能"瞎说大实话"，例如"别指望你的伴侣会减肥，你改变不了他"。教练者需要以富有同理心和尊重的态度，理解并认可受教者遭遇的困难和对他人改变的期待。可以这样回应——"是的，我知道你的伴侣减轻体重之后你们的生活会有一些好的变化"，然后给予受教者一些时间去回应这些共情反应。受教者通常会逐渐思考在困难情境中自己能承担什么责任，这时教练者可以问一些问题，帮助受教者松动"除了他人改变，就没有别的办法了"的立场。当然，这些问题本身具有一定挑战性，所以需要建立在和谐的教练关系以及受教者感觉到被充分理解的基础上，它们才会发挥作用。

我们举一个期待他人改变的例子。一位女性受教者希望她的丈夫能够减轻体重，他因体重超标引发的健康问题住过好几次院，这使她很担忧。焦点解决教练的干预问题可能有以下几种：

其一，帮助受教者从积极的角度思考如何支持他人达成目标。例如：

"有什么事情让你觉得你的丈夫能够减轻体重？"（询问受教者丈夫的优势资源）

"你认为你能做些什么，帮助你的丈夫减轻体重？"（明确受教者能够帮助丈夫作出改变并了解细节）

其二，揭示他人改变动机中的关系性问题。例如：

"你的丈夫会认同减轻体重这个目标吗？"（受教者的目标对她的丈夫来说重要吗？）

"你的丈夫认为他能够减轻体重吗？"（对受教者目标的现实检查）

"对于你要帮助他减轻体重这件事，你的丈夫会说些什么？"（引导受教者思考他人希望做些什么）

其三，帮助受教者想象未来的问题，从成功和失败两个角度去考虑。

如果受教者的丈夫改变了，减轻了体重：

"这种结果对你来说有什么益处？"

"你对你的丈夫会有什么不同吗？"

如果受教者的丈夫没有改变行为，没有减轻体重：

"你会怎么做？"

"你将如何处理或应对这种情况？"

在使用上述问题之后，教练者需要跟随更多的问题，帮助受教者意识到要改变他人是不可行的，他们只能负起改变自己的责任。一旦受教者意识到这一点，教练者就能够开展前面介绍的一些促进自我改变的问题。

达成目标阶段：构建解决方案

焦点解决教练的最后一个阶段是帮助受教者构建解决问题的方案。我们将在这个部分介绍五种焦点解决教练干预问题，使用微观分析和微观提问推进构建解决方案，以及在每次教练会面结束时布置任务作业。

驱动构建解决方案的技巧：五种核心教练干预问题

达成目标阶段是教练者给予受教者赋权感，推动他们自己找到解决问题的方案的阶段。教练者要有技巧地使用驱动构建解决方案的五种问题。需要再次强调的是：如果受教者没有感觉到被充分理解（也就是共情阶段没有做好），或他们的焦点解决目标不够清晰（也就是设立目标阶段没有做好），教练者在这个阶段使用任何驱动构建解决方案的技巧都不会有作用。

其一，例外问题（"exception to the problem" questions）。旨在发掘受教者的能力。无论问题有多么严重，多么令人沮丧，它都不可能每天 24 小时、每周 7 天不间断地存在。总有一些时刻，受教者在生活中没有感受到这些问题。例外问题聚焦于问题不存在或受教者没有被问题影响的时刻（de Shazer，1985），教练者可以使用一系列后续问题探索这些例外时刻有何特殊之处，是什么让这些时刻显得不一样。教练者对例外时刻的细致观察和坚持不懈的提问能够发掘受教者的能力和资源，帮助他们在问题出现的时候有效地采取应对措施。以下是几个例外问题的例子：

"你能够告诉我在你没有被这个问题困扰（或这个问题不那么令人烦忧）的时候，发生了些什么吗？"

"没有出现这个问题的时候，你有什么不同之处吗？"

"没有出现这个问题的时候，发生了些什么事？"

"你认为是什么事情或什么人让你免受这个问题的困扰？"

其二，另一种结果问题（the other outcome questions）。旨在探索受教者理想的未来。以未来为导向的结果性问题在焦点解决教练中非常有效。教练者让受教者去想象，如果他们讨论的问题成功解决了，受教者理想的未来是什么样子的。另一种结果问题可以分为四个类型：

奇迹问题（the miracle question）。这是最著名、效果最明显的结果性问题。它邀请受教者进入一个适度的、具有催眠性质的想象状态，将疑虑先放到一边，超越逻辑性的问题解决思考步骤。受教者仅仅想象问题解决的时候，事情在未来会变得如何不同。奇迹问题是一种相当复杂的焦点解决技术，它需要缓慢而刻意地进行，在推进和停顿之间允许受教者进入想象的空间。以下是一个奇迹问题的例子："当你今晚回家，躺在床上准备入睡的时候，假设一个奇迹发生了，现在困扰你的那些问题都不见了——就是这样不见了！你第二天醒来的时候，你是如何知道昨晚发生了奇迹呢？你注意到的奇迹发生的第一条线索会是什么？"顺着受教者对奇迹问题的回答去探索细节，往往能够得到戏剧性收获：受教者通常会更放松，更具有希望感，对新的可能性感到更兴奋和备受鼓励。

测量问题（assessment question）。这是检测焦点解决教练是否带来改变的问题。例如："我们今天的会谈结束后，你如何知道今天的会谈是否对你有帮助？"

第一步问题（the first-step question）。这会引发受教者对实施计划的思考。例如："我们今天的会谈结束后，你所做的第一个改变会是什么？"

快速通道问题（fast-track question）。例如："你的问题在未来得以解决的时候，你做的事情会有什么不同？"如果受教者想象迅速解决问题比较困难，教练者可以重新组织语言："当你能够应对这种情况，并尽可能地采取人性化方式，你的生活是如何变得更好的？你会做些什么事情，是你目前没有做的？"

其三，定标问题（scaling questions），即衡量进度或动力的问题。旨在让受教者在与当前问题相关的一些维度上选择最符合实际情况的级别。例如，他们坚持完成任务的意愿和不被问题困扰的程度有多强，他们的信心、对未来的期待感、改变的动机有多强，等等。通常定标问题包括1—10级，设定"1级"为最糟糕的情况，"10级"为问题已经完全解决或达成目标，即最理想的情况。类似地，"1级"可表示最弱的改变动机或意愿，"10级"表示最强烈的改变动机或意愿。举例说明：

"在1级到10级的标尺上，假设1级是你完全处理不了工作压力，10级是你很满意自己处理工作压力的方式。你目前的级别是什么？"

"你提高学习成绩的动力有多强？1级表示你完全不在乎学习成绩，也不愿费工夫学习，10级表示你认为学习成绩十分重要，也已经准备狠下苦功去提高成绩。你目前给自己定几级？"

当受教者给出一个数字，代表他们目前所处的级别后，教练者还可以追问两个问题，以增加定标问题的效果：

"你是怎么得到这个数字/级别的？"（发掘受教者的优势资源和能力）

"如果你从当前级别往上再升一个级别，会发生什么？"（帮助受教者发现微小的进步是什么样子的）

"如果你要上升两个级别，你会怎么做？"（引导受教者思考如何改变）

其四，关系问题（relationship questions）。旨在征求他人的意见。关系问题是一项帮助受教者采取不同角度的技术（Berg，1994）。受教者暂时不再以自我角度为中心，站在相关他人的角度看待自己的行为。在问题牵涉他人的时候，关系问题非常有效。以下是几个例子：

"当你告诉导师，你已经准备好开始研究这个课题了，他会说些什么？"

"依据你对丈夫的了解，如果你对他说你已经准备好接受他回归家庭了，他会有什么反应？"

"你的朋友看到你充满自信的样子，他们会说些什么？"

"你想帮孩子做功课，他们对此事会有什么看法？"

其五，应对问题（coping questions）。旨在帮助受教者用更积极的视角重新审视自己的问题或负面经验。受教者为了应对当前的问题，已经使用了一些优势资源或展现了一些能力，应对问题会让受教者再一次挖掘自身的优势资源和能力。

为了使应对问题发挥最大的功效，教练者必须有充分的同理心（如共情阶段那样），在受教者描述他们如何应对困难之前，对其面临的困难或问题表现出可被感知的认同和共情反应。一旦受教者开始讲述他们如何应对问题，教练者可以对其中的优势资源和能力表示赞许，询问受教者，如果要继续应对问题，他们能做些什么，以及如何利用已经展现出来的优势。

应对问题是一项有效的构建解决方案的技术，它鼓励受教者将自己的优势资源说出来。如果我们问受教者，他工作中最糟糕的一天的经历，他就会讲述问题和不良情绪；如果我们问受教者，他是如何度过工作中最糟糕的一天的，他就会讲述如何应对问题和处理不良情绪，那些有利于他度过艰难时刻的想法和行为是什么——这样的谈话更聚焦于构建解决方案。以下是几个例子：

"尽管你遇到了这些困难，你还是继续生活着。你是怎么克服困难的？"

"是什么让你坚持了下来？"

"你已经在前进的道路上走了这么久，是什么让你继续走下去？"

　　我们已经介绍了五种焦点解决教练的核心干预问题。缺乏经验的教练者可能会觉得使用这些问题很困难，不知道从哪儿开始问，下一个问题又是什么，该采用什么样的视角去问。一个简单的方法是考虑不同的时间视角，如在使用例外问题的时候，教练者可以用过去的时间视角；在使用奇迹问题或结果性问题的时候，可以使用未来的时间视角。在这样的基本思路上，定标问题、关系问题和应对问题可以被看成一整套构建解决方案的辅助工具。

　　想灵活、有效地使用这些干预问题需要大量的实践操作和经验积累，一个办法是可以从日常生活中的对话开始，例如下一次朋友向你倾诉自己遇到的问题的时候，有意识地练习使用构建解决方案的谈话模式。

微观分析和微观提问：改进提问的方式以及获取细节

　　焦点解决教练第三阶段的目标是使用一系列核心干预问题帮助受教者构建自己的问题解决方案，然而聚焦优势资源的积极的问题并不是一模一样的，它们存在细微的区别。受教者说："我曾经是个大烟枪，但我现在不是了。"——接下来如何提问？

　　聚焦问题的提问会与吸烟行为有关，例如："你以前抽很多烟吗？""你现在有时候还会吸烟吗？"这类提问隐含的意义是：教练者最关心的是问题本身，即吸烟行为。相反，焦点解决教练者更关心受教者的优势资源和能力，所以关注点会放在受教者"现在不再是大烟枪"这个事实上，提问的方式可能是："你不再吸烟这件事情是怎么发生的？"这是一个可以接受的构建解决方案的提问，但它很可能让受教者从外界而不是从自身寻找原因。更好的提问是："你是怎么做到不再吸烟的?"这个提问的假设是改变的原因来自受教者本人，而不是来自外在原因。最佳的构建解决方案的提问可能是："是什么让你决定不再吸烟?"这个提问的假设是不再吸烟是受教者自己作出的清醒的决定。继而教练者可以邀请受教者谈论他使用了哪些优势资源，改变了自己的行为。当我们反思那些对我们的生活有重大意义的决定时，我们通常会追溯到自己的个人信仰系统（personal belief systems）；当决定真实地反映了我们的核心价值观，我们改变的决心会更强，改变的行为也更能持续下去。

不断积累经验后，教练者会越来越得心应手地使用构建解决方案的问题，会使用基于优势而非基于问题的提问方式。不过，真正出色的焦点解决教练者还有一项武器，那就是针对每一位受教者的优势资源和积极行为，使用微观提问。微观提问揭示出的细节能够拓展受教者对自己的优势资源的理解，增强他们的赋权感和达到目标的动力。受教者谈论某个困扰时冒出的一个特别的想法和行为，可能代表了改变或进步，经验丰富的教练者会抓住这个机会对此多加询问，尽可能地从微观层面深入挖掘受教者的优势资源。例如，一位受教者在健康管理和减重方面遇到了问题，他提到某天吃自助餐时自己忍住了，没有去拿第二次。教练者的第一个反应可能是："你去吃自助餐时没有第二次去取食物!"并且用赞许、好奇的口吻说："你做到了这一点?"使用微观问题的教练者会仔细询问受教者的这个行为是不是不常出现。如果是反常行为，教练者就会提出更多的细节问题，了解为什么受教者能够克制住不去拿第二次，例如：

"你经常能够做到不去多拿食物吗?"

"你是怎么做到的？它对你来说困难吗？"

"如果让你再去做一次，你会怎么做？"

"什么能够让你再去做一次？"

"你能不能总结一下，你从这个经验里学到了什么，它能够帮助你下次还是这样做？"

如果这个行为经常发生，就没有必要问太多问题。需要用微观提问去深入挖掘的行为必须是积极的、不常见的"例外行为"。在达成目标的道路上，如果每一个正确行为都获得认可和回馈，它们就将引发持续性改变。

布置任务作业

在每一次焦点解决教练会面接近尾声时，教练者会用几分钟时间对双方的教练对话进行总结和反馈，回顾谈话中的要点并与受教者确认，之后为受教者布置任务作业。

反馈一般包括三个部分：对受教者的优势资源和能力表达赞许；谈论布置任务作业的重要性的一段过渡话语；布置任务作业（De Jong & Berg，2008）。任务作业从双方探讨的话题中发展而来，它们更像建议，而不是指示。教练者需要询问受教者，完成任务作业会不会对他有帮助。如果受教者回答"会"，教练者就可以与其讨论任务的细节，以及怎么样才会更有帮助。这样的做法有助于增强承诺感。如果受教者回答"不会"，或对任务作业没有兴趣，教练者就可以询问受教者什么对他会有帮助。如果"任务作业"这个说法让受教者感觉不舒服，我们可以换一个说法，如行动方案、下一步计划等，这种说法会突出任务的行为导向。行动方案最好是受教者觉得很有动力去做，从清晰目标中自然产生的方案。

当然，不排除有些受教者没有准备好采取具体行动。在这种情况下，任务作业最好是观察性的，例如："你能否尝试留意一下，事情有所好转的时候会是什么样子？""你试试看，做什么会使情况变得好一些？"在下一次教练会谈开始的时候，教练者询问受教者情况是否发生了变化，这时受教者可能将任务作业完成情况带入谈话之中。如果受教者没有提到任务作业，教练者通常不会追问，关注点需要放在进步和改变上。如果受教者认为任务作业没有什么帮助，教练者可以询问目前有什么是对达成目标有帮助的。教练者有必要在接下来的教练会谈中反复确认，受教者的目标是否发生变化，他们最想要的是什么。

第七章　动机式访谈教练

····· **本章导读**

- 动机式访谈教练是一种通过强化改变动机和承诺，有效促进受教者行为改变的教练方法，它建立在自我效能理论、自我决定理论、自我差异理论等心理学理论之上。

- 动机式访谈教练的基本精神为合作、接纳、至诚为人、唤出；基本操作原则为抵制翻正反射，理解并探索受教者的动机，共情式倾听，给予受教者赋权感并鼓励积极、乐观的精神和希望感；其他原则为从容处理阻抗，建立差距，分享中立性信息。

- 它包括四个递进且重叠的子过程——导进、聚焦、唤出和计划。贯穿整个过程的核心技能有询问开放式问题、肯定、反映性倾听及总结。

我们已经知道，教练较少告诉人们应该做什么，更关心如何建立一种友好且具有支持性的引导关系，促使人们自我改变、学习、成长和发展，这与动机式访谈（motivational interviewing）的初衷一脉相承。动机式访谈也许是在临床实证研究中证据最充分的一种谈话方式，这促使学者将其引入教练领域。

何谓动机式访谈教练

动机式访谈教练常应用于健康教练、生活教练等领域，它来源于动机式访谈。美国临床心理学家威廉·米勒（William Miller）和英国心理学家史蒂芬·罗尼克（Stephen Rollnick）将动机式访谈定义为：一种合作性的、目标导向的沟通方式，这种沟通方式尤其关注改变的语言；通过深入挖掘个体改变的原因并将这些原因清晰、明确地表述出来，营造一种接纳和共情的气氛；最终目的是增强个体实现某个具体目标的动机和承诺感。简单来说，动机式访谈就是一种协作的对话风格，目的是增强个体改变的动机和承诺感。

在早期，动机式访谈被认为是"无关理论的"。大量关于其效果和过程的实证研究证明了它的临床作用：相比其他咨询和治疗途径，在行为改变方面它可能更有效。动机式访谈的实践者可以是多种职业身份的人（如医生、护士、心理学家、教师、社工等），能有效帮助人们真正改变之前难以改变的行为（如酗酒、药物滥用、改变饮食结构、增加体育锻炼等），而且在很多情境下都能操作（如医院、社区、教育机构等）。然而，动机式访谈是如何起作用的，这个过程背后的心理机制还是个谜。

诸多临床心理学学者和咨询师探讨了动机式访谈的心理学原理。西蒙·德雷科特（Simon Draycott）和阿兰·达布斯（Alan Dabbs）声称动机式访谈的性质、原则和技巧或多或少与认知失调理论有关：个体的态度、期望和行为不一致的时候，个体会感觉不舒适或不愉悦，这会促使个体改变自身的某个认知因素，试图恢复平衡以减少心理不适。动机式访谈认为认知失调是改变的第一步，从"失调"的因素入手，能够帮助个体辨别可以改变的因素。

大卫·马克兰德（David Markland）及其同事认为自我决定理论为动机式访谈的操作过程和有效性提供了一个完整的理论结构。两者均建立在一个对个体心理的基本假设上——个体要达成心理统整性和形成成长的天然内驱力，同时均强调在促进这种内驱力的过程中社会环境具有的重要辅助功能。这个观点得到多位学者的支持，他们认为自我决定理论聚焦于个体心理需要（自主性、胜任力、归属感）的满足，而满足这些基本需要正是动机式访谈之所以有效的主要机制。克里斯多夫·瓦格纳（Christopher Wagner）和凯伦·英格索尔（Karen Ingersoll）反思了一个事实：动机式访谈通常被看作一种认知和行为方式，帮助当事人解决对"改变"这件事情模棱两可的态度，这似乎与负强化模型一致——个体改变行为是为了摆脱"不知道做什么"的不适感。但动机式访谈也可以是一种正强化模型——个体改变行为是为了取得正面、积极的结果，例如获得更好的体验、积极的情绪、希望感、满足感、兴趣和灵感，帮助想象更好的未来，记住过去的成功经验，增强对自身能力的信心。

动机式访谈教练是一种建立在扎实的心理学理论基础上的教练方法，这些基础性理论主要包括自我效能理论、自我决定理论及自我差异理论。

很多对心理学感兴趣的读者可能对自我效能理论并不陌生。自我效能感即个体对能够表现出某种行为的自身能力的信念，可以指向特殊领域（如认为自己语言天分很高），也可以是一种对自身综合行为表现能力普遍持有的信念（如做事情能力很强）。人们对自我能力的信念在动机和行为调节方面起什么作用？一系列大规模的元分析研究结果表明，在学业和工作表现、幼儿和青少年的心理功能、健康及运动表现等方面，"效能信念"（efficacy beliefs）能有效预测动机、努力程度、行为结果和成就水平；在效能信念上进行干预，就能实现预期的改变（Bandura & Locke，2003）。动机式访谈教练旨在测量和构建受教者在成功改变行为方面的效能信念，促进自我效能感，并利用自我效能感的多种来源（表现成就、替代性经验、社会说服和生理唤醒），提高受教者改变行为以及维持这种改变的可能性。例如，动机式访谈教练可以使用信心标尺策略："从 0 到 10 级，0 为完全没有信心，10 为非常有信心，你改变这个行为的信心有多少级？"如果受教者回答"5 级"，教练者可以询问："为什么是 5 级，而不是一个更小的数字？"由此提示受教者已经拥有的信心资源。或者询问："如果你的信心是 8 级或 9 级，会发生什么？"由此邀请受教者描述提高改变行为的信心所需的条件。

自我决定理论是一种能够广泛解释人们的动机因素、人格发展、心理健康的理论框架（Deci & Ryan，2008）。人们有三种基本且普遍的心理需要，也可称为"心理营养剂"，即自主性的需要、胜任力的需要、归属感的需要。这三种"心理营养剂"对人们的心理成长、心理健康和统整性具有重要作用。不论个体处于何种文化环境或哪个生命阶段，满足基本心理需要是维持个体健康功能的必要前提。如果这三种心理需要没有被满足，个体容易出现动机缺失、心理问题或其他功能受损等（Ryan et al.，2006）。另外，自我决定理论假设人们拥有朝向心理健康和发展的趋向力，寻求挑战、新奇感和学习的机会是人们天然的本性。自我决定理论区分了自主性动机（autonomous motivation）和控制性动机（controlled motivation），前者包括出于任务本身兴趣的内在动机、整合了任务价值和个体自我意识的外在动机等；后者包括出于获得奖赏或赞许、逃避惩罚或羞愧等因素的外在动机。两者均对人们的行为有激励、控制和调节作用，然而只有当人们体验到自主性动机的时候，才会对自身的行为产生自愿感、赋权感、责任感和认同感。动机式访谈教练旨在发掘受教者改变的自主性动机，对受教者话语中体现自主性动机的内容有强烈的兴趣，并帮助受教者进一步构建自主性动机。同时，动机式访谈教练试图增强受教者在胜任力和归属感方面的觉察和积极体验，为受教者源源不断地补充"心理营养剂"。

研究自我差异理论的学者托里·希金斯（Tory Higgins）指出，个体对"自我"（self）的各种态度或观点可能存在两两差异或不匹配之处，这些差异和不同的情绪、动机息息相关（Higgins，1987）。自我差异理论突出了自我的三个方面——事实的自我（actual self）、理想的自我（ideal self）以及应该的自我（ought self），这三个方面所对应的自我描述是："我实际上是一个什么样的人""理想中我是个什么样的人""我应该是个什么样的人"。自我差异理论还区分了两种立场：自己（own）和重要他人（significant other）。差异或不匹配可以发生在不同的自我方面之间，例如事实的自我和理想的自我不一样；也可以发生在不同的立场之间，例如我理解的自我和重要他人理解的自我不一样。希金斯将不同的潜在差异和情绪联系起来，如与沮丧相关的情绪，包括失望、不满、悲伤等，与焦虑相关的情绪，包括害怕、威胁等。个体是否体验到自我差异及其体验到的自我差异的程度，决定了个体指向事件或行为的舒适程度和意愿水平。

动机式访谈教练者有时候会刻意寻找受教者身上的差异成分并

谈论它们，以增加受教者对自己目前生活的不舒适感，促进受教者改变行为。例如，某位男性受教者在工作上花了大量精力，没有时间陪伴家人和孩子，但他曾经提过自己有多么爱家人和孩子。动机式访谈教练者可能使用共情、双向的回应式语句，发现真实的自我和理想的自我之间的差异，增强自我差异带来的不适感，以增加受教者改变的动机："花时间陪伴孩子对你来说非常重要，你想要当一位有存在感的父亲，但是你时常发现没必要加班时，你也留在办公室里。"借助这种方式，动机式访谈教练者利用一个或多个自我差异所带来的动机式能量（motivational energy），提高受教者顺应目标和价值观、积极改变行为的可能性。美国心理学家沃伦·泰伦（Warren Tyron）和贾斯汀·米苏瑞尔（Justin Misurell）提出差异诱导（dissonance induction）和差异减少（dissonance reduction）理论能够解释诸多心理学临床治疗方法生效的潜在机制。与动机式访谈教练的做法似乎是一致的：诱导受教者发现自我差异，推动他们减少自我差异，自然而然地开始改变。

基本精神：合作、接纳、至诚为人和唤出

动机式访谈教练遵从动机式访谈的基本精神，其背后是实践者的思维定式和心理定式，这些都将对动机式访谈教练者和受教者互动中的言行举止产生不可轻视的影响。包含四个方面——合作（partnership）、接纳（acceptance）、至诚为人（compassion）、唤出（evocation）。

首先是合作，因为教练过程的开展需要双方通力协作，教练者和受教者是同伴关系，而不是一位专家对一位被动的接受者做了些什么：它不是做"到"（on）或做"在"（to）某人身上，而是"为"（for）和"与"（with）一个人去做。教练者和受教者积极合作，共同探讨受教者人生中的重要方面，包括目标、优势资源、困境、挑战、理想、担忧，以及受教者对改变的一些想法。动机式访谈教练者创造友好、合作且有利于改变的气氛，而不是强制、劝说、教育并告诉受教者去改变。当双方的谈话变得不那么有合作性的时候，教练者会隐约感觉到受教者的不情愿（心理学术语为"阻抗"），这是一个很好的信号，提醒教练者改变谈话的方向，重新建立共情的合作关系。教练谈话应该像双人舞蹈一般流畅、和谐，具有生成性（generative），而不是像摔跤、搏斗等运动那样，充满了对抗、驳斥和不愉快的挑战。教练者不应该比受教者的节奏快太多。如果教练者高估了受教者对改变的重要性的理解，或对改变的准备和信心，就可能产生一些不同步的情况，如受教者反反复复或变着花样地围绕同一个问题滔滔不绝。如果教练者的言行损害了受教者的自我决定感（自主性或控制感），就可能激发受教者的阻抗，这时候教练关系本身会不和谐。

动机式访谈教练的合作精神意味着对他人的深度尊重，仿佛受教者翻看着自己的生活相册，教练者与他一起坐在沙发上，有时候问一些问题好让对方多讲述一些故事，但是大部分时候只是陪同和倾听，因为这个故事是受教者自己的故事，教练者的任务是通过受教者的眼睛去看他的世界，去帮助他更了解自己的生活究竟发生着什么。

其次是与合作精神倡导的深度尊重相关的深度接纳。即带着同理心去肯定、接纳受教者作为个体的价值和选择的自主性或自由。接纳一个人并不意味着必须赞同或默许对方做的所有事情，而是牢记受教者是主动决策者，有权利和能力去探索各种选择以及决定什么才是生命中重要的事物。当然，其中也包括选择不作任何改变、让生活保持现状的权利。这些精神具有强烈的人本主义特征，的确，动机式访谈教练在这个方面和罗杰斯所说的"来访者中心"有很深的渊源。

深度接纳涉及对个体自身的价值和潜能的珍视，这是一种对个体最基本的信任和尊重：个体从根本上来说是可靠的、具有独特能力的、具有统整性的；个体可以按照自身本色成长和发展；个体拥有自己的权利。这种态度的对立面之一是评判，在个体价值上附加一些条件，"是这样的人，做这样的事情，才可以得到尊重"。一个真实的悖论是：当人们感觉不被全然接纳、没有价值感时，更容易发生循环固定且陷入死胡同；当人们体验到自己被深度接纳时，更容易自发地朝着正面的方向改变。这种倾向是自然而然出现的，如同一株植物，只要给予充分的土壤、阳光和水分，就能够朝上健康生长。动机式访谈教练所提倡的谈话环境，就是一个能够让个体自然成熟、发展的环境。

深度接纳也意味着积极关注、努力理解和准确共情受教者的内在视角。共情并不等同于同情，同情是一种高高在上的怜悯，而共情是通过对方的眼睛看待生活和世界。准确共情意味着不把自己的视角叠加上去，不偏离或扭曲对方的视角，也不为看到的世界作过多的分析和解释——通过对方的眼睛去看，看到的是什么，就是什么。接纳还涉及支持自主性，其反面是企图胁迫或控制对方去做某件事情。与其说"你不可以怎么做"（通常会激起逆反心理，使对方偏要那样做，以重申自由），不如将选择权留下来，直接确认一个人选择的自由通常会降低其防卫心理并且可以促进改变。

深度接纳还指向肯定、辨别及确认受教者的强项、优势资源和成就。人们热衷做的一件事情就是"找短板"：揪出缺点或搜寻错误之处，确定错在什么地方，告诉对方如何纠正。即使是抱有和善的态度和良好的意愿，经常"找茬"的后果也会是对方对自己的能力不自信，依赖纠错人告诉自己怎么做，并且行动的意愿不强。更糟糕的情况是，对方可能产生"你凭什么挑我刺"的心理，而出现互相纠错甚至指责的情况。肯定强项和成就能够激发受教者的自我效能感和信心，使其相信自己拥有许多强大的资源和能力，于是更能够面对困境和缺点，积极改变。

再次是至诚为人。这并不意味着我们提倡与对方一起受苦或同情别人，而是要优先考虑对方的需求，创造有利于身心健康、成长和发展的环境，积极地增进对方的福祉。教练和心理咨询与治疗类似，本质上是一种服务，主要是为了当事人的利益，而非为了我们自己。教练者需要把心态摆在正确的位置，知道在教练过程中自己的角色是辅助对方改变和成长，而不是追求自己的利益或福利，更不可利用心理学知识博取不当的信任和顺从。这也是一个教练伦理原则。

最后是唤出。与焦点解决教练类似，动机式访谈教练也建立在"以优势为前提"的基础上，所以它还体现了唤出的精神。很多心理治疗和咨询手段基于"缺失模型"，也就是说，当事人身上缺少了某些需要的东西，可能是知识、智慧、经验、应对技巧、洞察力、反思力等，专家需要灌输这些，以达到治疗的目的。而动机式访谈教练者相信受教者身上已经具备很多需要的东西，他们的任务是从受教者身上将它们召唤出来。这两种模型背后隐藏的语言是完全不一样的：前者可能是"我有你需要的东西，现在我将它们送给你，你最好接受"；后者可能是"你具备了你需要的所有东西，我们会一起找到它们"。需要唤出的东西也许是受教者对现状的看法、改变的理由和动机、改变的初步想法、如何维持改变的想法、改变必需的品质、关乎他们自己的智慧，以及他们相信自己能够改变的理由。受教者自己的想法和理由越多，改变越有可能发生。

动机式访谈教练的操作原则

动机式访谈教练的基本操作原则可以缩写为"RULE"以方便记忆，它由四条基本操作原则的首字母构成。

第一条原则是，抵制翻正反射（resist the righting reflex）。翻正反射是一种想要纠正错误、将事情指向正确方向的天然趋势。人们都有将错误的事情纠正过来，让事情变好的冲动，例如我们经常说，"你应该这样才对"。尽管出于良好意愿，但教练者试图纠正的态度会让受教者感到自主性受到威胁，因而干扰双方的共情，破坏不加评判的关系，激发受教者阻抗和不情愿的情绪。正确的反射问题可以是："你能不能尝试做一下这件事？""你考虑过这样做吗？"这类问题能够促使受教者在感受到被充分尊重的情况下思考是否可以采取新的行动。

第二条原则是，理解并探索受教者的动机（understand and explore the clients motivation）。动机式访谈教练者使用开放式询问、共情式倾听、跟随问题、肯定以及反映式总结等方法，深入理解并探索受教者持有的自主性动机。问题可以是："你为什么想改变？""你想这么做的最主要的三个理由是什么？""对你而言这个改变有多重要？"受教者的答案可能包含各种动机来源，教练者需要仔细倾听其叙述中的改变语句，发掘内在动机以及那些整合了价值感且能表达自我统整性的动机，帮助他们放大这些内在声音。

第三条原则是，共情式倾听（listen with empathy）。与其他教练方式类似，动机式访谈教练也将共情式倾听列入其原则。教练者需要努力想象如何从受教者的角度看待他们世界里发生的一切，体会身处受教者的位置所体验到的感受，并用反映、总结的方式向受教者表达出来，坦诚地沟通。在程度和复杂性方面，这些表达与即时的谈话相比会有所不同。

第四条原则是，给予受教者赋权感，鼓励积极、乐观的精神和希望感（empower the client，encouraging optimism and hope）。动机式访谈教练者试图唤出受教者积极、乐观的精神，调动希望感和赋权感，主要方式是增强受教者对改变的自我效能感以及帮助他们看到理想未来的图景。使用开放式询问可以帮助教练者做到这一点，例如："如果做到了这件事，那会是什么样子的？""你对改变的信心从何而来？""是什么给了你力量？"或使用一些肯定语句，例如："你听上去是一位为了达到目标会下功夫的人""当你决定要做什么，你就能够有所收获。"这些表达能够给予受教者能量和信心，而让受教者思考改变的方式、程度、持续时间等能够帮助他拥有希望感。让受教者反思过去的掌控经验和成功体验，并讨论在这些经验中什么东西对他们而言有帮助，也是建立希望感的好方法。

除了以上四条基本原则，还有三条原则也是在动机式访谈教练的操作过程中应该遵守的。

第五条原则是，从容处理阻抗。我们提倡在谈话的一开始就尽可能地将受教者的阻抗水平降到最低。教练者需要在谈话过程中对阻抗保持警觉，一旦发现就要改变自己的言行。当然，动机式访谈教练者不会对阻抗如临大敌般紧张，不会去对抗，而是会跟随着阻抗"翻滚"（roll），就像武术中灵活、流畅地随着对手的拳头移动身体，而不是冲着拳头顶过去。

处理阻抗的方法可以是：使用一些反映语句，例如"看来你在这里有点儿待不住了"；表示歉意，例如"我很抱歉，刚才是我推进得快了一些，我们不妨退回几步看看"；改变谈话的焦点，例如"也许你是对的，酗酒问题可能不是今天的焦点，我们来谈谈你提到的另一个议题"；再次强调受教者的自主性和掌握感，例如"你是教练谈话的主导，只有你才能真正决定什么时候去改变——当你觉得准备好了"。这些方法都能够减少阻抗和不和谐，使受教者重新投入对话，再次建立良好的教练关系。

第六条原则是，建立差距。建立差距从一开始就是动机式访谈教练的一部分，因为目标和现状的差距是改变的最根本的驱动力。教练者可以邀请受教者讲述他们的目标，描述什么对他们而言是最重要的，或通过"回头看"和"往前看"考察他们现在所处的位置。需要注意的是，差距应该建立得恰到好处：不应过大，也不应过小。如果差距过小，它可能不会引起受教者的重视，也不会激发其改变的动力；如果差距过大，改变显得可望而不可即，受教者会觉得做任何事情也无法缩小差距，缺乏自我效能感且丧失改变动机。建立差距应该和唤出信心与希望感并列，这样才能鼓励受教者积极采取行动。

第七条原则是，分享中立性信息。动机性访谈教练是为了强化人们的动机和承诺去做具体的改变，它只在一定程度上影响受教者的选择，最终是否改变仍由受教者决定。在某些情况下，不驱使受教者作选择也是恰当的做法，因为教练者还不知道哪个选择对受教者最好，或教练者认为不应该影响受教者的意见。在教练过程中，教练者最好采取中立、平衡的态度，不有意或无意地偏袒受教者矛盾心态中的任何一方。

动机性访谈教练强调从受教者自身唤出改变的资源，但有时候受教者不了解一些关于改变的必要信息，教练者也可以分享相关信息，使受教者去反思和作决定。信息的分享应该采用 A-S-A（ask-share-ask）的方法：先询问受教者已经知道了什么，并询问能否与其分享相关信息；然后教练者分享所了解的信息，这些信息必须与当前议题高度相关，并且是受教者不知道的知识或信息；最后询问受教者了解这些信息后如何作决定。A-S-A 方法将信息放在台面上，让受教者自行选择是否接纳，接纳了之后要做什么，而不是直接建议他们应该知道什么或做什么。这种方法给予受教者自主性和尊重，并帮助受教者更好地消化信息。

教练过程及核心技能

我们已经描述了动机式访谈教练的基本精神和操作原则，从中可以看出动机式访谈教练是一个循序渐进的过程，双方进入这个过程需要具备一些基本的思维和心理定式，并在建立动机和巩固承诺的阶段逐渐将其内化。然而，在操作实践中，动机式访谈教练的过程并不是严格按照某些特定阶段进行的一条直线，而是几个互相渗透且递进的子过程的汇合：在下一个子过程开始之前，前一个子过程还没有完全结束；它们可能彼此渗入、重叠和重复发生。这些子过程包括导进（engaging）、聚焦（focusing）、唤出（evoking）和计划（planning）。

　　四个子过程是递进关系，每一个后续的子过程都建立在前一个子过程之上，同时前一个子过程可以继续进行，它们都受情境的影响。在一个教练案例中，双方会在子过程之间来回移动，既可能回到需要重新关注的前一步上，也可能随着谈话进展走到下一步。图 7-1 可以较清晰地解释动机式访谈教练的过程。

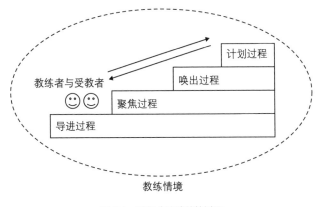

图 7-1　动机式访谈教练过程

导进过程

　　导进过程是教练者和受教者建立一种和谐、有帮助的工作联盟和关系的过程。它可以发生在受教者刚进入谈话室的十几秒之间，也可能需要更长的时间来建立并使之能够维持下去。良好的教练关系是催生改变谈话的重要因素，也是动机性访谈教练的关系性基础，是随后发生的一切子过程的先决条件。

成功的导进首先是让受教者感到舒适、信任教练者并积极参与。其次，导进的关系是双向的，受教者的感受与教练者的感受都会影响双方关系。直接对话是影响导进的主要因素，也就是教练者和受教者之间的沟通和交流能否建立信任和有意义的联系。其他会挑战导进过程的外在因素包括教练者和受教者所工作的服务系统、服务的设计和方案、谈话环境、教练者的心境和情绪状态、受教者的情况和进入教练谈话时的心境等。

导进关系建立得好的话，受教者就会再回来继续接受教练，双方才有机会形成工作联盟，否则双方之间的工作就结束了，也就是心理咨询或治疗所称的来访者"脱落"。会导致脱落的一些早期陷阱包括急于收集评估性信息、过于忙碌和常规化、妄下评判、过早聚焦、给予专家性建议、诊断性标签、指责、过多的非正式闲聊等。能够促进导进关系的做法是怀着真诚且好奇的态度，对受教者全然开放，询问和倾听受教者为什么现在来接受教练，他想要的是什么，其目标是什么；了解受教者的价值观和生活目标；用一些简单的事情让受教者感觉受到欢迎，例如倒一杯咖啡或给出欣赏性评论；帮助受教者明白他们可以期待得到什么样的帮助，展现可能的积极结果。

亨利·福德（Henry Ford）说过，走到一起是开始，守在一起是进步，工作在一起才是成功。当教练者和受教者诚恳且踏实地"走到一起"，他们就可以进入聚焦过程。

聚焦过程

经过建立导进关系，教练者和受教者将聚焦于某个特定议题或主题，即弄明白受教者是来谈论什么事情的。聚焦的过程是帮助受教者明确并维持一个特定的方向，找到他打算达到的目标，以及希望从教练中获得哪些改变。受教者一开始会带来一系列议题，所以可以先建立一个广阔的改变图景，随着谈话的进行，常常会出现朝向单个或多个改变的目标，某些具体行为只是通向改变的多种可能途径中的一种而已。

在动机式访谈教练中，聚焦实际上是一个不断进行的过程，双方始终在寻找和维系方向，因此它不是一个一蹴而就的过程。双方可能先确定某一个前进方向，但之后焦点改变了，这时候就需要作调整。如同两个人结伴旅行，一开始有大致的方向和路线，但随着情况的变化需要灵活调整。有时候教练具有明确的焦点，受教者一开始就提出明确的目标和内心的诉求，教练者就需要与受教者保持同步，肯定受教者的自主性，不必再花很多时间去讨论目标；有时候存在几个可能同样重要的议题，就需要选择前进方向，可以采用"议题配对"的工具，交流彼此认为的需要优先讨论的话题是什么并达成一致，如同在旅行之前查地图以共同确定先去哪里，避免迷失方向；另一些时候焦点不明晰，需要去定向和探索焦点是什么，这时候教练者需要倾听受教者的叙述，尝试勾画出整个领域，并辨别出一条或几条道路，然后与受教者商议先走哪一条路。在聚焦过程中，何为焦点是一个协商的过程，教练者需要一直注意受教者能否全身心地投入其中，这代表着受教者是否愿意同行。

唤出过程

建立良好的工作联盟并明确焦点之后，教练者和受教者可以开始唤出和强化动机，这是动机式访谈教练与其他教练方式相比较为特殊的地方。在这个过程中，教练者帮助受教者化解矛盾心态，分辨听到的改变语句，唤出这些语句并在它们出现时有合适的反应，从而带出后面的改变。

受教者的语言往往反映其动机水平：表达渴望、能力、改变的理由、需要的语言反映了受教者朝向改变的准备状态，例如"我希望能够取得更好的成绩""我需要减掉体重"；表达承诺、启动和采取步骤的语言则明确了受教者解决矛盾心理的信号，例如"我要在这学期努力学习""我准备好每周去健身了"。教练者需要辨认出这些语言，有技巧地强化它们。

唤出改变语句的最直接的方法就是将它们直接问出来，即提出以改变语句为答案的开放式问题。另外，教练者可以用重要性标尺唤出受教者对改变理由的理解；让受教者回忆问题出现之前的情况并将其与现在的情况比较；让受教者预见改变之后的理想未来；用信心标尺唤出受教者的自我效能感；辨认和肯定优势；回顾过去的成功并让受教者提出有信心的论据；对失败重新释义和归因训练；等等。

在唤出过程中，受教者还可能会不断说出持续语句（sustain talk），也就是那些表示不愿意改变、让事情维持现状的语句，这是很正常的现象。教练者的任务不是消除持续语句，而是帮助受教者转换改变语句与持续语句的比重。受教者可能准备好改变的迹象是改变语句在频率和强度上的增加，即他们越来越多地述说渴望、需要、能力、改变的原因，可能同时表达改变的承诺和启动状态，并朝着改变方向试探了一两步。对于朝着正确方向的任何一小步，教练者都需要保持乐观、好奇、肯定和赞许的态度，如同看着杯子一点点被水注满，而不是总关注空着的部分。当受教者的动机达到一个高峰，平衡就会翻转：他们较少关注是否和为什么改变，而更多地思考和谈论何时和如何改变，这时我们就可以开始计划过程。

计划过程

计划过程包括发展受教者对改变的进一步承诺以及制定具体的行动计划。与其他三个子过程一样，计划过程是一个持续的过程，需要经常在改变继续进行时，不时地重温一番，以应对意料之外的挑战和新出现的状况。

发展改变计划的技术、模型和框架在现今的服务环境里比比皆是，它们往往建立在行为科学的基础上。动机式访谈教练并不建议规规矩矩地按照某一套行动模式进行，但它能够与任何实用的行动工具兼容。在动机式访谈教练的计划过程中，重要的是当受教者制订出可行的改变计划时，有人能和他们在一起。当然，这并不是指单纯地坐在旁边，全身心地参与很重要，有必要的话可以适当分享专业知识以帮助受教者更好地修改计划。还要容忍不确定性，有随时调整、不断重温的思想准备。

人们一旦决定改变，有时候改变途径很清晰，教练者就可以帮助受教者精细区分改变的程度并将改变的步骤具体化；有时候改变途径有好几种，这时候的任务是树立优先级并在其中作选择。与"议题配对"类似，教练者可以采用"路径配对"工具，给路径选项列清单，关注受教者的直觉、想法和喜好，选择通向目的地的最佳途径。有时候受教者实在不清楚自己能够开始做些什么，教练者要避开"专家陷阱"，如"让我来告诉你能做些什么"，而是应该与受教者一起头脑风暴，生成各种想法且暂时不去评论它们，然后建立一个提供选项的列表，再参照第二种情况作选择。在计划过程中需要保持唤出和协作，倾听行动型改变语句并强化承诺。

整个动机式访谈教练的过程仿佛教练者和受教者结伴旅行：导进是邀请彼此结伴同行，聚焦是协商"去哪里"，唤出是关于"是否"和"为什么"的，计划是关于"如何"和"何时"的。在结伴而行的过程中，双方需要掌握一些必要的沟通技巧，以保障旅行通畅且愉快。可以说，动机式访谈教练的四项核心技能贯穿整个教练过程。

其一，询问开放式问题。开放式问题会邀请受教者去思考和具体阐述，例如："你如何做？""你认为什么东西会对你有帮助？"与之相对，封闭式问题，如"你会不会""你能不能""是否"，可以被一个简短答案结束掉。当然，封闭式问题可以采集信息，但这并不是动机式访谈教练的首要功能。在四个子过程中，开放式问题扮演了关键角色：教练者通过不断地询问开放式问题了解受教者，构建合作关系，唤出动机和承诺，建立明确的改变方向，并制订改变计划。

其二，肯定。动机式访谈教练认为，让人们感觉糟糕并不能帮助他们改变，让人们感觉被欣赏、有能力则能够帮助他们朝着目标迈进。肯定分为一般性肯定和特定性肯定。在一般性肯定中，教练者会尊重、认同和赞许受教者作为一个有价值和具有统整性的人，有着学习、成长和改变的能力，以及拥有自由意志和自主性来选择是否改变。在特定性肯定中，教练者会特别留意受教者的优秀品质、强项、优势、能力、资源、良好的意愿和努力，例如："我很欣赏你遇到困难还想着如何改变的勇气。""尽管你遭受很多不公正的对待，但你始终选择去做一个善良的人，这一点真是令人钦佩。"这种强调积极性的思维本身就具有鼓励和推进作用。

其三，反映性倾听。反映性倾听在动机式访谈教练中是一项重要的技能，它是猜测受教者的话语的意思，有深化理解和表达共情的功能。一方面，教练者可以借此澄清自己的猜测是否准确；另一方面，受教者再次听到自己表达的感受和想法，会帮助他们反思和开阔思路，保持谈话和探索。反映性倾听也具有选择性和技巧性，对教练者的职业素养要求很高。教练者需要从受教者所说的全部内容里选择要反映的方面，尤其是在唤出和计划过程中，选择反映什么内容有一定的影响和引导作用。

其四，总结。总结本质上是教练者将受教者说的一段话收集起来，然后以不同的语言返还回去的一种反映方式。它表示教练者已经认真倾听、记住并重视受教者所说的话，这可以增进双方的了解，建立信任感，并给受教者提供了一个修正或补全的机会，让他看看对于自己刚才说的一段话，还有没有需要补充的内容。总结也可以作为一项任务和另一项任务之间的过渡，或前一个过程和后一个过程之间的衔接。

这四种核心技能有很多重合的部分：良好的倾听囊括了全部技能；反映性倾听的过程本身可能是一种肯定；总结本质上是一段长的反映性倾听，其中或许包含对受教者的多种肯定。扎实地掌握这四种核心技能是成功的动机式访谈教练的基础。

第八章　积极心理学教练

---- **本章导读** ----

- 积极心理学教练源于积极心理学。教练心理学和积极心理学至少有三个重要的共同点：都强调改善个体的表现；都聚焦于人的积极方面；都致力于发展个体的优势和强项。积极心理学为积极教练心理学提供了科学理论、干预方法及心理学测量工具。

- 积极心理学教练有两大根基——积极性或幸福感和积极性格品质，几乎涵盖所有积极心理学可应用于教练情境的主题，坚实地支撑起积极心理学教练的理论和实践工作。

- 积极心理治疗项目基于积极心理学对愉悦的生活、投入的生活和有意义的生活的研究，对积极心理学教练干预有重要的参考价值。

　　动机式访谈教练是一种典型的基于优势的教练流派，旨在强化人们改变、发展、成长的动机和承诺感。越来越多的教练者和学者开始思考：教练究竟是为了帮助受教者移除发展障碍、解决问题，还是为了帮助受教者发展优势？抑或是两者的结合？近十年来，随着积极心理学理论和实践的不断发展，人们开始意识到积极心理学对教练心理学具有重要的指导作用。积极心理学家罗伯特·比斯瓦斯-迪安纳（Robert Biswas-Diener）认为，积极心理学和教练心理学是天然相配的两门学科，因为两者都建立在同样的假设上：个体本质上是健康的，拥有优势资源和成长的动力。在促进积极体验、培养积极情绪、发展优势能力和改善生活质量等方面，积极心理学的理论知识和基于实证研究的实践模型均对教练心理学产生深远的影响。

积极心理学的影响

积极心理学是由美国心理学会主席马丁·塞里格曼（Martin Seligman）在 2000 年大力倡导的，同年他与匈牙利裔心理学家米哈伊·切克森特米哈伊（Mihaly Csikzentmihalyi）在《美国心理学家》（*American Psychologist*）杂志上发表积极心理学特刊，奠定了积极心理学的科学地位。

积极心理学采取一种与传统心理学的"疾病模型"相反的研究道路，它不太关注"人们为什么会产生心理问题"，而是更多地关注个体的积极方面，包括积极体验、积极情感、积极人格、所处的积极环境等；主要目的不是减少人们的心理疾病和症状，而是促进人们的优势表现和心理繁荣（flourishing）。随着学科发展，学者们倡导积极心理学还应该涵盖作为整体的个体、团体、机构和社会等，利用实证科学和行为科学等搜集证据。积极心理学的研究主题十分丰富，包括主观幸福感（subjective well-being）、快乐、心理幸福感（psychological well-being）、乐观和希望、积极人格品质和品德、心流（flow）、心理弹性和创伤后成长、积极达成目标、积极关系、积极发展、积极教育、积极环境和组织等。

　　教练心理学在学科发展初期，曾被认为是"应用积极心理学"（applied positive psychology），这不无道理。教练心理学的运动始于20世纪80年代，聚焦领导力发展和高管教练（executive coaching），在工作领域和企业环境中的大量实践和应用均借鉴了积极心理学的理论和方法，例如领导力发展、企业文化发展、企业道德、心理资源和工作中的心流体验等。高野（Ia Ko）和斯图尔特·唐纳森（Stewart Donaldson）指出，在过去的十年中，越来越多的研究企业的教练心理学家试图从积极心理学中汲取知识和实践，看看它们是如何被应用到促进工作效率和雇员福利中的。这些教练心理学家的工作共同推动了积极教练心理学流派的建立和发展，一大批相关的实证研究和论文相继出炉，积极心理学的科学性得到进一步的认可。

　　随着学科发展，教练心理学的服务对象逐渐从高管拓宽到其他的顾客群体，从企业和管理领域发展到个人生活领域，它的目的是推动且维持人们在工作、学习和个人生活领域中认知、情感和行为的积极改变，这些改变都指向个体的重要目标和改善表现（Grant，2001）。教练心理学的兴起与这样一种意识紧密关联，即我们能够鼓励且帮助人们发掘自身最大的潜力，且寻求和收获生活中积极的方面。教练心理学的本质指向积极性、成长和乐观精神，尽管在早期阶段，教练心理学还没有充分的科学语言和实证证据去验证这些因素，但教练实践者的经验和操作原则都围绕着一些最根本的积极心理学理论展开。所以，如何将教练心理学和积极心理学结合在一起是一批教练心理学家研究的课题，他们致力于促进对积极心理学原理的深入理解，并将这种理解融入教练领域，构建定义清晰且基于实证的知识体系，有效指导教练心理学的理论和实践工作，这个新兴的流派便是积极心理学教练（positive psychology coaching）。

一些学者强调积极心理学和教练心理学之间的相似之处，指出教练心理学是积极心理学的应用，教练提供了积极心理学从理论走向实践的机制（Grant & Cavanagh，2007；Linley & Kauffman，2007）。还有一些学者力求阐释两者的相通之处主要在于积极心理学结合了以优势为导向的理念，它们共同说明个体自身就具备面对挑战的各种资源和能力，为教练心理学的应用模型提供了理论基础（Kauffman & Scoular，2004）。埃里克斯·林利（Alex Linley）和苏珊·哈瑞顿（Susan Harrington）提出，教练心理学和积极心理学至少有三个重要的共同点：两者都强调改善个体的表现；两者都聚焦于人的积极方面；两者都集中在发展个体的优势和强项上。事实上，这种强调发展个体积极方面和优势的理念几乎已经覆盖整个教练心理学的实践领域，衍生出各种各样基于优势的教练模型和工具。

关于优势的概念有很多，但根据林利和哈瑞顿的定义，优势应该包括运用优势的过程和结果，因此他们认为优势是能够促进积极表现并追求所看重的结果的行为、思考或感受方面的自然能力。在教练心理学干预中，强调优势能够促进人们用新颖的方式运用自己的优势，从而提高投入水平、能量和动机，同时提升幸福感和有效减少焦虑（Govindji & Linley，2007；Seligman et al.，2005）。比斯瓦斯 - 迪安纳和本·迪恩（Ben Dean）指出，教练者可以对两种优势提供干预方案，即自我优势和人际优势，这两种优势在教练心理学领域占有同等重要的地位。他们认为，积极心理学对教练心理学最大的影响在于对幸福感、积极性和人格品质的研究。

美国权威教练心理学研究机构之一教练学院（Institute of

Coaching）的创办人卡罗尔·考夫曼（Carol Kauffman）认为，积极心理学至少在四个研究主题上对教练心理学有不可估量的影响，即优势、积极情绪、心流及希望感。积极情绪是积极心理学最重要的研究主题之一，而传统的心理学可能更偏向于研究人们如何处理消极情绪，如焦虑和悲伤。积极情绪和日常生活中所需要的能力息息相关，它也是教练心理学干预的目标之一。已经有大量实证研究表明积极情绪可以增强各种心理功能，如赋权感、心理弹性，能够提高免疫系统抵抗疾病的能力，能够有效预测寿命和个体健康水平，测量积极情绪在增强个体资源中的作用的工具也较为成熟（Fredrickson，2001）。积极心理学家认为，积极情绪益处的研究已较为透彻，但如何注意、开发、培养积极情绪以及放大积极情绪的作用，还需要进一步研究。教练心理学就是一个在培养积极情绪及其应用方面能够有所作为的领域。

　　我们来看一下心流，它是当个体的能力或技术与活动的难度或要求相匹配的时候，个体产生的一种积极的心理体验。在心流体验中，人们全身心地投入当下的活动，感觉到意识和行动合二为一；暂时丧失对周围环境的意识，浑然忘我（当活动结束时，个体的自我意识将增强）；产生对时间流逝的错觉（时间走得飞快或极其缓慢）；因拥有清晰的目标和即时反馈而体会到一种强大的掌握力和控制力，以及极强的内在动机。心流是一种涉及认知、情绪和动机的综合性心理体验。心流的概念广泛用于教练心理学中，教练者开发各种干预手段和工具，构建能够增强心流体验的条件和环境，试图在企业工作环境、学习环境和个人日常生活领域提高人们的任务操作水平，提升人们的主观幸福感和心理健康水平。

积极心理学家对希望感的兴趣也对教练心理学产生重要影响。研究发现，个体的希望感越强，他们就具有越高的生理和心理健康水平，还具有更优异的学业和工作表现、更好的人际交往能力等（Snyder，2000）。这些益处可能是因为有希望感的人面对挫折的反应是更积极且有建设性的，会寻找多种解决途径，并一直保持自我的主体性。积极心理学对希望感的研究表明，希望感有两个主要维度——路径思维（pathway thinking）和主体性意识（a sense of agency）。前者指面对困难寻求多种解决途径的认知能力，后者指个体具有的成功解决问题的效能感和主观能动性。它们在教练心理学的应用中均有体现，许多日常生活领域的教练模型都针对路径思维和主体性意识而实施干预。

总而言之，积极心理学在各个领域为教练心理学提供了生动且具有科学性的理论框架，能够为教练心理学带来科学理论、科学干预方法以及心理学测量工具，因而被视为解决"教练心理学缺乏系统理论"争议的有力途径。积极心理学的"科学端"和教练心理学的"应用端"整合在一起，强调了两者在积极心理学概念上的诸多联系，学者们需要一个崭新的标签来清晰地定义这些联系，这个标签就是积极心理学教练。值得注意的是，有时候"积极心理学教练"和"积极教练心理学"（positive coaching psychology）在某些文献中会互相替换使用，可能会产生概念混淆。2007年《国际教练心理学评论》（International Coaching Psychology Review）杂志出版《积极心理学和教练心理学》特刊，也指出了这个问题。尽管两个术语可被视为近义词，同等重要，但它们各自关注的重点不一样，"积极心理学教练"注重用基于积极心理学的理论进行教练干预、实践和应用，而

"积极教练心理学"更注重整合积极心理学和教练心理学的理论发展和实证研究。本书采用"积极心理学教练"这个术语，强调它已成为教练心理学流派中的一个重要分支。

积极心理学教练的两大根基

积极心理学教练涉及积极心理学中的众多概念和话题，这些可大致分为两大部分，它们已成为积极心理学教练的根基。第一部分是积极性（或幸福感），第二部分是积极性格品质。这两大根基基本上囊括了积极心理学可应用于干预研究的主题，坚实地支撑起积极心理学教练的理论和实践工作。结构如图8-1所示：

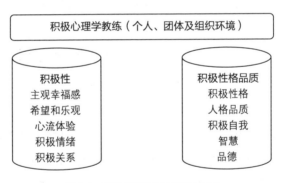

图 8-1　积极心理学教练的两大根基

第一根基：积极性

如果我们问别人："你人生中最大的追求是什么？"绝大多数人可

能会回答"快乐"。快乐、幸福等我们平时经常用到的说法，在积极心理学教练中可称为"积极性"（positivity）。个体能够体会到的幸福有两种传统取向，它们都对我们有重要的意义。一种是享乐取向的幸福（hedonic happiness），它来源于享乐主义的哲学精神，指人们感受到高兴、开心、满足、兴奋、舒畅等感觉，通常持续时间较短，如我们在炎炎夏日吃了一个冰淇淋所带来的感官上的满足。这种幸福感大致等同于主观幸福感，在研究中包括三个维度：第一个维度是生活满意度，属于人的认知层面，指人们对自己生活的整体评价，对现在的生活状态和理想的生活状态之间的差距的理解；第二个维度是积极情绪，第三个维度是消极情绪，它们都属于人的情绪层面，指人们在体验生活中各种事件的时候产生的情绪和感受。积极情绪和消极情绪需要达到一种平衡，一般是3∶1的比例（Fredrickson & Losada，2005）。也就是说，每一种消极的情绪都有三种积极的情绪与之平衡。除了积极与消极之分，情绪层面的维度还包括情绪产生的频率和强度。简单总结即生活满意度、较多的积极情绪与较少的消极情绪，这三个维度构成了主观幸福感。

　　另一种是实现取向的幸福（eudaimonic happiness），指人们的自我实现、追寻生活意义、对内在潜力有自我表达并追求实现、探求"我是谁"的真实性、全身心地投入、面对挑战付出努力、个人发展和成长等体验，以及这些体验带来的感受，这种幸福感大致等同于心理幸福感。心理幸福感的研究先驱卡罗尔·莱夫（Carol Ryff）和波顿·辛格（Burton Singer）将它分为六个方面：自主性，指个体拥有自己的人生方向，拥有内在的资源和标准，不随波逐流，能够保持自身的主动性；环境掌控力，指个体在复杂的环境中有胜任感，能够管理环境中影响自身的各种因素，创造适合自己的生活情境；个人成长，指个体对自身持续的学习、发展和成长所具有的效能感，对新的经验和挑战采取开放和迎接的姿态；与他人的积极关系，指能够与其他人建立并维持温暖、信任且令人满意的关系，有效处理家庭、朋友、同事等人际关系，与他人建立健康的亲密感并培养同理心；生活目标，指个体拥有为生活指明方向的目标和信仰，感受到生活充满了意义，能有目的地生活；自我接纳，指个体对自身拥有积极的态度，全然接纳自己的所有方面，正确看待自身的优缺点，对自己经历的过去、现在和未来有积极的理解、投入和期待感。

考瑞·凯耶斯（Corey Keyes）和杰娜·麦格亚-弥奥（Jeana Magyar-Meo）在心理幸福感的基础上，进一步拓展积极环境和人际关系，提出社会幸福感（social well-being）的概念，包括五个维度：社会整合，指个体将自我认同和社会认同整合在一起，能够感觉到自身属于某个社会团体，感受到来自该团体的支持；社会贡献，指个体能感觉到自身对于社会和他人的价值，其存在对社会来说有一定作用；社会一致性，指个体对社会整体利益的理解，相信社会有可遵照的规则、逻辑和意义，且有一定预测性；社会实现，指个体对他人及社会的关注，相信社会有潜力自然而然地向着积极的方向发展；社会接纳，指个体对社会中的他人及社会整体抱有积极的态度，能够理解并接纳其复杂性。

主观幸福感、心理幸福感和社会幸福感共同构成积极心理学教练中的积极性根基，它们主要从个体的认知和情感层面提升人们的幸福感以及创造可以提升幸福感的社会组织环境，包括人们的心理健康状态以及在生活和社会中发挥的积极功能。积极性并不是与生俱来的，也不是社会本身具有的，它的来源、培养、维持和发展离不开个体的积极性格、品质和品德。每个个体的积极性格品质就像一个个健康的细胞，促进社会这个有机体的积极成长和发展，成为积极心理学教练的第二大根基。

第二根基：积极性格品质

积极心理学教练不仅仅包括以上我们提到的积极情绪、幸福感、积极人际关系等，还包括积极性格、积极品质和品德等。人格和性格的研究在心理学领域已经较为成熟，人们耳熟能详的著名理论和测试包括大五人格模型（five-factor model of personality）、艾森克人格模型（Eysenck personality model）、卡特尔 16 人格测试（Cattell 16 primary traits）等。积极心理学对人格、性格和品质的研究与传统的人格心理学研究最大的不同在于其研究目的和学科发展进展。

首先，积极心理学对性格品质的研究明确地从正面、积极的角度出发，专门研究对心理健康和积极功能有益的性格品质；其次，积极心理学对性格品质的研究较为年轻，始于 2004 年，塞里格曼和克里斯多夫·彼得森（Christopher Peterson）出版的《性格优势和品德》（*Character Strengths and Virtues*）一书标志着这个领域的正式建立。此后一批优秀的积极心理学家，如唐·克里夫顿（Don Clifton）优势学院研究主任沙恩·洛佩兹（Shane Lopez）、堪萨斯大学临床心理学教授查尔斯·施耐德（Charles Snyder）等人，纷纷涌入这个潜力巨大的领域，作出各自的贡献。他们构建了一套积极性格品质的语言和系统，包括什么是积极性格品质（定义），哪些性格品质属于积极的

（评价和选择），积极性格品质对我们的生活有什么影响（实证研究），我们如何测量这些性格品质（心理测量），以及我们如何培养这些性格品质（干预）。积极性格品质研究领域的建立为传统人格心理学中容易被忽略的那些积极元素提供了一个专门的探索环境，也为积极心理学教练奠定了科学基础。

什么样的性格品质可称为"积极性格品质"呢？当我们谈论优势、品质等事物的时候，我们下意识地作出道德判断，只有那些有价值、符合伦理、在任何历史阶段都具有积极意义，并能够被所有文化承认的人格和性格才能被称为"品质"。塞里格曼和彼得森的研究团队纵览东西方文化传统、宗教和哲学，列出 10 项选择标准：必须对个体和其他人的自我实现、生活满意度有贡献；必须有独立于其带来的积极效果的伦理价值；个体展现自身优势时不会对他人造成贬损或使其产生渺小感；其反面必须是一种劣势，即没有隐含的积极意义；可以是一种人格倾向，体现在个体的情感、思维和行为中；在分类系统中必须彼此独立，彼此的意义没有重合之处；需要被大多数人认可；能够被个体或更多人拥有；个体或更多人可以不拥有；其培养和发展得到社会文化、社会系统和社会机构（如学校教育）的支持。

继而，研究者们在数以万计的人格、性格、品质的词汇中挑选出 24 种性格优势，其中一些可以分别结合成更高层次的维度，称为"品德"（virtues）。这些性格优势组成《性格优势与品德的行动价值分类》（ *Values in Action Classification of Character Strengths and Virtues* ，VIA），在某些翻译书籍中也被称为"积极人格"。我们接下来简要描述 6 种品德以及其中的每一项性格优势。

智慧

一种认知优势，涉及掌握知识和促进幸福感的理性思维，包括创造力、好奇心、头脑开明、热爱学习和洞察力。

其一，创造力。创造力和天才或天赋不一样，有创造力的个体不一定天赋异禀、智力超群；创造力意味着个体能够产生新颖的想法和做事方法，或能够创造出有适应力的艺术、科学产品或其他产品。创造力取决于个体的特征和个体所处的心理社会环境采取何种方式评价创造力（Kauffman & Sternberg，2010）。

其二，好奇心。对所有持续的体验有兴趣，不断探索和发现。拥有好奇心的人对新的体验、知识和信息有强烈的了解和掌握的动机；好奇心包括开放性经验、猎奇、追求新的感官体验等，它作为一种延续性的人格特征，区别于暂时性的兴趣状态。开放性经验是大五人格中的一项，指对新颖的想法、情绪、价值等体验的接受性；猎奇和追求新的感官体验与冒险性高度相关。好奇心和内在动机对于发展技巧和专家能力非常重要，且与心流体验紧密相关。

其三，头脑开明（open-mindedness）。深入、透彻地思考并全方位地检测事物。在需要作决策的时刻，头脑开明的人面对不确定的情景时能够从多种角度理性看待问题，检验所有可选择的方案，不妄下结论；能够根据新的证据改变自己的想法，权衡利弊之后得出最平衡的判断。心理学研究认为，头脑开明和批判性思维、判断力、决策相关。这个领域诸多研究指出人们在不确定的情景下经常作出错误的判断，所以头脑开明、审慎、理性的品质非常重要。

其四，热爱学习。掌握新的技能、议题和多个领域的知识。热爱学习的人对于掌握新知识、新技巧、新方法有强烈的内在动机，并能够用系统的方法满足学习的需求。热爱学习的品质发展在心理学研究中意指成就动机或胜任力动机（Elliot & Dweck，2005）。发展任何领域中的胜任力动机和专家技能，一方面建立在个体天生的能力和性格的基础上，另一方面取决于个体生活环境中的机会和支持资源。重要的环境资源包括父母、老师、同伴、教练、雇主和其他有关社会经济条件和文化氛围的因素。

其五，洞察力。能够给他人提供明智的建议，用于己于人有价值的方式看待事物。有洞察力的人能够认真地倾听他人，眼光长远，作出平衡的选择，并能够以条理分明、有说服力的方式表达。心理学研究中用"智慧"一词指代这种洞察力（Sternberg & Jordan，2005），它是一种结合了认知和人格发展的高级阶段的专家知识系统，牵涉如何使用智力和创造力去平衡各方利益，合理考量各种问题解决方案的利弊，且获得与道德价值和集体利益相一致的结果。

勇气

涉及人们在面临内在或外在的阻力时，仍然能够用自己的意愿和方式获取幸福，包括真实性、勇敢、坚持、活力。

其一，真实性。诚实、正直以及真实地表达自我。具有真实性的个体在表达自己的时候不伪装或掩饰，为自己的信念、情绪和行为承担责任。真实性的发展受人格特质的影响，如气质类型和环境因素，其中典型的因素有家庭和学校教育的品质、与亲社会同伴的接触等（Killen & Smetana，2006）。在心理咨询与治疗领域，人本主义强调治疗师的真实性是成功治疗的关键，来访者的真实性则是一项重要的治疗目标。

其二，勇气。不畏生理或心理方面的威胁、挑战、困顿或痛苦，能够勇敢地根据自己的觉悟采取行动，在遭到反对的时候能坚持下去。

其三，坚持。坚韧、有毅力、善始善终。具有坚持性的个体在遭遇阻碍或产生退却念头的时候，仍然能够完成具有挑战性的任务。坚持的心理学研究还包括几个相关的概念，如持久、刻苦、坚毅和延迟满足。

其四，活力。生活充满激情和能量，生机勃勃。有活力的人将人生看作一场冒险，全心全意地拥抱生活，充满热情、激情、能量、魄力和精力。

人道（humanity）

对人们建立紧密且良好的关系起重要作用的一系列人际优势，包括善良、爱和社会智商。

其一，善良。善良的人对他人充满慷慨、关怀、关照和同情。对利他性的心理学研究表明同理心是善良的一个重要维度（Batson et al.，2009），它促进利他性动机，让人们作出利他性行为，如做好事、乐于助人、做慈善等。

其二，爱。爱是一个相当宽泛的概念，在 VIA 系统里，指能够珍视、培养与他人的亲密关系，尤其是那些相互分享、关怀、互惠的一对一的关系，如父母和子女、朋友以及恋人。

其三，社会智商（social intelligence）。了解自己和他人的动机、情绪、感觉，是一种准确理解自己和他人的心理状态、管理自身情绪、有效适应社会情境的能力。在某些研究中，它被认为是情商

（emotional intelligence）的组成部分。

公正

属于社会性优势，有助于我们在团队、组织或社区中建立强健的社会网络，包括公平感、领导力和团队精神。

其一，公平感。依照公平、公正的观念平等对待所有人，不让个人情绪影响公平的决定。公平感是道德判断的结果，心理学中将它作为道德发展的一个方面去研究（Killen & Smetana，2006）。权威型父母教养方式能够增强公平感，与观点采择和同理心的发展也有关联。

其二，领导力。组织团体活动，增进团体成员之间的良好关系，并确保团体能够完成任务。不同的情境下有不同的领导风格，具有领导力的个体能够调整自己的领导风格和策略，去匹配任务、团体特性及团队发展的阶段、自己和其他团队成员的技能和优势，以及团体所处的社会环境。

其三，团队精神。具有团队精神的个体和工作团体中的其他成员有良好的关系，对集体忠诚，并做好分内的工作。强调社会责任感、公民意识以及为了大多数人的利益而工作的精神，其大多数研究在工业组织和职业领域开展，公民意识和协作意识的研究在一门新兴的学科——政治心理学中有所涉及。

节制

包括宽恕、谦虚、谨慎、审慎和自我调节，保护我们远离无节制的状态。例如，宽恕帮我们远离仇恨；谦虚帮我们远离傲慢；审慎帮我们远离沉溺于短期快乐而造成的长期问题；自我调节帮我们远离由强烈情绪爆发引起的问题行为。

其一，宽恕。怀有仁慈、仁爱之心，原谅他人的错误或接纳他人的缺点，给予他人第二次机会，而不是去报复。宽恕是一种复杂的心理过程（McCullough，2011），它涉及对失检者或犯错者的同理心，对他们逐渐变好的信心和相关的情绪、动机、针对失检者的行为，还包含失检行为的恶劣程度、忏悔或道歉的程度、受害者和失检者的特征以及两者的关系，在更大的社会情境下错误和宽恕是如何发生的。

其二，谦虚。谦虚或谦逊的人用自己的成绩说话，不自吹自擂，也不自认为高人一等。谦虚的品质包括正确的自我认识，对他人的成就和缺点都如实包容，并强调所有人和事物的价值（Tangney，2009）。人们在谦虚之人面前不会感觉受威胁。由于人性中有自然的自我增强偏见（self-enhancing bias），这使得谦虚是一项特殊的性格优势。

其三，审慎。在认真考量之后作出谨慎的选择，不冒没有必要的风险，说出或作出仅仅满足短期快乐而以后会后悔的决定。因此，审慎是一种考虑长远、谨慎而细心的生活方式，它避免可能带来长期不良后果的心血来潮，如尝试吸毒。审慎的品质和大五人格模型中的尽责性高度相关。

其四，自我调节。具有此项品质的个体能够为自己的想法、情绪、冲动和行为负责，能够用有纪律和计划的方法达成目标。自我调节也可称为自我控制、自律、执行功能等，其核心特征是用更有益、更富有适应性的回应去取代情境刺激下起初的自动化反应。

超然（transcendence）

包括欣赏美好和卓越、感恩、希望感、幽默感和信仰。它能让我们超越自我的概念，和广阔的世界保持联结，追求更高的生活意义。

其一，欣赏美好和卓越。具有审美情趣，能够留意并欣赏所有生活领域中美好的事物以及卓越、娴熟的表现，包括日常生活体验中对自然的敬畏感、对科学和艺术领域优异表现的敬佩感，以及对道德表现如善良、宽恕或勇敢的仰视和钦佩。

其二，感恩。意识到生命中美好的事物，感谢它们的存在，并体会其中的愉悦感。感恩可分为个人感恩和超验感恩，前者指对某个具体的人或事的感恩，如感谢父母的养育之恩；后者指对整个世界和存在本身的感恩。感恩的品质和情绪稳定性、宜人性、自信高度相关，并能预测较低水平的自恋和物质主义。

其三，希望感。对未来有最好的展望，并努力实现理想的未来。关于希望、乐观精神、积极解释风格的研究表明，它们和幸福感、适应性对策、人际关系、身体和心理的健康有关。

其四，幽默感。具有幽默感的人乐意为他人带来欢笑，能用玩乐、逗趣的方式笑迎生活的挑战。幽默能够开发人们的积极功能，如结交朋友、产生联结、应对压力、释放紧张感等。值得注意的是，讽刺经常和幽默混淆，但两者存在认知、情绪、人际和生理方面的差异。幽默总体而言能促进人的身心健康，而讽刺有时候传达攻击和不尊重对方的意图。

其五，信仰。对人生有更高的追求，追寻自我存在的意义，相信有超越自身的更大的精神力量的存在。某些研究者将其命名为宗教精神，我的观点是：我们并不一定要信奉某个宗教，才能称为有信仰；

信仰作为一种可被内化的积极品质，它为人们的生命带来目标感、秩序感和统整感，在促进身心健康（尤其是在艰难的情况下）方面有重要的作用。

以上24个积极性格品质可用《VIA优势量表》去测量。此量表由彼得森和赛里格曼于2004年发布，含有240个项目，分为针对11—17岁孩子的青少年版和成人版。其作用还在于帮助人们发现自己的标志性优势（signature strengths），也就是最明显的优势，在量表中的反映是前5项个体表现最突出的优势。标志性优势有以下几个特征：个体相信此优势是自己最核心的特征之一；对于使用此优势，个体感觉兴奋和高兴；第一次学习使用此优势时，个体能够迅速学会；个体持续地通过各种方式使用此优势；个体感觉到不可避免地会在多种场合用到此优势；当使用此优势时，个体感觉愉悦、热情、精力充沛、充满能量，而不觉得疲惫；个体围绕此优势设立个人目标和身份认同。积极心理学教练的很多干预模型都指向发掘和发展标志性优势。

积极心理学教练的目的是巩固积极性和积极优势品格这两大根基，我们将在下一个部分作介绍。

积极心理学教练模型和技术

积极心理学教练模型的构建旨在培养积极情绪、发展优势和促进有意义的人际关系。在积极心理学治疗领域，有一些较为成熟的模型和方法可以借鉴，其中较经典的模型是塞里格曼和泰亚布·拉希德（Tayyab Rashid）开发的积极心理治疗项目。该项目基于积极心理学对愉悦的生活、投入的生活和有意义的生活这三个方面的研究，用循序渐进的方式涵盖 14 个不同的主题，如品位（savouring）练习旨在帮助人们增强愉悦体验，增进幸福感；针对感恩、宽容等积极性格品质的干预旨在帮助人们增强生活的投入感，促进心理健康；针对家庭、工作中人际关系的干预旨在帮助人们建立更好的联结，增进有意义的生活。

以积极心理治疗项目为基础，积极心理学教练模型具体如表 8-1 所示。

表 8-1 积极心理学教练模型

教练议题	教练活动和任务作业
发掘积极资源	邀请受教者以积极的方式介绍自己，包括自己的优点、长处，以及有关表现最好的时刻的真实故事；从一开始就建立积极心理学教练的基调和框架，引导受教者以正面、积极的眼光看待事物；作为首次会面，双方还要明确彼此的角色和责任。
确认标志性优势	探索受教者在过往的生活情境中是如何发挥优势的；完成《VIA 优势量表》并确定标志性优势；和受教者讨论他们对测量结果的理解和反应。
培养标志性优势和积极情绪	探索可发展标志性优势的具体行为；讨论积极情绪在身心健康方面的作用；讨论在日常生活中发挥标志性优势对积极情绪的促进作用。任务作业是执行使用标志性优势的计划，以及每天写感恩日记（记录三件当日感到积极且感恩的事情）。
美好的回忆与不好的记忆	讨论好的和不好的回忆对情绪的影响；讨论持续的愤怒或苦楚等负面情绪对身心健康的影响；鼓励受教者将负面情绪表达出来。任务作业是写下三条不好的回忆以及相关的负面情绪。
宽恕	讨论宽恕是如何将愤怒、痛苦等情绪转化成中性或积极的情绪的。任务作业是写一封信，表达对曾经冒犯过自己的人的谅解，但不要将信投递出去。

（续表）

教练议题	教练活动和任务作业
感恩	回顾感恩日记；讨论如何将感激之情发展成持续性的感恩；探讨美好的与不好的记忆在感恩中扮演的角色。任务作业是写一封感谢信，表达对某个帮助过自己的人的感谢。
教练中期检查	回顾宽恕和感恩作业、感恩日记以及对标志性优势的使用；讨论培养积极情绪的重要性；对当前的教练过程和进展的回顾。任务作业是继续每天的感恩日记和使用标志性优势。
满足而非完美	讨论在享乐适应征的情境下，从诸多供选择的方案中选择足够好但不是最好的方案；探索多种令人满足但不苛求完美的方式。任务作业是制订个人满足计划。
乐观和希望	邀请受教者回想他们的被拒绝、错失的经历；发展考虑得失的平衡心态。任务作业是写"三道闭上的门"和"三扇开启的窗"。
爱和依恋	帮助受教者练习积极建构性倾听；引导受教者辨认自己的伴侣、朋友或家庭成员的标志性优势。任务作业是在与他人对话的时候进行积极建构性倾听，并和他人一起交流其标志性优势。
优势家庭树	邀请受教者家庭中的重要成员完成《VIA 优势量表》；画出家庭树并标注标志性优势；安排家庭会议讨论每一位成员的性格优势。
品位	讨论对愉悦感的体会和刻意地延续愉悦感的方法；解释享乐适应征对愉悦感的影响并找出避免习惯化的方式。任务作业是制定具体的提升品位技巧计划和开展各种令人快乐的活动。
时间的馈赠	讨论在某些耗时的任务中使用标志性优势的途径，这些任务的完成会带给受教者自我实现的体验。任务作业是做一件需要耗费心力且充分使用标志性优势的事情，例如陪伴社区中的孤寡老人，帮孩子补习功课，等等。
完满的生活	讨论一种集合了愉悦、投入感和价值感的完满的生活；邀请受教者完成相应的心理测量和评估表；对整个教练过程作回顾和总结。

积极心理学教练不一定要完成整套项目，可以参考这些主题和相应的干预方法，根据受教者的需求灵活地制定私人化的教练方案，也

可以基于积极心理学开发独创的模型或方法，并在实践中当场检验其效果。每一次教练会面都是培育积极性和性格优势的土壤。

　　在每一个环节中，教练者都可以使用一些教练工具或技术来帮助受教者。例如，在促进积极性和幸福感方面，教练者可以采用"感激练习法"或"欣赏练习法"。这是一种简单、易学的教练技术，让受教者每天抽出 5—8 分钟的时间，回忆并记录当天发生的美好、有意义的事情。教练者可以问一些问题，帮助受教者更好地聚焦在积极的方面：这些事情是如何发生的？有谁在支持？当你想到这些事情的时候，你有什么感觉？你从中获得了什么力量？持之以恒地每天练习，能够有效地提高受教者的生活满意度和幸福感。

　　在发掘性格优势方面，教练者可以参考比斯瓦斯-迪安纳的"积极标签法"。通常而言，我们给他人贴标签、下定义的行为可能意味着一种简单、粗暴的评判，因此在生活中我们应该避免这么做。而积极标签法是带着积极、欣赏的眼光辨认对方身上的优势、长处和优良品质，甚至看到他们自己认为的问题或毛病的另一面，用积极的形容词温和地下定义。这样做一是可以帮助受教者转换角度去审视自身所谓的缺点，二是能鼓励受教者聚焦于自身的优势和品质，三是有了这些积极标签，我们可以迅速辨认出其他人身上的积极资源。

　　我们来看一个实例：我的一位受教者是一位男性大学生，他声称自己有拖延症，总是将作业拖到最后不得不做的时刻。借助反映式倾听，我发现了一条积极线索：尽管他有拖延作业的倾向，非得到最后一刻才开始做，但他每次都能及时上交作业，且质量很高。所以对这位受教者而言，"拖延症"不是一个正确的标签。这位受教者能够抵抗紧迫感，看似放松实则进行了长时间的思考和学习，能在临近截止期限的时候迅速、高质量地完成作业——这其实是一种可贵的优势，我们要做的是用一个积极的词语去捕捉它。在征得他的同意后，我建议用"酝酿者"一词去形容他。这个标签很快被受教者喜欢和认可，他转变了对自身及自己做事方式的看法。

积极标签法是一种富有乐趣的教练技术，双方会有极大兴趣投入其中，但在使用这种方法的时候，我们要注意不要设定死板的框架，将受教者固定在某些标签上，而是应该随着受教者对积极标签的反应灵活变化：受教者既可能完全接受标签，又可能修改标签，也可能创造自己觉得最适合的标签，这些都是受教者对自身积极优势拥有赋权感的重要时刻。

第九章　正念教练

本章导读

- 正念教练将正念的理念和训练方式融入教练中，帮助个体更好地自我觉察、自我接纳，发展好奇心、耐心、信任以及对他人和周围世界的仁爱，达到觉知、平静、专注、和谐的内心状态，增强身心健康和功能表现，促进人际沟通和交流。

- 正念训练的基本方法来源于正念减压和正念认知疗法，包括正念进食、正念呼吸、正念行走、身体扫描、正念移动、慈心训练等。教练者可以按照受教者的需求，用正念训练的方法制订计划。

- 正念教练具有五个反思性空间，反映了受教者和教练者对自身的觉察、教练者的立场、对受教者的觉知和接纳、对受教者体验的认识，以及与受教者建立慈心关系，帮助受教者从各种角度看待当下的体验，看到那些被"自动导航"和做事模式绑架的习惯性反应，采用正念的方式进行自我教练。

从 1970 年开始，越来越多的积极心理学家开始关注"正念"（mindfulness）这一概念。正念意指"如实地觉察"，它是一种将意识完全集中在当下、不评判、全然接纳的状态。正念的概念起源于东方禅学，兴盛于西方，被广泛用于心理学与医学领域，仅在美国就

有数百家医院和临床治疗中心为患者提供基于正念的心理咨询和治疗、冥想训练等服务。积极心理学研究表明，正念能够促进享乐取向的幸福（Brown & Cordon，2009）和实现取向的幸福（Brown et al.，2007），通过喜悦、觉知和慈悲促进全方位的积极心理体验。

正念的概念与核心特征

什么是正念？它的概念在不同流派的学者的著作中具有多面性。有的人认为它是一种复杂的心理学现象，有的人认为它是一种觉察当下的状态（state），有的人认为它是一种特殊的人格特质（trait），有的人认为它是一种管理意识的过程，有的人认为它是一种能力，有的人认为它是一种哲学或宗教理念。

在现代心理学科中，在使正念被主流社会接受，而不使人将其误解为佛教或神秘主义方面作出巨大努力的学者是美国马萨诸塞大学医学院正念减压门诊的创办人乔·卡巴金（Jon Kabat-Zinn）。卡巴金所定义的正念是以一种特殊的方式集中注意力：有意识地、不予评判地专注于当下。这种专注与我们的觉知、感官的敏锐、世界观、我们在这个世界中的自我定位、对生命中每一刻的充实性的认知息息相关，强调其在临床干预中对人的身心健康和统整性的促进作用。正念是一种"去中心化的意识状态"（decentered state of awareness），意识的焦点不是觉察者本人，而是被觉察到的体验。

哈佛心理学教授艾伦·兰格（Ellen Langer）在其多元社会认知模型中提出，正念是一种对信息刻意的、有意识的认知处理过程；它的特点是全心贯注于当下、对情境保持敏感、对新的经验保持开放、采纳多种角度看待事物，以及给予事物新的区分。她认为正念主要是不加判断、摆脱僵化思维和固定反应模式、从多角度创建体验的能力，它与想象力、创造力和新颖的评价功能有关，强调正念在学习和教育中的认知功能。

美国圣克拉拉大学的心理学教授肖娜·沙皮罗（Shauna Shapiro）指出，正念应该包括态度品质（如开放性和接纳性）和动机品质（如意图性和目标方向感）。美国威斯康星大学麦迪逊分校的心理学教授理查德·戴维森（Richard Davidson）则表示，正念除了涉及个人的认知、情感和动机层面，还涉及人际层面的因素，如对他人体验的接纳，对他人观念的开放，怀有仁慈和关爱之心，等等。

目前心理学家对正念的理解往往是从状态、过程、人格特质、能力的角度出发的，但他们都认同，正念应该是一种基于实证的心理科学，每一种认识都有相应的心理测量工具。教练心理学的研究和干预更偏向于将正念理解成一种心理状态和心理过程，也就是说，正念教练（mindful coaching）的目的不是培养具有正念人格倾向的个体，而是帮助个体采取正念的理念和训练方式以更好地关注自身的体验，达到觉知、平静、专注、和谐的内心状态，增强身心健康和功能表现，促进人际沟通和交流。

我们可以从五个方面解读正念的概念。

其一，专注（concentration）。人们的头脑通常十分忙碌，有各种各样的念头不停游走，试图同时进行多个任务，并且往往在一件事情还没有做完的时候就急不可耐地跳入下一个任务。在正念状态中，无论个体选择什么目标，处于什么情景中，有什么念头或情绪，都需要全身心地专注。专注意味着不分心，"心无二用"说的是类似的道理。我们所有的意念和注意力都放在当下的某一个事物或某一个活动上，不被环境中的其他事物影响，但同时对整个情境有开放性的觉察。

其二，现时此刻（here-and-now）。个体生存和生活在此时此地的现实中，"过去"和"未来"的时间维度对个体而言有重要的意义，然而它们存在于个体的头脑和计划中，只有"现在"真实地包容个体的存在。这意味着我们需要回归事物的本源，感知周围事物现时此刻的状态，这样我们的体验才是真实、有效的。我们需要一种清醒的认识：当下的一切正在发生。当我们没有一心希望未来会发生点什么，或希望过去的某些事情不发生就好了，我们就能做到面对当下。

其三，非反应（non-reactivity）。个体在经历某事的时候通常会不自觉地根据过去的经验作出自动的反应，这和行为主义心理学中所讲的"刺激—反应"原理类似，这种习得性反应一旦内化，个体遇到类似刺激就能够更有效率地作出反应，然而它可能导致不觉（mindless）和机械性，也就是俗称的"自动导航"。与之相对，正念状态中的个体对情境、语言、行为、情感等刺激作出的是清醒、有意识、具有选择性目的的响应。正念使刺激和反应不再直接连接，而是在两者之间创造出一个空间，让个体发挥自由选择的权利，即我们能够选择我们对事物作出的回应。

其四，非评判（non-judgment）。对事物进行比较、判断、评价是我们的心之本性。个体往往不断地对经历的事情作出或好或坏的评判；这些评判可能是和过往经历作比较，和期望和标准作对照，或和他人的期待作比较，等等。个体透过有色眼镜观察事物，评判是否对自身有利也是一种习得的反应性思维方式：如果有利于我就喜欢，如果不利于我就不喜欢，如果既无害也无益，我就无所谓。正念培养出一种不予评判的态度，不对浮现的任何一个想法妄加评判。这并不意味着我们不能评判念头，而是指评判发生时，我们不要竭力忽视或阻止它，就像接纳每一个闪现的念头一样，只承认它的存在，认识到自身总是受潜意识中喜恶的影响，不要陷入对评判本身的评判中。

其五，全心开放（openness）。正念不仅仅关乎思维，更指向内心深处的体验。全心开放不仅仅是在认知层面对各种念头、信息、体验的开放，更是向自身体验中注入欣赏、温暖、友善和慈爱，并将这种体验扩散到周围的事物及他人身上，对周遭的事物和人抱持接纳、友爱和感恩之心，形成一种深刻的联结感或交感。

正念的概念反映了其核心特征，如专注当下，不采取自动反应的方式，不加评判，全心开放。我们还需要补充正念的其他几个核心特征，这对我们更好地理解正念以及思考正念在教练中的作用至关重要。

首先，正念清晰地区别了"做事模式"（doing mode）和"存在模式"（being mode）。人们在进行任何一项活动的时候，思维都可能在这两种模式中来回切换。我们在面临一些必须完成的事情的时候，头脑会迅速运转，制定计划，指导行动，并且我们知道行动的目的和标准，这是典型的做事模式。其特征为：人们意识到事情当前的状态以及理想的状态；人们设定目标和计划，让事情朝向目标发展；人们付出努力以达成目标，实质就是到达目的地而不考虑其他事情；人们的大多数行为都是根据过往经验和习得性的习惯自动作出的；思维和现时此刻的情绪和感觉是分离的；人们多半在思索过去和未来，对想法有强烈的评判态度，顺应有益的想法并抵制无益的念头。存在模式则具有完全不同的特征：人们在存在模式中时，所有的感官体验和情绪体验都处于正念感知和觉察状态，不会陷于对过去或未来的思考中；弱化目标导向，积极地接受事物现在的状态，承认自身目前所处的位置；对所有的情绪和思维采取开放的心态，即使面对负面的情绪，也没有强烈的逃离感；不刻意地试图改变事物，而是观察事物自身如何变化。这类似于接纳承诺疗法（acceptance and commitment therapy）的理念：当我们接受某事时，才会改变它。

做事模式和存在模式在正确的时刻都是对人有益的。然而，在某些状态下，以一种模式为主可能对人们更有益；如果在某一情境使用了错误的模式，可能导致困难和问题。例如，当人们陷入情绪困扰时，如果采取做事模式，努力地从消极情绪中抽离，向愉悦的情绪靠拢，可能在短时间内会奏效，但很快消极情绪会再度涌现，同时夹杂着"无论如何努力，还是会感到悲伤"的无助感和羞耻感，长期来看恐怕对人无益。如果这个时候采取生存模式，全心全意地倾听、关照并接纳我们的情绪，当下的体验就会教会我们一些东西，不试图修正事物的方式也会带来极大的平静感。正念所提倡的并不是要求我们随时都处于生存模式下，而是拥抱这两种模式，并能够自由切换。想象我们的思维如同海浪一般潮起潮落，位于水面之上的汹涌的波涛是做事模式，关乎我们对达成目标的努力；位于水面之下的平静的暗涌是生存模式，关乎我们对自身的感知。体验本身并不固定偏向于某一种模式，而是取决于我们对当下体验作出的有意识的响应。

其次，正念强调初心（beginner's mind），以全新的眼光看待事物。这个理念首先被日本的禅宗大师铃木俊隆（Shunryu Suzuki）采用，他认为在初心状态下有很多可能性。初心和开放性、好奇心密切相关，最好的例子就是婴儿。婴儿会被最简单的事物吸引，就算是在成人看来最普通甚至无聊的东西，都能够成为婴儿的玩具。如果你给婴儿一小碗米饭，他们会全神贯注地注视，观察米粒的色泽和形状；会伸出手抓起几粒米，感受米粒的大小、温度、黏稠感；会将米粒放进嘴里尝尝味道，甚至会观察到没有一粒米是一样的！年幼的孩子就是初心最好的缩影：他们看到任何一样东西，都像第一次看到一般充满好奇心；他们的脑海没有任何先入为主的判断，不会被对错等思维和概念所影响；他们将感知到的事物最原始和本真的状态映入自己的思维，付出全心全意的兴趣和热爱。这种感觉每一刻都是崭新而奇妙的初心状态会带来天然的喜悦感，体会到每一刻都被好奇心、专注力、想象力和创造力包围。

再次，正念具有耐心和信任的特征。在日常生活和正念的状态中，不是永远一直充满平静和喜乐的，人们总会遇到挫折和挑战，也会随之产生烦躁、焦虑、怀疑等情绪。耐心是一种无欲无求、顺其自然的态度，不揠苗助长，不急功近利，不任由自己的焦虑和欲念改变当下的特性，即使我们要承受一些不安和不耐烦的情绪。耐心并不代表行动缓慢，而是指内心深刻的宁静和澄明，知道万物皆有时，懂得观察和等待；当需要迅速行动的时候，则能够作出清醒、有意识、顺应个人意志的响应。信任则是坚信事物能在有序、可靠、公正、可理解的框架内发展，信任自己的直觉能够真实反映当下的信念，相信他人的体验和觉知的真实性，培养友爱、密切联结和彼此交融的感觉，信任并尊重事物的自然发展规律和过程。

最后，我们想强调的正念的特征是无为而为（non-doing）。这并不意味着懒惰、消极、真的什么都不做；恰恰相反，这种"无为"的培养需要付出精力、勇气和强大的信念。它指一种水到渠成的优雅、通达和潇洒的努力；此时此刻我们无须达成任何事情或使事情变得完美，而是在无为中顺势而为，不过多思考这种做法是否有效，否则我们会陷入对结果的纠结和贪求之中，不能清晰地看到事物的本貌和事物之间的关联，扭曲了我们和事物、他人的关系，目的不纯而耗竭动力，最终不令人完全满意。无为而为的思维决定了我们每一刻的心境和行动是不是清醒的，随着每一刻的展开进入当下，不强求，不挣扎，从而获得更大的能量。

正念还有一些其他特征，如不执着（non-attachment）、接纳等，这些或多或少都融入正念的概念和上述我们已经讨论的特征中，在此不再赘述。

正念训练的方法

大量科学实证研究证明了正念的价值。近几年的几项元分析研究表明，正念能够有效地促进精神健康、生理健康、心理幸福感、行为调控及人际关系（Baer & Lykins，2011；Brown et al.，2007；Grossman et al.，2004）。神经科学研究也提供了有力的证据，表明正念可利用大脑的可塑性改造其结构，长期参与正念冥想的人用于自动反应的神经连接暂时被阻断，而新的大脑突触连接得以产生和加强（Davidson，2010）。

越来越多的人开始积极参与提升正念的各种练习和培训，目前能够有效培养正念的训练和冥想方式主要源于由卡巴金首创的正念减压（mindfulness-based stress reduction，MBSR）以及由津德尔·赛加尔（Zindel Segal）、约翰·泰斯戴尔（John Teasdale）和马克·威廉姆斯（Mark Williams）创立的正念认知疗法（mindfulness-based cognitive therapy，MBCT）。限于篇幅，我们不会详细讲解每种方法。大量有关正念的书籍都描写了正念训练的模型、方法和具体的步骤，也有很多带指导语的音频资料，有兴趣的读者可以自行选择。

正念进食

正念训练和冥想并不是让我们在僻远的地方盘腿坐上几个小时，正念可以融入我们日常的生活和行动中，重要的是我们需要怀着开放、接纳和好奇的态度去感受每一个当下的时刻。从日常的饮食开始切入正念状态是一种容易上手的方法。通常正念进食（也称"食禅"）训练使用的道具是葡萄干，因为它小巧、易携，容易传递，其实任何食物都可以。选择一个我们吃东西的时候，例如早餐或晚餐时间，用正念的方法进食，观察一下和非正念进食的时候相比，我们的身体有什么不同感受。我们不是在做其他事情的时候同时进食（很多人喜欢一边吃饭一边追剧），这样我们会感受不到食物的滋味；我们需要融入感知，刻意地把所有的注意力都放在吃东西的过程上。

正念呼吸

当感觉焦虑或不适的时候，用三到五分钟的时间做一次正念呼吸（又称"呼吸禅"），就可以提醒我们重新汇拢意识，让身心安定、平静。我们无须刻意改变呼吸的方式（例如一定要采用腹式呼吸），重点是要将所有的注意力和觉知放到呼吸上，尽可能地让身体放松，让所有事情都顺其自然。

"三步呼吸空间"（three-minute breathing space）是一种很有效的正念呼吸方法：首先，意识到自己的感官体会到了什么，自己的思绪和念头是如何浮现又隐去，采取接纳和不评判的态度，包容所有感觉、情绪和思绪，允许它们存在。其次，将注意力逐渐收拢到呼吸上，意识到自己呼吸带来的身体感觉，气息是如何通过鼻腔、喉咙、胸腹等部位的。最后，将这份觉知扩展开，感觉全身都在呼吸。一旦发现了呼吸非常舒服或不舒服的地方，就努力地将注意力保持在那里。当思维游移到主意、想象、梦境、计划、回忆上，温和地将注意力重新引导回呼吸上，不要评判和责怪自己分心。

正念移动

用柔和、缓慢和正念的方式移动和拉伸身体，将全部意念投入其中，是一种很好的正念训练方法。瑜伽是目前非常流行的促进身心健康的锻炼方式，然而很多人认为只有做出将身体扭转成麻花、将腿抬举得高高的或长时间保持静止不动的动作，才是将瑜伽动作做到位了。其实不然，"为了达到什么结果"不是正念的理念。

不论是瑜伽还是八段锦、气功，抑或是其他正念移动或运动方式，重要的不是动作本身，而是我们在移动并保持不同姿势时，将自己的感觉完全投入身体中，感知自己的呼吸以及随时产生的思维和情绪。我们还能够发现自己的身体并不是僵硬和静止的，而是时时刻刻都处于移动和校正状态，这教会我们需要随时关照身体状态以达成平衡。我们可以将正念移动的方式融入日常生活，在进行每一种基本活动的时候去练习，如穿衣、走路、扫地、洗漱、烹饪、洗碗等，在日常活动中增强正念意识。

身体扫描

身体扫描训练对时间和场地的要求可能较高一些，需要一个不受打扰、令人感觉舒适和安全的地点，关闭所有通信设备，拿出完整的一段时间来专心做这个训练。当然，我们不需要刻意将氛围营造得与往常不同，正念的理念是每时每刻都保持事物的本真状态，我们也无须刻意放松，放松可能会到来，也可能不会，它不是身体扫描的目的。想象一道温暖的光束从头顶渐渐向下，怀着仁爱、好奇、柔和和全心接纳的态度，让光束依次抚摸我们的额头、脸颊、鼻子、下巴、脖子、肩膀、手臂、手掌、手指头、胸部、腹部、脊背、髋关节、臀部、大腿、膝盖、小腿、脚背、脚底和脚趾头。然后想象头顶和脚底之间存在一个舒适的空间，我们的注意力和呼吸在这个空间中能够自由移动，感受气息的穿梭和流动为身体带来的能量。我们可能会感觉到和周围万物融为一体。通过身体扫描，我们能够充分地了解自己的身体，与之建立联结，投入存在模式中，训练我们的注意力，并释放身体内蕴藏已久的情绪和紧张感。

正念行走

人们很少专门去走路：我们一边走路一边听音乐、说话、思考、定计划等。总是有各种各样的事情伴随着走路，或我们走路的时候一心想要快点到达目的地。正念行走（又称"行禅"）引导我们忘掉目的地，将注意力集中在每一步上，享受走路本身。我们可以找一个安全的地方，走得慢一些，感觉自己的身体平稳而坚实地踏在地上，呼吸自然地流动。将重心放在左脚上，然后移到右脚，感觉重心移动的时候身体发生了什么。然后用尽量缓慢、正念的方式去走路，观察我们如何抬脚，如何转移重心，如何踏地，如何跟随。正念行走的时候，如果愿意，我们还可以加上身体扫描训练，让意识在全身游走。这种安定且放松的走路方式能够帮助我们暂时从忙碌和烦躁中解脱出来，为做其他事情作好准备。

慈心训练

慈心指仁爱、友善、温暖、喜爱、感恩等感觉，慈心训练（又称"慈心禅"）是专门激发这种感觉和意念的技巧。积极心理学的情绪研究表明，人们不会同时感觉到两种极端的相对的情绪，也就是说，我们不可能同时具有极其喜悦和极其悲痛的情绪，或同时拥有非常厌恶和十分喜爱某人的感受。慈心训练让人们深刻地感受正面情绪，替代另一种极端负面的情绪。做这个练习的时候，重要的不是姿势和话语，而是在整个过程中投入友善、仁爱和温暖的觉知。首先感受一下有什么特别想对自己说的话从心底涌起，一遍遍地重复，让它们激活对自己的仁爱情绪。然后选择一位你关心的人，或者一位你感觉中立的人，以及一位你感觉相处起来不太融洽的人，在内心对他或她说同样的话。想象这三位和你在一起的画面，感知共同的存在。最后将仁爱的情绪扩散到所有事物，将关怀、感激、欣慰和爱发自内心地传递给所有物种和生命。慈心训练是一种可以深度安抚自己并和他人建立联结的方法。

以上我们简单介绍了六种来自正念减压和正念认知疗法的经典正念训练方法，具体的步骤和注意事项需要参阅更完整的正念训练手册。另外，正念训练需要持之以恒的练习，制订正式的训练日程表，每天专门拿出一些时间来训练。我们还需要随时关照自己的身体和情绪状态，在感觉适当的时候做练习，有需要的话及时向专业的正念治疗师、正念教练或心理医生咨询。

正念教练的模型和方法

正念作为一种教练方式在近几年来受到很多关注（Marianetti & Passmore，2010；Spence，2008）。然而，现存的几乎所有研究和实践都围绕受教者的需求制定正式或非正式的正念训练，也就是抽取正念训练的某些内容进行一番调整和改造，让受教者根据自己的目标坚持练习。我并不是批判这种做法，或者说这种方式不正确，但我认为正念教练绝不这么简单，它并不是将"正念"这个概念拿来，写到教练操作手册的封面上就够了（遗憾的是，我看到很多所谓正念教练就是这么做的）。正念教练者必须在充分理解正念的核心特征的前提下，将其理念融入教练过程，包括教练者对自身的觉察、教练者的立场、对受教者的觉知和接纳、对受教者体验的认识、与受教者建立慈心关系，以及帮助受教者用各种角度看待当下的体验，看到那些被

"自动导航"和做事模式绑架的习惯性反应，采用正念的方式进行自我教练。

　　澳大利亚学者卡瓦纳和戈登·斯彭思（Gordon Spence）提出，正念在教练中的应用需要五个"反思性空间"（reflective space），包括受教者的内在对话、受教者与其世界的对话、教练者的内在对话、教练者与其世界的对话，以及受教者和教练者的对话。在每一个空间内产生的信息或数据都基于行动的目的，可加以分析。这些行动既可以非常简单，例如决定下一句话要说什么；也可以非常复杂，例如教练者和受教者合作制定一个具体的问题解决方法。在每一个反思性空间内，正念对于增强对话的质量都是非常重要的。五个空间的结构如图 9-1 所示。

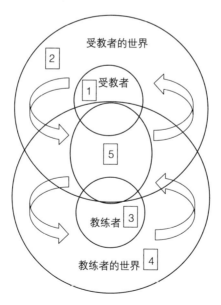

图 9-1　正念教练的五个反思性空间

第一个反思性空间：受教者的内在对话

受教者带入教练对话中的想法和故事构成第一个反思性空间。它基于受教者对自己、他人和世界的理解，这些理解在教练过程中时常会受到挑战。这个时候受教者需要面对一项不那么愉快的任务，就是在开启有意义、有目的感的行动之前，将多种看待事物的方式整合入自己已经持有的图式中。受教者如何"说服"或"告诉"自己去做这些改变对整个教练过程而言至关重要，它涉及受教者改变的动机、情绪和准备状态。例如一位受教者的内在对话主要是作出这种改变对其个人生活和家人来说有什么意义，或在没有达到理想的表现时要自我同情和自我原谅。另一种情况是，如果受教者总是在内在对话中表现出对改变过程中的不适感的挣扎、对抗、抵触等情绪，或在内在对话中将责任转嫁给别人（如教练者），就将阻碍受教者持续采取改变的行为。正念能够帮助受教者"听清"自己的内在对话，看清自己的念头和思绪的源头，接纳内在对话所承担的焦虑、担忧等情绪。这种去中心化的意识状态能帮助受教者打破按照习惯性思维和无益的想法去行动的模式，释放注意力，以更好地面对新的信息，具有更强的适应性。此外，正念还能增强情绪自控能力、设立目标和自我调节的能力（Davidson et al.，2003），这些对受教者的内在空间而言都是非常重要的能力。

第二个反思性空间：受教者与其世界的对话

受教者本人与他所存在的世界之间的关系构成第二个反思性空

间，其中容纳了受教者如何看待、理解、体验这个世界，并在世界中进行各种活动。正念教练的一个重要目的就是帮助受教者改变理解、体验和活动的方式。托马斯·玛斯（Thomas Mars）和希拉里·艾比（Hilary Abbey）在一篇正念冥想作为健康干预手段的综述性论文中指出，正念对个体如何理解他们所生存的世界有重要的促进作用，由此个体会产生更强的行为、情感和社会灵活性。例如，一位受教者在这个空间中往后退一步，以反思性目光觉察自己在这个空间内的体验，包括认知、情感、行为、生理和环境等方面的体验；注意到在世界中与自我相关的新的信息和反馈，并利用它们调节自己的情绪和行为；对世界中的刺激作出有意识的回应。打破自动化行为的注意力能够提供选择性时刻，使受教者可以权衡和再次思考那些习惯性反应、快捷但不那么令人满意的选项，监控自己的认知过程和反馈，并思索是否有更好的选项。

第三个反思性空间：教练者的内在对话

教练者的内在对话空间构成第三个反思性空间，这也是正念教练和其他教练方式的主要区别。教练者需要将一些基本的态度、感受性和意图带入教练关系中，并刻意将注意力放在对每一个当下的反馈上。采取正念方式的教练者一开始会培养正念的态度（如开放性、接纳）和首要的意图（如创造一个安全、温暖的对话环境），为迎接整个教练过程作准备。拥有基本正念品质的教练者较少有情绪反应，拥有更多的自我协调感、教练信心（即教练者的自我效能感）以及与受教者之间的人际协调感。例如，教练者一般拥有关于教练实践的丰富经验和专业知识，这些当然是优势，然而这些专家知识有时候可能影响教练对话的效果，尤其是当教练者急着把他们的知识推向受教者，或用自己的专家标准影响受教者的努力程度。在正念状态下，教练者可以清晰地觉察自己是否有这样做的冲动，跳出专家意识所造成的习惯性思维方式，创造一个空间，扪心自问："这是我自己想做的，还是受教者真正需要的？"这样的内在对话能够让教练者时刻处于正念状态中，跟随每一个当下情境的变化和对方的反馈，及时调整双方之间的动态平衡。

需要指出的是，教练者为教练过程带来正念的力量，但这不意味着教练者需要为教练结果负责，更不需要为受教者的改变、决定和行为结果负责。我们仅仅认为，教练者在教练对话中的正念状态可能会有一定影响。

第四个反思性空间：教练者与其世界的对话

教练者本人与他所存在的世界之间的关系构成第四个反思性空间，其中容纳了教练者如何看待、理解、体验这个世界，在世界中进行各种活动，在除了教练关系之外的其他人际或职业关系中如何投入。例如，教练者在日常生活中觉察自己对待压力的反应模式和理解模式，这对于其迁移到教练过程中的面对压力时的反应是非常重要的；教练者面对日常事物所培养出来的好奇、开放、接纳、仁爱等正念的品质，对与受教者建立良好的联结有重要作用。这种自我觉察也可能成为教练者持续发展和成长的基础。

第五个反思性空间：教练者和受教者的对话

第五个反思性空间是教练者和受教者共同活动和对话的主要空间。前四个反思性空间对第五个反思性空间有重要的影响，但教练关系并非前四个反思性空间的总和，它是一种复杂的适应性系统，而教练者和受教者之间的对话是一种共同反思、行动的特殊空间。在正念的共享空间中，从一开始双方就需要共同创造安全、温暖、仁爱的教练关系，有共同的期待、目标和对过程的理解，能够通力合作，用非评判的方式注意信息是如何交换的，双方如何在反馈中建立教练关系。简单来说，教练者和受教者创造对现时此刻的接纳意识，使用从这种意识中自然生成的信息，引导双方走向教练目标。例如，教练者在每一个当下的时刻能够觉察并理解受教者的语言和非言语信息、教练关系模式的变化以及双方沟通、互动产生的动力。这个空间如果让受教者感到足够安全，他们就会以开放和好奇的态度去注意和探索，为接受和提供支持以及面对挑战作更好的准备。

正念无时无刻不在帮助教练者和受教者创造对话空间。教练者可以尝试采用以下方法：

其一，正念的榜样。当双方谈到共同面对的议题时，教练者可以尝试作为正念的榜样，将当下心里所想之事用语言即时表达出来；当教练者注意并捕捉到自己产生的某种念头或情绪时，即刻讲出来，与受教者分享；教练者也可以在响应方面有所变化并明确告知受教者，树立摆脱固有行为模式的榜样。

其二，培养正念的环节。教练者和受教者可以一同商议几个明确的培养和保持正念的环节。例如，在每次教练会面开始之前先来一个简短的正念训练，可以是一个三分钟的呼吸空间练习，也可以是一个简单的身体扫描，或是一种能将注意力放在教练准备状态上的正念训练。在环境的安置方面，可以将手机、电脑、电话等可能造成干扰的设备收起来；用一些小道具定时提醒教练者和受教者进入正念的状态，例如使用闹铃或木鱼。用一些问题指引受教者认识到对当下内在状态的觉知是非常有价值的信息来源，例如："你此刻有什么样的感觉？""当我们讨论这件事情的时候，你的身体有什么样的感受？"

其三，正念注意。将体会到的情绪、担忧、恐惧或疑惑坦诚、明确地说出来，对维持一种非反应性正念反思空间很有帮助，尤其是当双方谈论重要议题的时候。教练空间有时候会充满模棱两可、疑虑、胶着的气氛，这种时候教练者和受教者都不知道会发生什么或做些什么，很容易将双方推向反应性行为，如急于建立目标，将责任推给他人，或认为教练过程出了问题。如果能够用正念的方式觉察到这些情绪，将它们清晰地表达出来，用抱持、接纳的态度允许它们暂时存在，就能够帮助双方面对紧张的关系和气氛，采取更具有适应性的回应，使教练过程顺利进行。

其四，走入紧张感（tension）。在复杂系统中，紧张或张力感是不同信息在系统中流动、元素和元素之间互相碰撞的自然现象；它不是负面情况，而是一种信号，意味着新的信息或新的关系即将生成，同时也是创造力和革新的土壤。因此，正念教练认可紧张感是人们走向改变的潜在资源，需要被关照、重视和善加利用。在双方的共同对话空间内，教练者可以带领受教者走入现时此刻产生的紧张感，不试图忽略、逃避或抵抗。当受教者攻击或批评教练者的时候，教练者可以采用非反应、非对抗的姿态温和地回应，为受教者树立一个正念地面对紧张的榜样。简短且结构化的正念训练会逐渐塑造双方在教练关系中的正念行为，学会彼此信任和支持，并建立灵活的对话机制。

　　不论是作为状态、过程还是作为人格特质或哲学理念，正念对人们的身心健康的促进作用不容忽视。教练心理学采纳了正念的理念和训练方法，促进受教者对自我、他人和世界的觉察并有仁爱的感知，在个人生活和职业表现领域都有重要意义。

第十章　叙事教练与叙事—合作教练

···· **本章导读** ····

- 叙事教练与叙事—合作教练是一种非诊断性、基于故事、旨在理解的教练方式。通过改变对故事的描述，教练者帮助受教者创建激励人心、积极、对受教者具有重要意义、能够反映受教者价值观的新故事，使他们从崭新的角度看待自身在这个世界中的存在，鼓励他们采用新行为。
- 它们具有叙事心理学的三个核心概念——主体性、意图性及解构性，将行动图景和身份图景联系起来，也将个人意义和社会意义联结在一起。
- 其核心工作是帮助受教者更好地理解社会文化的变革以及个体在其中必然受到的冲击，反思个体一贯持有的价值观和建构新的意义，树立受教者新的有益的身份认同感。
- 教练实践没有固定的对话框架或结构，也没有必须解决的问题，仅有一些指导方针和操作建议。

　　叙事教练与叙事—合作教练属于教练心理学领域的后现代主义浪潮的产物，也被称作"第三时代"的开端。后现代主义的叙事理论和叙事心理学对叙事教练心理学以及叙事—合作教练心理学产生重要的影响。

叙事理论和叙事心理学

　　法国著名作家、社会学家、后现代主义哲学家罗兰·巴特（Roland Barthes）在其著作《神话学》（*Mythologies*）一书中曾说过这样一段话：“叙事无处不在：它在神话里，在传奇里，在寓言里，在传说故事里，在中篇小说里，在长篇巨著里，在史诗里，在历史里，在悲剧里，在戏剧里，在滑稽剧里；它也在画中，在彩绘玻璃中，在电影院中，在漫画中，也在对话中。叙事拥有几乎无限多种可能形态，它在任何年龄、任何地方、任何社会中都得以表达。在人类历史存在之处，叙事就存在了；只要是人所在的地方，就会有叙事。叙事不去分辨所谓好的或坏的文学，叙事是国际化的、跨历史的、跨文化的。它就在那里，如同生活本身一样。”

　　叙事，俗称“讲故事”（storytelling），通常指一系列具有连贯性或因果性的事件的报告。叙事的“无所不在”是因为所有的叙事语言都植根于社会活动中；叙事将人类的活动变得被社会可见，贯穿我们日常生活的每一天，于是每一个活动和事件都变得如同故事一般。我们在经历或记录事件的时候，都遵循叙事的规则：我们假设现实中的事件进程有开端（beginning）、高潮（peak）、低谷（nadir）和结局（termination）；我们假设生命以叙事的方式流动着，不论我们是用语言文字还是其他符号形式去表达。

　　叙事心理学在 20 世纪末兴起，这个时候社会科学领域的范式变革浪潮渐渐变得清晰起来：从强调真理的概念到强调意义和重要性。这种对人类精神世界和社会性的全新认识影响了人类学、社会学和心理学领域，包括心理治疗和心理咨询。例如，当心理治疗师帮助来访者时，他们的对话可能不再聚焦于来访者过去的问题和历史性事实，而是帮助来访者发展和详细阐述新的、有益的人生故事，以达到治疗的目的。

在初期，叙事心理学涵盖了几种不同的理论范式。美国加利福尼亚大学圣克鲁斯分校的心理学和犯罪学教授西奥多·萨宾（Theodor Sarbin）1986 年首先采用"叙事心理学"这一术语，宣告叙事是心理学的根本隐喻（root metaphor），并建议学者们采用质性研究方法开拓这种隐喻的价值。同年，著名教育心理学家、认知心理学家杰罗姆·布鲁纳（Jerome Bruner）提出两种截然不同的人类认知模式，它们帮助人们以不同的方式组织经验以及构建现实：一种是逻辑—科学模式（logical-scientific mode），在这种模式中，人们的认知处理的对象是抽象的概念，用搜集实证证据和严密的逻辑推理方式去构建现实，与此同时探索概念之间的因果关系，以建立普遍真理；另一种是叙事模式（narrative mode），在这种模式中，人们探索的是意图、行为、人类活动、故事及其相关的结果，它帮助人们构建对事件的理解以及创造一种连贯性。对叙事性知识的检验在于它们是否反映了个体的真实生活，而不在于寻求普遍真理。布鲁纳在其著作《真实的心灵与可能的世界》(Actual Minds, Possible Worlds) 一书中说："在心理学中，我们没有一个东西叫作生活本身……而最终，生活是一种叙事性成就。"他十分强调叙事的创造性本质，认为一段成熟的叙事并不是简单地记录发生了什么事，更多的是对事件的心理层面的反映；人们叙述自身故事的一个深层原因恰恰是人们要构建对人生中所经历的关键事件的理解，而这种理解是通过叙事的精致性阐述获得的。

美国西北大学心理学家丹·麦克亚当斯（Dan McAdams）创建

了一套叙事理论框架和解释人生叙事的编码系统，强劲地推动了叙事心理学在现代心理科学方向上的进程。而美国得州奥斯汀分校社会心理学教授詹姆斯·潘尼贝克（James Pennebaker）着力于研究叙事的语言学方面的课题，例如叙事结构和词语的选择，日常语言如何反映社会和人格过程，等等，这种偏向社会语言学的叙事范式后来在人格心理学和社会心理学研究中被广泛使用。

　　总体而言，叙事心理学作为一种后现代的心理科学，为我们研究人格、社会身份认同感、组织生活等复杂现象的社会性、文化性以及演变性提供了新颖的视角。叙事视角对于心理治疗、心理咨询以及教练心理学的启发是：叙事是对那些有助于形成故事线索的事件的选择（Polkinghorne，1988）。在讲故事的时候，人们总是会对事件有选择性，他们也会被自己所讲的故事激励着继续讲下去。有时候人们坚持只讲述一类故事，尽管他们可能感到痛苦或更加悲伤。在一定程度上，对个体来说，故事会成为现实。在教练过程中，通过改变对话方向，教练者帮助受教者创建新的、激励人心的、积极的、对受教者本人具有重要意义的、能够反映受教者价值观的故事，帮助他们从崭新的角度看待自身在这个世界中的存在，鼓励他们采用新的行为书写事件。

　　在教练心理学领域应用叙事或讲故事的方法，我们需要将具体的事件关联起来，形成一个完整的故事，这个故事必须具备一些基本要素。首先，受教者作为教练对话中的讲述者，必须身处一个定义明确的情境中；教练者帮助受教者将故事的锚点扎在一个可以被读者辨认出来的环境中，将情境和事件放在合理的时间轴上。其次，受教者必须描述故事中不同的人物及其特征和个性，从而构建人物的身份认同。一段稳定的叙事指人物和客观事物在故事的发展中始终保持一致的身份认同和特性，但只有当身份认同和特性改变的时候，才蕴涵着最重要的线索；受教者所选择故事人物的身份认同也可以被看成一种发展中的过程。再次，故事一般会有一个开端性事件，然后人物的意图和理想推动了故事的发展。在教练对话中，受教者的意图建立在自己的信念、信仰和价值观上，在对话中对这些意图展开详尽的描述和探索有助于构建叙事。同时，教练者也要帮助受教者剖析其他故事人物的信念和价值观，从而理解那些与受教者本人不一致的意图和信念可能导致冲突和矛盾局面。最后，叙事强调结果和反应，逐渐累积成为故事的高潮，继而形成故事的结尾。在教练对话中，教练者需要帮助受教者认识到，故事高潮可以成为开展行动和改变过程的基础。故事人物的行动模式和事件之间的相互作用和相互联系形成情节，将事件编织成一条特殊的故事线，使得整个叙事能够被他人理解。因此，对于某一个场景或情境的叙事，如果由不同的叙述者讲述，可能给人不同的理解。这里隐藏着一种可能性，那就是教练者作为听众，甚至是故事的共同创作者，可以为讲故事的过程作贡献。在教练对话中，受教者原本的故事线可以被解构，并按照双方共同的理解重新建立新的故事线。这些元素均包含叙事心理学的三个核心概念——主体性（agency）、意图性（intentionality）以及解构性（deconstruction）。

主体性指人们拥有在多种可能性中作出选择的能力，能够自主地选择和调动能量，以追求基于自身反思和早期经验的目标。这个概念的前提是：人们和环境建立联系的方式是积极主动的；人们能够掌握自己的命运；我们的行为并不是对特定的冲动或刺激作出反应，而是通过价值感、方向感、目标感被我们的意图所指引，这些都建立在我们和社会与物质环境的交互作用之上。当个体讲述自己的活动或行为方式时，其故事往往以某一个事件作为起点，然后发展出线索。在叙事的过程中，事件逐渐被讲述人所理解，也期望着被听众理解。在叙事教练心理学中，我们会用一个术语"行动图景"（landscape of action）来说明一个行动所包含的元素——行动者、意图或目标、情境、手段等。

意图性指个体朝着他们所处的环境持续性的方向感，通过朝向他人、具体任务或情境来表达。由于人们是植根于社会和物质环境的存在，我们的意图后面藏着深层的价值观，形成我们有意义的行动的基础。在教练对话中，受教者在谈及头脑中任何可能性时所表现出的承诺、志向和心声，都传达了他们的价值观。在叙事教练中，关于价值观的反应会引导对话关注受教者的身份定位以及对具体行动的理解。与上一段所说的行动图景相似，"意识图景"（landscape of consciousness）形容讲述者关于行动的知识、思维和感受，以及他们不知道、不曾想过、不曾感受到的。或者我们可以用一个更好的术语——"身份图景"（landscape of identity），也就是那些关于自我认识和自我身份认同的想法和感受。叙事教练者聚焦于受教者的行动途径和身份图景的相互联系和相互作用，这种对相互关系的探索能加深对话，帮助受教者更好地理解为什么有些行动更有意义、有价值。

解构性指人们的"现实"并不是客观存在的，而是在特殊的关系和情境中构建出来的；这些现实可以被解构，可以被重新整理，也可以被重构。解构性概念来源于结构文学理论中的解构主义，代表人物有法国解构主义大师雅克·德里达（Jacques Derrida）等人，他们提倡对文本结构的多重维度的解读，认为故事内在的现实也是多重的。

在叙事教练对话中，教练者会邀请受教者重新讲述故事，试图寻找一种对过去面对的挑战、挫折、痛苦的新的解读方式。故事人物的新的方面、变化的焦点或崭新的强调部分都可能改变故事线索，从而鼓励讲述者形成一个和原来的故事不同的新故事。叙事的解构性特征能够帮助故事讲述者挖掘自己一贯接受的事实或行为，用不同往常的视角去理解它们，让熟悉之物变得新奇、陌生起来，探索新的思考和生活方式，目的是创作一个崭新的、有益的故事。

叙事教练是教练心理学领域比较新的一个流派，早期研究文献尚停留在理论探索和个案研究阶段。目前已经有越来越多的教练心理学学者以心理科学的方式研究叙事教练，这也许是因为随着时代的变迁和社会文化的变革，人们的价值观、信念、意义建构和身份认同感都在不断变化和流动，人的心理世界的复杂属性要求我们以一种不同于逻辑—科学模式的理解方式去探究，去发掘，去深入地理解，而不仅仅是证实。叙事—合作教练在叙事教练的基础上推进了一步，强调教练者和受教者是故事的共同构建者，他们互为讲述者和倾听者。

叙事教练和叙事—合作教练的核心工作

叙事教练和叙事—合作教练的兴起建立在人们对社会文化的一系列变化的意识之上。从 20 世纪 80 年代开始，我们的社会经历了根本性的、剧烈的变革，这些改变对我们的私人生活和职业生涯都产生巨大的冲击，我们开始挑战一些过去认为理所当然的事物。更重要的是，我们对如何获得知识、如何建构自我和身份认同感、如何理解我们的生活有了不同的想法和视角。许多社会学家和心理学家用多种研究途径了解社会文化变革对人们的影响，教练心理学家从中汲取精华，将当代社会个体所面临的挑战中蕴含的心理学原理融入教练实践。叙事教练和叙事—合作教练心理学的核心工作就是帮助受教者更好地理解社会文化的变革、对价值观的反思和意义建构，以及树立身份认同感。

　　叙事教练和叙事—合作教练认为，人们生活在一个全球世界（a world of globality）里，这个世界在概念上不同于我们所说的全球化（globalization），它更贴近于德国著名的社会学家乌尔里希·贝克（Ulrich Beck）的描述：全球世界中任何边界都是假想出来的，没有一个国家、组织或个体能够完全将自己分离出去。环境变化、移民、大众媒体等都是全球世界如何影响每一个工作场所、每一个家庭的极佳例证。全球世界意味着所有在这个世界上发生的事情都不是在有局限性的本土发生的，它们可能影响别的地方甚至整个世界，所以本土和世界互相关联，我们必须在"本地—全球化"的轴线上重新组织我们的生活、行为、组织和机构。我们必须以全球世界的视角去看待教练对话中我们所面临的一些挑战。并且，在后现代的社会中，个体面对的社会层面变得丰富而复杂，每一个层面可能都具有自发的发展规律和逻辑。社会情境创建了其文化和组织方式，从而影响其成员采取适当的沟通和行为。然而，就整个社会而言，它已经开始丧失内在一致性，社会系统朝向"超复杂性"（hypercomplex）发展，意味着对其复杂性也有多种观点和解释。因此，对具体的社会情境和个体有一致的或固定不变的理解是不可能的。多种社会层面之间的交互作用和社会多样性也给我们造成了困难：每个人仿佛都在说自己的语言，做自己的事情；即使对同一件事情，也有不同的诠释。

叙事教练和叙事—合作教练的第一个核心工作是帮助在动态变化的全球世界中生存的受教者锻炼同化、适应和协调的能力，培养其接纳多种不同观点的态度。例如，丈夫和妻子对婚姻的态度可能不一致，但他们接纳这些差异，而不是拼命说服对方接受自己的观点，这些差异就不会带来很大的问题。

英国社会学家安东尼·吉登斯（Anthony Giddens）曾指出自反性（self-reflexivity）和自我身份认同感是个体在巨大的社会变革中始终需要进行的人生课题；叙事教练和叙事—合作教练在这个课题上为受教者带来自我反思的工具，它们并不会直接为受教者带来问题的答案，也不会快速修正，而是会提供一个反思的空间，让教练者和受教者充分地思考相关议题。这种深思熟虑的停顿也许能在特定的情境下带来新的契机、观点和行为，有助于受教者在社会文化变革的冲击中重新获得平衡，深刻理解它们对自己的价值观和意义建构可能产生的影响。

叙事教练和叙事—合作教练的第二个核心工作是促进对价值观的反思和建构意义。丹麦学者斯泰尔特提出个体意图倾向（intentional orientation）的三层级模型（图 10-1），其中价值观和意义建构处于最高层级，它们之间有紧密的联系；个体所拥有的价值观会影响个体对所经历事件的理解，而个体对事件意义的不同建构也可能摇撼已有的价值观。中间是个体的动机层级，包括意义构建产生的目的感和价值观对动机的影响，这两者也是相互关联的。第三层级为应用层级，涉及具体的目标和行为的结果。从模型中我们不难看出，如果教练工作仅仅聚焦在应用层级的目标上，或仅仅试图增强行为表现的结果，

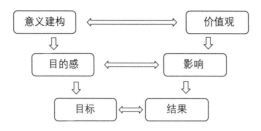

图 10-1 叙事教练和叙事—合作教练的个体意图倾向三级模型

就意味着我们只针对具体情境下的具体任务（即第一时代的教练心理学），仍然停留在最初级的层级，教练者和受教者的视角可能有局限性，也无法对更高的层级有洞悉或领悟。

我们首先看一下对价值观的反思。价值观是我们自身不可或缺的一部分，它是我们进入身份图景的入口。在当代社会，充斥着各种各样的社会与组织的价值观，教练者必须鼓励受教者反思自己的价值观，帮助他们在私人和职业生活中找到基本立足点。

有一些价值观可能不是永恒不变或被大众普遍认同的，而是在本土社区或工作场所中发生的具体的行为和事件中产生的。为了帮助增强沟通、领导力、个人和社会的理解力等，教练者需要聚焦在这些本土的目标和行为背后的关键价值观上。将价值观视为教练对话的核心反映了"元教练"（meta-coaching）的概念，也就是对教练的教练。它是一种哲学性教练导向，转向生活的核心，专门聚焦于对价值观的反思，而不是聚焦于现在和未来的行为模式。在这个过程中，教练者和受教者的对话倾向于对称（symmetrical），即双方同等地投入对话中，双方需要通过对话关注同一个事件的不同意识层面，去创建反思性空间和理解的时刻。在其他教练方式中，双方的对话可能是不对称的。例如，在认知行为教练中，教练者可能成为主导者；在积极心理学教练中，受教者需要更多地投入对优势的探索。而叙事教练，尤其是叙事—合作教练，强调双方的对称性：教练者和受教者都对要探索的特定价值观感兴趣，都有自己的理解和观点需要交流，能够同等地投入对话中。叙事教练和叙事—合作教练的对话基础是双方一起参与其中，反思一些基本的价值观，例如责任感、自由、合作、正直、爱；教练者和受教者暂时放开生活中的实证部分，努力了解对这些价值观的共同理解是什么。用斯泰尔特和剑桥教练心理学中心创始人罗何忠（Ho Chung Law）的话来说，教练者和受教者的价值观形成共鸣，他们成为"人类同伴"（fellow human）。价值观是我们的知识和实践智慧的向导，它帮助我们建立自己的有意图的、渴望的行为方式。开展对价值观的讲述，紧跟着倾听者的回应和共同反思，这对叙述者进入身份图景而言是非常重要的；身份图景继而刺激行动图景的发展，以及推进受教者的胜任感和自我效能感。

叙事教练和叙事—合作教练还为双方提供了构建意义的机会。意义建构是推动教练对话的主要途径之一（Stelter，2007），因为人们把具体的价值观归于我们的经验、行为、和他人的互动，以及我们的生活和工作。在意义建构的过程中，个体将过去、现在的体验和对未来的想法全盘地融合在一起，意义衍生于我们感觉、思考、行动、反思和言语之间的互动。意义建构也是个体和社会文化过程的融合，包括两种意义，即个人意义和社会意义。个人意义的形成来自个体在生活的各种场景中所具备的真实的体验和内隐知识（implicit knowledge）；个体知道或感觉得到自己行为的意义，但可能很少反思那些指导行为的实践智慧和内隐知识。社会意义的塑造来源于描述个体和团体生活实践的社会协商（social negotiation）和叙事。从社会建构论的角度，社会现实（social reality）并不来自拥有某些特质的个体，而是来自特定社会情境中所有成员的关系、对话和协商。语言是构建社会现实和社会意义的重要工具：我们如何描述社会，决定了我们如何创建社会现实。在教练过程中，教练者需要特别注意受教者以及自己如何使用语言，语言的改变可能帮助受教者改进或形成新的故事，从而改变行为。总而言之，意义建构融合了个人意义和社会意义两个方面，它们可以在分析层面上区分开，而在真实的教练对话中，它们必须交融，流入同一个反思性空间。

叙事教练和叙事—合作教练的第三个核心工作是建立自我概念和身份认同感。在后现代社会中，人们时常扪心自问"我是谁"，自我概念和身份认同感的建立已经成为一个核心的心理学议题。著名的后现代社会建构论学者肯尼斯·格根（Kenneth Gergen）声称，人们在当代社会生活中需要对个体有新的理解，他形容每一位后现代的个体都是"不停歇的流浪者"（a restless nomad）；后现代的自我淹没在无数的可能性、无数的选择、无数的思考、无数的行动模式中，对应该做什么和应该如何与他人联结迷失方向，自我时常处于"实验状态"（experimental state）：不断地自我澄清、自我管理、自我监控、构建意义、自我怀疑，在社会情境中试错以及修正。在这种不确定的、模棱两可的状态中，身份认同感也经受着不间断的挑战和摇撼。

叙事教练和叙事—合作教练试图帮助个体在具体的社会情境下铺垫价值观和意义的土壤，以建构个人意义，并通过合作叙事和建立教练关系建构社会意义。于是，叙事本身变成一种"制作身份认同感"（the doing of identity）的过程（Kraus，2006）。教练者巧妙询问、倾听和引导能够帮助受教者接触到深层自我，触摸到那些隐性的、具身的、默会的（tacit）关于自我的知识。通过形成新的更有益的故事，受教者一方面发展自我了解、自我觉察、价值观、意图和目标感，另一方面发展关于行动的准备状态和可能性的默会知识，两者结合且构成受教者自我概念的核心，在社会情境中创造出适宜的、较为稳定的、真实的身份认同感。当然，这个过程充满了挑战，尤其是对教练者和受教者有技巧、精确、传神地描述其体验的能力要求极高。

共同创造的艺术：实践指导方针

叙事教练是一种共同创造的艺术，叙事—合作教练则是在共同创造的基础之上，更强调教练者和受教者对讲述新故事的同等贡献。在这样的一种教练过程中，对话没有固定的框架或结构，也没有所谓必须要解决的问题；所有的沟通、对话和交流都根据每一个当下的时刻，基于双方的理解、叙述的深度以及教练者的专业敏感性，自然而然地流动着。虽然听上去叙事教练和叙事—合作教练仿佛没有剧本和彩排的临场发挥，但实际上还是有一些公认的指导原则和方针的，为有兴趣采用叙事方式的教练者提供参考。

其一，教练者和受教者为对话同伴，每一位参与者都需要为意义建构和知识创造作出贡献。在前两个时代的教练流派中，教练者可能提问比较多，带着同理心倾听受教者的回答，并将这些回答再次反映给受教者。在叙事教练和叙事—合作教练中，教练者和受教者可以自由地向对方提问并讲述自己的理解，去自我暴露，交流观点和体会。

受教者可以向教练者提问和挑战，思考教练者的回答如何促进自己对议题的深入思索。在适当的时候，受教者也可以邀请教练者分享自己的经验和故事，从中汲取灵感，在教练者的引导下建立新的故事。

其二，教练者和受教者都有灵活的态度，乐意改变，允许自己修正原先的观点和视角，能够相互学习，相互促进，共同发展。叙事教练和叙事—合作教练中的双方对议题的理解、自我概念和自我身份认同感都受到由对话建立起来的社会现实的影响，不断地变化和重塑。双方需要打造一条允许对方的不同观点和意见互换的通道，充分接纳彼此的差异，在关键时刻灵活调整自己的视角，改进自己的叙事。

其三，细心地关注他人和关注差异，这些将丰富自身的成长和学习。在所有人都采取一致想法、一致态度、一致行为的社会，个体无法体会到与他人的认知冲突，也就无法发展和学习，无法创造自己独特的叙事，这样的社会实际上是不存在的。在叙事教练和叙事—合作教练中，双方本质上是不同的人，如同两片不同的叶子，从差异中可以提取滋养自身进步的元素。这需要双方暂时跳出自我的界限，将注意力放在他人及其与自身的不同上，然后回归对自我的发掘和发展。

其四，认可、赞赏和珍视对方为教练对话和故事建构作出的贡献。叙事教练和叙事—合作教练始终是一个共同创造的过程，每一位参与者在知识、情感、经验分享等方面的投入都值得嘉许，双方试图推进对话的每一步努力都值得认可。更重要的是，双方在对话中的全然在场需要被看到。教练者可以使用鼓励、激励、赞许等方式，让受教者更多地投入故事的建构。

其五，慷慨、诚恳且充分地倾听是互相探究和共同建构的核心。双方需要带着接纳、理解和同理心去倾听对方的故事以及任何带入教练对话的信息，真诚地认可这些叙述对于叙述者本人是真实而有效的。充满好奇、兴趣以及偶尔显得"天真"的发问能够帮助双方发展具有生成性的对话。这里的"天真"并不是指向对方提出幼稚、冲动的疑问，而是指不带任何预设、判断、假定前提的态度，类似我们在上一章提到的正念教练的初心。

其六，灵活采用转述（paraphrasing）、重述（restating）、诠释（interpreting）等教练技术。与其他教练流派类似，叙事教练和叙事—合作教练要求教练者具备基本的教练沟通技能，掌握对话技巧，将受教者的叙述性话语和反思性话语用自己的方式反映出来。叙事—合作教练较为特殊的地方在于，教练者对受教者话语的反映可以伴随对某些具体反思的相关评论，例如："当你说到这个事情的时候，它让我想到……""你的反思让我有所感触，我想到……"相关评论是教练者的描述性评论，也是观点分享的平台，不带有私人情绪和判断的色彩。

其七，有技巧地使用不同的提问方式，帮助受教者转换观点和视角。这些提问可以是开放式的，也可以是带有一些特定选项的半封闭式的，关键是何时何地使用何种问题能够更好地帮助受教者采取第三者的视角看待原有的经验和故事，换一种角度构建新的故事。

其八，邀请受教者使用比喻，以具身或隐喻的方式展开感官上的反思，由此扩展到感受、思维和行动层面。叙事教练和叙事—合作教练看重语言的力量，人们通过语言讲述、领会、重塑故事。当某些体验和经历难以用语言描述或受教者不擅于口述的时候，使用一系列形象的比喻或用物品来代替人物设立故事场景是十分有效的方法。此外，使用比喻还能增添讲述故事的乐趣，在叙事中熟练使用比喻也能体现教练者自身的职业能力。

其九，联结行动图景和意识图景（或身份图景）。受教者的行动图景包括他们对目标感的视角、意图、具体目的、行动、计划等，意识图景包括他们的价值观、对身份认同感的聚焦、灵感、动机、梦想、希望等。我们可以将这两种图景看成一幅画的两面，它们不可分割和拆离，但人们如果盯着一面太久，可能会忘记背后的图画同样重要。有效的联结方式是，当受教者谈论行动图景时，教练者需要调动他们对意识图景和身份图景的意识，把这些元素纳入；当受教者聚焦在意识图景上时，教练者需要提醒他们要通过什么样的行为和改变来反映意识图景。

其十，联结受教者具体的价值观和对他们而言重要的人，以此增加故事的丰富感和复杂感。在情节单薄且相关人物特征不突出的故事中，受教者难以开拓新的视角来书写新的故事。教练者可以通过帮助受教者深入挖掘价值观和构建意义，以及对构建关键体验事件及人物的支架（scaffolding），来丰富受教者的视角。例如，教练者可以问受教者："在这段经历里，谁对你产生了重要的影响？""如果换一个角度看待你和这个人之前的关系，你会怎么看？你们之间又会发生什么？"

其十一，鼓励受教者使用丰富多样的叙事形式。叙事不仅仅存在于口述和故事写作中，还能够以诗歌、短文、戏剧、摄影、绘画、雕塑等人工制品的形式表现出来。受教者能够在自由、安全的对话空间内解构和重构自我故事，这种创造性体验本身就能够带给人胜任感和力量感。

其十二，局外者的见证过程（outsider witness procedure）在叙

事教练和叙事—合作教练中占据核心位置。尤其是在团体教练中，除了故事的讲述者和倾听者以外，局外者可以在教练者的指导下，采用以下步骤对叙事过程进行观察与反思：（1）辨认出讲述者的某些关键表述、关键词，并强调为什么这些语言抓住了局外者的注意力，这些语言如何表达或揭露了讲述者的意图、价值观、态度、渴望、希望、梦想、承诺等。（2）想象自己在讲述者的位置上，对讲述者的整个生活图景有什么理解；脑海中出现了关于讲述者的什么画面；如何理解讲述者的身份认同以及他和周围人的关系。（3）将讲述者使用的语言和所表达的与自己的生活联系起来，看看那些词语、短语和自我现实是否与自己产生共鸣；听故事的时候，自己的价值观、态度、意图等是否受到冲击和影响；讲述者的故事中有没有什么元素对自己思考人生、职业发展、私人生活来说很重要；如果有，为什么这些元素很重要？（4）描述自己对叙事的反应，例如：是否被某些表述或整个故事打动，有什么感慨；这个故事使自己对自身经验产生什么不一样的看法和体会；自己观察到自身的什么变化。在一对一的教练对话中，教练者可以同时扮演局外者，将这些反思作为对话伴侣相互交互的信息的一部分，如此一来，教练者和受教者的关系也将变得基本平衡与对称。

叙事教练与叙事—合作教练采取非诊断、不贴标签、旨在理解的方式，聚焦于受教者对良好的意图、价值观以及未来可能性的发掘；通过对受教者故事的挖掘、解构和重构，帮助受教者发展身份认同感，推动受教者的成长和改变。同时，对于故事的倾听者，不论是教练者还是团体教练中的其他成员，都能够借此联系自身的生活情境和体验，发展自身的身份认同感。叙事的方式也能够和其他教练理论和方式相结合，例如和以精神动力为基础的依恋理论结合，从不同的故事角度描述受教者早期与主要监护人之间的互动和沟通，以及这些如何影响受教者之后的认知、情感和社会发展（Drake，2009）。目前叙事教练和叙事—合作教练在丹麦、澳大利亚、英国和南非等国的学界均有一定影响，我衷心希望它们能在中国这片最擅长讲故事的土地上发挥巨大作用和影响力。

第十一章　整合性教练

本章导读

- 整合性教练将两个或两个以上教练方式有机结合并运用到同一种教练干预方式或教练模型中，以达到更好的教练效果。它充分考虑每一位受教者的需求、情况和目标、个体差异、所处的情境等因素，提供个性化教练方案。

- 选用不同理论取向的教练模型或工具时需要注意两点：以过程为导向；不同取向教练干预的顺序安排。

- 整合性高管教练涵盖六个工作流：建立教练伙伴关系、维持教练伙伴关系、行为教练、有意识认知教练、无意识认知教练和系统教练。

- 整合性健康教练是一个系统合作的、以解决健康问题为重点的过程，培养受教者健康的行为习惯，以提升受教者的生活体验和生活质量。

　　前面几章介绍了不同心理学流派的教练取向，然而，在任何情况下都采用单一的教练方法，可能会限制教练促进改变的能力；教练过程的开展并非处于真空中，而是伴随着各种情境因素和不可完全操纵的变量，例如受教者的生活习惯、个人特质、所处组织的特征等。因此，教练者需要使用更灵活、更具有适应性的方法，与受教者形成工

作联盟并共同达成目标。

何谓整合性教练

随着教练的发展，单一取向的教练模型已不能满足受教者的需要，越来越多的教练者开始尝试将两种或两种以上的教练取向运用到同一个教练模型当中，更全面地考虑个体的需求与组织环境对教练结果的影响，这就是整合性教练（integrative coaching）的初衷（Passmore，2010）。

整合性教练承认大多数受教者都是截然不同的个体，例如有些人更胜任工作，有些人更擅长建立人际联结；有些人需要发展某些技能，有些人则需要摆脱一些已经形成的习惯。在绝大多数教练案例中，个体之间的差异包括行为方面的差异，在整合性教练中加入行为主义的元素就能够促进受教者达成他们的行为目标。然而，受教者往往希望从教练中获得更多，他们意识到有些无效、负面的思维方式会阻碍成功，此时强调思维方式或思考风格，特别是聚焦于发展更理性、正面的思考，就能够满足受教者的认知要求，于是认知行为教练产生了。我们更进一步思考：整合行为和认知就足够了吗？对有经验的教练者而言，认知行为教练也许仍然不能很好地满足受教者的需求以及他们本身的教练工作。为了更好地达到教练效果，教练者往往需要考虑无意识层面的教练工作，涉及深层的动机、没有意识到的思维和信念、自动化的行为模式等。整合性教练也认可无意识层面的因素，并试图通过精神动力学或动机性访谈的方式，将它们整合在一起。

与单一取向的教练相比，整合性教练是否有更好的效果呢？我和伦敦大学伯贝克学院的学者们在 2021 年发表了一篇元分析论文，系统地梳理了工业组织环境中的教练以及教练心理学的实证研究，纳入 20 篇采用随机对照实验设计的研究论文，明确了企业教练效果的重要指标，包括情感结果（affective outcomes）、认知结果（cognitive outcomes，包括一般自我效能感和工作目标达成情况）、基于技能和工作表现的结果（skill-based/performance outcomes，包括自评表现和他评表现）、工作场所的心理健康（workplace psychological well-being）这四种指标。此外，元分析研究整理出五种普遍受到心理科学影响的教练方式，即认知行为教练、GROW 模型、积极心理学教练、焦点解决教练、整合性教练。其中，整合性教练具有不同的整合方式，有的整合了焦点解决教练和积极心理学教练，有的整合了认知行为教练和焦点解决教练，有的整合了更多教练方式。元分析结果发现，采用整合性教练的方法，其效应量（$g = 0.71$）高于采用单一教练取向的方法（$g = 0.45$），但二者之间的差异在统计意义上并不显著（$p < 0.05$）。不过，采用整合性教练的实证研究仅有 6 个，采取单一教练取向的实证研究有 14 个，它们的被试量分别为 233 位和 724 位，研究数量和样本量之间的差异会影响两者效应量的比较。基于以上研究结果，我们可以暂时得出以下结论：更全面的教练取向可能有助于面对教练过程的复杂性，更准确地捕捉受教者及其所处组织的全貌（Shoukry & Cox，2018；Wang et al.，2021）。虽然研究者并不认为整合性教练一定适用于所有教练者，但是充分考虑教练过程中的个体差异和组织复杂性，整合不同心理学流派的教练方法，可能对于

实现预期结果有较大作用。

　　整合性教练需要结合受教者的情况和当前目标，从一系列基于证据的教练方法中选取最适合的教练方法，并将它们协调组织在一起（Passmore，2016）。从这个角度来说，任意两个或两个以上的教练方式都可以有机地结合在一起，但我们在选用不同理论取向的教练模型或工具时需要注意两点：

　　其一，以过程为导向。在使用整合性教练框架时，我们要关注教练的过程以及受教者的个体差异与社会复杂性如何影响这个过程。例如，在针对一位患有注意力缺陷／多动障碍的女性的 8 周健康教练模型中（Ahmann et al.，2020），教练者的目的是更好地促进受教者对注意力和执行功能的管理，灵活使用四种方法：使用动机式访谈，以增加受教者改变的内部动机；积极倾听，以增强受教者的自我意识；采用 SMART 目标，以协助目标的设定、自我监控和目标的实现；采用正念练习，以减少压力，促进健康。在这个整合性教练模型中，教练者借鉴了行为主义、人本主义、存在主义和正念等教练心理学取向的方法，从认知、动机、人际技能、行为、自我觉察等方面为受教者提供帮助。

　　其二，同时选用多种不同取向的教练工具或教练模型时，要注意教练顺序的安排。在整合性教练中，不同的教练取向应当相互协作，相互融合，而非相对独立；每一个教练模型或工具有独特的作用，但它们需要在整体上共同促进受教者达成目标。不同心理学流派的教练方式对受教者的挑战和适应性要求不太一样，这就需要教练者思考如何巧妙地安排教练环节，让受教者能够循序渐进地学习、发展和深化前一个环节的教练内容。例如，在学习心理品质教练模型中（详见第十六章），我们整合了积极心理学教练、叙事教练和正念教练，旨在促进受教者的积极学习心理品质。积极心理学教练涉及一系列明确的促进受教者对优势的自我认知和提升积极情绪的工具，它们能够较高效地让受教者投入教练关系；正念教练涉及带有指导语的正念练习环节，从较简单的呼吸正念开始，到比较复杂的身体扫描、行禅、慈心冥想；叙事教练包括几种探索学习者身份认同和合作叙事的活动，需要较深刻的反思能力和合作能力。因此，活动顺序是在前1—2周进行积极心理学教练并巩固教练关系，将叙事教练安排在后面，并在每一次教练的前后穿插循序渐进的正念练习。

接下来我们将介绍企业教练和健康教练这两个领域中的整合性教练方法，以帮助读者更好地了解整合性教练的应用。

整合性高管教练模型

企业和组织环境中的教练实践主要是高管教练（Passmore，2016；Grant et al.，2009；Ladegard & Gjerde，2014）。帕斯莫于2010年提出一种从建立工作联盟开始到整合人本主义教练、认知教练、行为教练和动机式访谈教练的高管教练模型。此模型由六个工作流（streams）组成（图11-1），前两个工作流的主要目的是建立与维持教练者和受教者的教练伙伴关系；第三个工作流采取行为教练的方法，聚焦于受教者的外显的、可观察的行为和工作表现；第四个工作流采取认知教练的方法，针对受教者的有意识的认知；第五个工作流依然采取认知教练的方法，针对受教者的无意识的认知；第六个工作

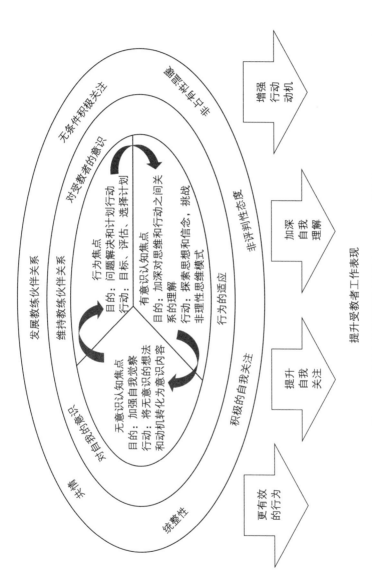

图 11-1　整合性高管教练模型（改编自 Passmore，2010）

流则采用系统性教练，综合考虑受教者和教练者所处的环境和文化情境对双方的行为和认知的影响。让我们具体看一下这六个工作流是如何环环相扣、层层递进地推进的。

六个工作流

工作流 1 和工作流 2：建立与维持教练伙伴关系

我们已经反复强调建立教练者和受教者的工作联盟的重要性。教练者需要与受教者建立密切的、有确认意义的工作关系，做到相互信任和尊重。一旦双方成功建立最初良好的伙伴关系，后面就可以少费一些精力，当然，我们不能够停止维持这种伙伴关系的努力。

第一次和第二次的教练会面非常关键。受教者会评估教练者：我信任这位教练者吗？我喜欢对方吗？我重视这次教练会面吗？我觉得教练者带给我的东西有价值吗？这些评估可能出自受教者有意识的思考，也有可能依赖受教者的直觉。如果受教者得出肯定的评价，就可以继续推进教练。然而，如果受教者的最初评价是负面的，他们就不太可能透露很多关于自己的信息，表现出更少的改变意愿或干脆结束教练关系。

人本主义教练（详见第四章）在这两个工作流中发挥了重要作用。人本主义大师罗杰斯 1961 年提出的非常经典的六种咨询条件能够为建立教练伙伴关系提供重要参考，包括：

其一，积极自我关注。教练者相信自己能够与受教者一起开展建设性工作，这可能和沟通分析中"我好，你也好"（I'm OK, you're OK）模式中的"我好"类似，即教练者认为自己是一个有能力帮助受教者且值得合作、有价值的人。

其二，无条件积极关注。教练者接纳受教者作为一个完整的个体而存在，这可能和"我好，你也好"模式中的"你也好"类似；尽管教练者不一定完全认可受教者的价值观，或认同受教者的一切行为，但教练者仍然相信受教者本质上是一个善良、愿意成长的人。

其三，共情。教练者能够充分理解受教者的处境，并明确表达出这份理解（可参见第四章的人本主义教练）。

其四，非评判心态。教练者尽可能不评判受教者，或将自己的评判暂时搁置。如果要对受教者作出评判，那么评判仅限于严重违反社会规则和法律的行为，受教者本人不受到任何评判或被分类。教练者可以对不当或违法行为提出挑战，但不评判或贬低受教者的人格。

其五，统整性。教练者的统整性，或称"自身一致性"，意味着教练者能够做到对自己诚实，能够表达自己的真实感受。例如，如果教练者有些生气，应该能够通过适当的方式表现出来，让受教者知晓，而不是假装自己很高兴。统整性的关键作用是，自我暴露和自我表达对受教者也是有帮助的，它能够揭示教练关系中的某些重要方面，而不是满足教练者自我表达的需求或愿望。

其六，非占有性温暖（non-possessive warmth）。教练者将受教者视为有能力、知道如何解决自己问题的人；教练者的角色是向导，而不是家长或老师。教练者要帮助受教者沿着自己的道路前进，直到他们自己发现解决问题的办法。非占有性温暖意味着教练者陪伴受教者，为教练关系持续投入，但不对受教者的行为负责。受教者最终是否成功（是否达成教练目标）主要取决于他们自身，教练者既非"超级英雄"，也非"背锅坏人"。

　　当双方建立良好的教练伙伴关系，教练者的任务就改为维持这种关系，也就是转向第二个工作流。教练者需要特别留意三个方面：自身的情绪和行为；受教者的情绪和行为；适当调整自己的行为反应，尽可能在提供专业支持的同时保持超然态度。以上这些方面也是情商（emotional intelligence）的重要组成（Caruso & Salovey，2004；Stein & Book，2000）。此外，我们也许需要考虑精神分析流派中的移情和反移情的问题，尤其是高管教练会涉及权力平衡和政治角色（想象一下，一位年轻的女性教练者面对一位年长的白人男性高管，会发生什么？），会对教练伙伴关系造成微妙却不可忽视的影响。

工作流 3：行为教练——行为焦点

　　受教者行为的塑造和发展离不开行为主义。第三个工作流是教练者和受教者开展行为教练。不论教练者本人倾向于何种理论取向，在这个阶段，教练工作的焦点转移到受教者外部的行为以及这些行为如何发展上。持行为主义观点的管理学研究认为，只要给予适当的刺激，包括与工作表现相关的薪资、绩效管理、目标设定和使用胜任力模型等，行为就能改变。行为教练整合了社会认知理论中的自我效能感概念，即个体对自己提升绩效和实现目标的自我知觉。研究表明，自我效能感和较高的工作绩效有很强的相关关系（Gist & Mitchell，1992；Locke & Latham，1990）。

　　除自我效能感之外，另一个与行为教练息息相关的因素是目标。目标能够衡量行为产出以及提供奖励等正强化，最有影响力的目标模型之一就是 GROW 模型（详见第十二章）。在这个过程中，教练者和受教者围绕当前的议题，明确目标，探索现实情况，共同商议可行的方案并明确行动的计划。同时，教练者也可以考虑采用较复杂的行为教练技术，例如合同化。行为主义的取向在建立早期的教练关系之后具有独特的价值，大约有一半的教练技术干预发生在行为教练的工作流阶段（Passmore，2010）。但使用单一的教练方法仍然有局限性，有经验的教练者往往会进入下一个工作流。

工作流 4：认知教练——有意识认知焦点

在这个工作流中，教练者一般会采用认知行为技术（Beck，1991；Ellis，1998），并让这些技术更贴合教练的本质而非心理咨询（Neenan & Dryden，2001；Peltier，2001）。在整合性教练中，这个部分的认知教练的主要任务是辨认和挑战不合理的信念和想法。教练者首先会探索受教者内心中那些阻碍目标的不合理信念、思维模式以及他们已经采取的行为模式，这些不合理信念和想法通常是受教者对自身当下和将来能力的负面评判，而这些评判未必有事实根据，有时站不住脚，需要教练者引导受教者去驳斥并改变这些先入为主的想法。需要注意的一点是：不合理信念的关键特征不是消极或负面，而是缺乏事实的佐证。教练者应该和受教者共同挑战不合理的思维模式，用事实和证据支持想法，而非将所有消极观念"扭转"为积极、正面的观点。

与其他工作流类似，这个阶段也是一个教练者和受教者都在持续变化的动态、合作性过程：双方都聚焦于解决方案和共同认可的目标，着眼于当下和现时此刻，并通过这个过程赋予受教者将来独立行动和自我教练的潜能，帮助他们成为具有自我延续性（self-sustaining）的学习者，而不是增加受教者对教练者的依赖。

工作流 5：认知教练——无意识认知焦点

对某些人来说，提到无意识认知层面的种种，他们就会立刻想到精神动力学。这是一种较刻意的取向，认为我们的无意识思维会影响日常的行为和生活，与精神动力学相关的因素也许能够帮助教练者关注这些议题。然而，这种初衷也有一定警示作用；精神动力学的技术（例如弗洛伊德流派的精神分析技术）也许在心理咨询或心理治疗方面有效，但它们缺乏与受教者实际工作表现和目标相关的现实效度，尤其是面对企业高管教练这个特殊人群时。此外，精神动力学的技术对教练过程来说过于冗长，焦点较模糊，缺乏明确的绩效目标，因此我们并不赞成在本阶段采用精神动力学取向的方法。

一个较有效的方法是动机性访谈教练技术（详见第七章）。当受教者有了明确的目标（有意识的认知层面），但缺乏改变的动机和承诺，没有意识到自己对改变的抗拒心理（无意识的认知层面）时，教练者和受教者可以考虑采用动机式访谈教练技术。首先，教练者需要认可并理解人们对改变的矛盾心理是改变过程的一个很自然的部分（Miller & Rollnick，2002）；其次，教练者从使用基于认知的提问转向探索受教者未曾意识到的信念和思维模式的提问。教练者可以先帮助受教者辨认他们处在个人改变旅程中的哪一个阶段，询问受教者他们觉得自己已经在多大程度上准备改变（例如使用0—10评分的李克特量表），然后与受教者一起明确改变的理由和深刻的内在动机。在这个工作流中，教练者不会自行提出支持改变的意见或反驳受教者维持现状的理由，而是与受教者合作，帮助受教者挖掘无意识层面的意愿、动机、困惑、矛盾和阻抗，更充分地理解自己改变行为的后果和好处。

工作流 6：系统教练

最后一个工作流是教练者和受教者将达成目标和改变行为置于环境和文化情境之中。教练者可能同时将前面三个工作流带入这个环节，帮助受教者理解他们所在的更广泛的系统，以及这个系统如何影响受教者的行为和包括教练者在内的其他人的行为。教练者可能将受教者所在工作系统中的其他重要他人带入教练会谈，例如受教者的同事、团队成员、供应商或客户组织的成员，也可能包括能够影响受教者工作方式和行为方式的更广泛环境中的个人和组织。在帮助受教者认识和管理这些影响的同时，教练者需要明确自身的影响，因为教练者也是这个更广泛环境的一部分。

整合性高管教练模型的提问工具

在整合性高管教练的过程中，教练者会使用一系列提问作为促进受教者改变的手段。在这个部分，我们介绍 10 个主要提问工具。前 4 个提问基于行为教练（工作流 3），5—7 的提问基于有意识认知焦点（工作流 4），8—10 的提问基于无意识认知焦点和系统教练（工作流 5 和工作流 6）。我们建议教练者根据工作流的顺序来使用这些提问。

第一个提问：你想要达成什么？

这个提问是 GROW 模型中的典型提问之一，目的是帮助受教者明确、清晰地陈述自己的目标。缺乏经验的教练者可能会认同这个最初陈述的内容，然后进入下一个阶段，但他们往往不得不在后期重回这个阶段，针对目标反复提问。具有经验的教练者会充分认同受教者的答案，并深入探索目标的特征和价值，为后续的教练环节节省时间。

第二个提问：现在的情况或现实是什么？

这个提问旨在帮助教练者和受教者收集关于现实情况的信息和证据。受教者离他们的目标有多近或多远？缺乏经验的教练者可能会直接接纳受教者提供的表面证据，我们建议教练者挑战最初的说法，最好引入第三方证据（third-party evidence），如360度问卷、心理测量问卷、评鉴反馈（appraisal feedback），帮助受教者对现实情况作全面了解和评估，而不仅仅维持单一的角度，不论这个单一角度是受教者本人的还是上司的。

第三个提问：你认为现在有哪些选择？

探索可选的改变方法是所有教练过程中极有价值的一个环节。我们认为受教者对如何解决自己的议题已经有答案了。回顾和考虑选项有两个步骤：首先，受教者需要厘清自己基于什么标准评估选项（例如，这个做法和目标有没有密切的关系？）；其次，生成和评估选项。

第四个提问：你能够总结一下，你打算怎么做吗？什么时候做？

这个提问关乎行为教练工作流中的行动计划，鼓励受教者负起责任，回顾、总结、讨论以及正式声明自己打算做什么。这个提问在教练会面的后期十分有效，即使教练者接下来还会进入有意识认知焦点和无意识认知焦点的阶段。教练者可以让受教者将行动计划记录下来，以周、月、年为时间单位，包括一系列子目标和达成目标的步骤。

第五个提问：你的上司、同事或导师怎么看待目前的状况？

这个提问鼓励受教者从多个视角探索他们目前面临的议题。一个看上去难以克服的困难，从另一个人的视角去审视，也许就能收获更深层的理解或有了解决的灵感。另一种更有趣的提问方式是，让受教者想象他们是非常著名的管理大师，询问受教者如何解决这个问题。例如："想象一下，如果你是亚马逊的老总贝佐斯，你会如何看待这个问题？贝佐斯可能会做些什么以解决这个问题？"这种提问方式一开始会启动受教者的想象力，但教练者需要聚焦到受教者的回答上，确认他们的确从不同角度思考议题，并提供具体回应。

第六个提问：请你闭上眼睛想象一下，如果所有事情都非常顺利，会是什么样的情境？

这种视觉化技术让受教者关注达成目标的意象，要探索他们能够从理想图景中看到什么，并使用追踪问题询问他们在理想图景中正在做什么，有什么感受。这种大脑演练的方式在运动教练领域非常有效，它不仅能够增强自信心，还能在大脑中产生相应的神经元联结，对后续的肌肉运动和表现产生积极影响。我们可以将这个技术运用在高管教练中。

第七个提问：你能够总结一下，在我们下次教练会面之前，你有哪些任务需要做吗？

我们已经多次提及总结性任务，它可以发生在每一次教练会面结束时，也可以发生在教练者为受教者布置作业的时候。总结性任务提供了一种沉浸式学习的机会：受教者逐渐暴露于有挑战性的行为中，体验他们改变行为产生的暂时效果，再将反思带入下一次教练会面，与教练者一起探讨。教练者还可以提出几个追踪问题，例如："什么能够帮助你做到这些？""什么会阻碍你做到这些？""你可以做些什么去跨过这些障碍？"这些提问都会帮助受教者充分考虑现实世界中会相互竞争优先级的事情，也能使其作准备去说服利益相关者。

第八个提问：能不能告诉我一个你曾经有类似感觉的时刻？

这个提问对觉察模式很有意义。在提出这个问题之前，教练者已经鼓励受教者陈述当下的议题或困难，尤其是他们体验到的当下的感觉，可以是情绪的或具身的感受。让受教者捕捉这些身体感觉，回忆类似事件带来的身体感觉，辨认觉察模式并进入这些身体感觉，有助于受教者体察无意识层面的认知。

第九个提问：你这样做会怎样影响其他人，例如你的伴侣或家人？

这个提问源自动机性访谈教练的平衡表技术，可以帮助受教者思考他们行为的益处和代价分别是什么，对周围人有什么影响。受教者通常会低估自己的改变对他人的影响，在作决策的时候忘记人际系统方面的因素。教练者提出这个问题会帮助受教者全面思考，尤其是行动代价对系统中受影响的每一方来说是否可以抵消。

第十个提问：用0—10打分，10分表示你已经完全作好准备去改变，0分表示你对改变毫无兴趣。你觉得你在多大程度上准备改变？

这个提问源自动机性访谈教练和焦点解决教练的定标（scaling）技术，即给出线索以了解受教者究竟在多大程度上愿意改变行为：他们是否有足够强的意愿去行动？他们是否需要更大的驱动力？他们是否需要探索更多的行动的益处？如果受教者给出低于8分的回应，教练者需要花时间去激发受教者真正的内部动机，否则任何行为改变教练工具的使用都会是浪费精力。

整合性高管教练模型的有效性

整合性高管教练是否有效？

一项准实验研究邀请以色列四家公司的员工和主管作为被试，比较整合性高管教练组和控制组在组织绩效和个人情况方面存在的差异。参与教练的每位被试都会和教练者共同经历一个完整的行为改变的过程：从评估和确定问题开始，然后是反馈、设定目标、行动计划和后续教练课程，教练干预一共进行 10—12 次，每次 60—90 分钟。研究发现，整合性高管教练能够显著提高受教者的职业满意度以及自我报告和主管报告的绩效表现（Bozer & Sarros，2012）。

金融衰退期的一项研究检验了整合性高管教练对提高管理人员的绩效和抵御压力的能力的有效性。研究被试为意大利一家跨国银行集团的 59 位中高层管理人员。教练干预包括一场 5 小时的研讨会，其重点是管理绩效发展、管理教练和自我调节；还包括通过 ABCDE 教练模型（详见第十三章）实施的行动计划和自我监控。研讨会讨论的主题为绩效管理和发展策略（例如有效的沟通和反馈）、情绪困扰的影响，以及发展个人和团队绩效的自我调节策略。经理们通过互动角色扮演来学习并练习理性的策略，用于调节无益的情绪和行为。在研讨会结束后的 6 个月内，研究人员通过电话对这些管理人员进行一对一的整合性高管教练，帮助管理人员提升关键领导力和技能。每位管理人员还需要定期填写表格，用理性陈述的方式对管理自身困境进行自我监控，并制定通过目标管理来提高自身绩效的行动计划。研究发现，整合性高管教练能够有效地帮助管理人员提高绩效，减少工作中的痛苦和抑郁情绪；追踪研究发现，教练中非理性信念的改变发挥了重要作用（David et al.，2016）。

另有研究融合了认知行为教练、焦点解决教练和 GROW 模型，将这种整合性高管教练模型分别应用于公共卫生高管（Grant et al.，2009）和高中教师群体（Grant et al.，2010）中。在高管群体中，参与了整合性高管教练的人群与对照组相比，增强了工作场所的幸福感和心理弹性，降低了抑郁和压力的水平，也更易实现目标。此外，高管们还表示，教练有助于提高他们的自信心和个人洞察力，培养管理技能并应对组织变革。在教师群体中的研究发现与此类似，与对照组相比，参与整合性教练的教师报告了较少的攻击性/防御性和被动/防御性领导风格。有研究者整合了焦点解决教练和积极心理学教练的方法，对企业领导进行 6 个月的整合性教练，结果发现，参与教练的领导显著增强了领导者角色效能（leader role-efficacy）和对下属的信任（Ladegard & Gjerde，2014）。

整合性高管教练的有效性得到了较充分的验证，其应用越来越广泛和灵活。

整合性健康教练

整合性教练在健康和保健领域被称为整合性健康教练（integrative health coaching）。它是一个以解决健康问题为重点的系统过程，有助于提高受教者（或称患者、客户）的生活体验，并实现其健康方面的目标（Simmons & Wolever，2013）。基本观点是，当个人价值观和目标感相互关联时，个体的健康行为的变化是可持续的

（Caldwell et al.，2013）。这一观点与以患者为中心的概念一致，即行为的改变最终由患者自己推进。整合性健康教练的特殊之处在于：某个具体的健康目标的实现是次要结果，主要目标是帮助受教者改善不良的、旧的生活习惯，以一种适合自己的、可持续的生活方式改善健康状态（Caldwell et al.，2013；Wolever & Dreusicke，2016）。

不同于医学模式对疾病症状和并发症的关注，整合性健康教练运用整体方法来优化个体的心理、身体状态和社会福祉。整合性健康教练的从业者虽然拥有丰富的健康知识储备和一些医疗资源，但他们的专业领域不是医学。教练者的专长是帮助受教者增进动力并制定个性化行为改变策略（Caldwell et al.，2013），而不是诊断或治疗疾病。教练者相信受教者自身具有资源来实现他们的健康目标，将受教者视为需要支持、挑战或指导的合作伙伴，但不需要像医学专家一样来解决他们的医疗问题（Wolever et al.，2011）。

在医疗领域，动机性访谈的方法也经常被用来促进患者的行为改变，尤其是改变不良成瘾行为（Simmons & Wolever，2013）。整合性健康教练和动机式访谈教练的相似之处包括：两种方法都有行为改变和内在动机的心理学理论基础；两种方法中的受教者都具有设定具体目标的自主性、主体性，以及如何实现这些目标的赋权感；两种方法都强调教练者和受教者的工作联盟，以及共情和接纳的重要性；两种方法都认为关注和解决矛盾情绪很重要，有必要探索与健康行为相关的认知、态度和信念；两种方法都需要教练者和受教者密切合作，为行为改变制定行动计划和自我监控策略。

整合性健康教练和动机式访谈教练的不同之处可能在于：整合性健康教练是相对长期的综合干预方法，可能延续3—4个月，而动机式访谈教练的设计较为短暂，可能持续 1—2 个疗程；整合性健康教练是一种独立的教练体系，而动机式访谈教练多用于增强受教者行为改变的动机和承诺，后续还需要辅以其他方法，也可以穿插于医患沟通和医疗对话之中；整合性健康教练见证受教者改变的整个过程，而动机式访谈教练记录受教者如何提升行为改变的动机和制定行动计划；整合性健康教练在考虑改变时使用个体统整性健康（whole-person health）模型，考虑受教者的生活背景、生活习惯、性格特点、行为和情绪模式、人际和社会交往模式等各个方面，动机式访谈教练则相对聚焦于某个主要的健康行为问题（Simmons & Wolever，2013）。

　　整合性健康教练通常至少进行 6—8 次，每次 30—40 分钟（Simmons & Wolever，2013；Wolever et al.，2011）。受过培训的教练者（一般培训为 100 小时）通过以下方式支持受教者：明确唤出受教者的内在动机和生活价值感，联结健康目标和个人价值观；增强自主性、积极性、自我效能感、心理弹性和社会环境支持，建立改变能力；在受教者需要的时候传授健康知识，进行健康教育并模拟健康行为技术；强调受教者自身的责任感和学习能力，通过改变过程中最具有挑战性的阶段来实现目标，并增强受教者的学习、掌握和成长能力；强化心理、精神和身体健康的互相依存性。整合性健康教练在受教者的价值观体系中完成对健康议题的了解和生成解决方案；个体的统整性健康模型和可视化技术可以支持受教者产生对于"最好的自己"的愿景。教练者可以借鉴基于优势的教练方法，帮助受教者看到他们自身的积极行为对生活的影响；教练者还能够帮助受教者在社区和保健系统中发展自己的社会支持网络和资源。

具体而言，整合性健康教练包含以下几个主要环节：

其一，教练者和受教者关系的建立和维持。在探讨受教者的健康状况之前，教练者首先和受教者发展融洽的支持性关系，建立信任感，为持续对话创造坚实的基础。如果说受教者是自我发现过程中的探索者，教练者就是受教者的一位盟友或知己，一位和受教者共舞的人，帮助受教者将目标和健康愿景联系起来。

其二，受教者充分评估自身的健康状况和潜在的风险行为。在这一环节中，受教者需要从医疗保健提供者处获得当前的健康状况以及健康预测信息。一个可用的整体性自我评估工具是杜克大学整合医学中心的健康之轮（Wheel of Health，图 11-2）。该评估工具以受教

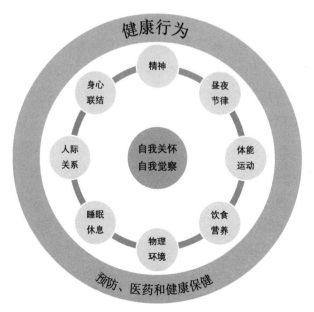

图 11-2　健康之轮（改编自杜克大学整合医疗中心，2010）

者为中心，强调在实现个人健康愿景的过程中对心理、身体和行为的正念觉察，包括自我保健（营养、运动、锻炼和休息）、精神、身心关联、个人和职业发展、人际关系和沟通、物理环境、专业护理（预防性、干预性、补充性和替代性）等。受教者反思他们在健康之轮各个领域中目前所处的位置、希望到达的位置，以及这些位置如何与他们的最佳健康愿景相关联。教练者可以向受教者提问，例如："这个领域的目标如何支持你更大的生活图景？""怎样才能让你的生活更美好？""这如何帮助你实现健康目标？"在这一阶段，非常重要的工作是受教者的自我觉察和自我发现，健康之轮或其他可视化评估工具可以帮助受教者想象一个健康、最佳的自己。如果受教者对自身的健康状况非常了解，也可以不使用这一工具。

其三，受教者明确自身价值观，创造健康愿景，并将其与特定的健康行为联系在一起。整合性健康教练区别于其他健康促进辅导的特点之一是，受教者自我发现过程的深度、广度以及教练者在支持受教者自我发现上所用的时间（Wolever et al.，2011）。在这一环节，教练者的核心任务是帮助受教者明确他们的个人价值观，建立健康的整体愿景，然后将想要改变的行为与价值观联系在一起。教练者可以使用一些动机性访谈的技巧来帮助受教者理清矛盾心理，也可以使用积极倾听、开放式提问等教练技术。例如，教练者倾听受教者描述对自己有深刻意义的事物，用"这似乎对你很重要"此类确认性表达表示对受教者的理解和认同。也可使用开放式提问，例如："如果你减肥成功，你的生活会有什么不同？""如果你成功戒烟了，会发生什么？"然后倾听受教者描述的理想健康愿景，从中挖掘可以实现愿景的途径，为下一个环节做铺垫。

其四，受教者设立健康目标并制定可落实的行动步骤。以受教者本人的价值观、健康愿景为基础，教练者和受教者在这个环节中的主要任务是共同确定一个重点健康领域（即受教者准备最充分、最愿意着手去做、能够解决的领域），设立一个 3—6 个月的目标。这个目标应具备 SMART 特征（详见 GROW 模型章节中的设立目标部分），一次只聚焦于一个具体目标，尽可能避免同时设立两个目标的情况，以免因而带来障碍或矛盾（Simmons & Wolever，2013）。

设定目标之后，教练者帮助受教者制定并实行行动计划以达成目标。教练者可以邀请受教者简要阐述上次教练会面以来所采取的行动和取得的进展，一起对尝试新的行为之后所收获的经验、教训进行结构性思考，例如：哪些行为是有效的？哪些努力促进了行为的改变？自我效能感是如何提高的？哪些行为不怎么有效？环境中有什么样的阻碍因素？如果行动的动机不足，要怎么增强动机？

结构性思考的下一步是讨论面临的障碍以及应对策略。教练者可以将这个部分视为一个实验的过程：受教者尝试解决方案，改变行为，但不一定"试一次就成功"。例如，要减肥的受教者尝试将宵夜的炸薯条换成蔬菜沙拉，这也许是可行的，但也可能对受教者毫无作用。无论这种尝试是否有效，受教者都应该被鼓励去进行各种尝试，逐步找到适合自己的方法。这一步的教练对话进一步支持提高受教者解决问题的能力，将行为改变的实验过程正常化，认可受教者作出的努力和尝试；教练者尤其需要培养受教者尝试新方法来解决问题的创造力和对失败的容忍心态（Simmons & Wolever，2013）。

在讨论障碍和解决方案之后，教练者可以询问受教者从何处获取支持，什么样的支持最可能有用。这一步包括对受教者如何取得进展开展头脑风暴，持续拓展思维方式，进行观点采择，生成更丰富的可替代行动策略，旨在逾越尚存的障碍以及肯定受教者的胜任力。这个教练环节的收尾可能是受教者明确并承诺一个更具体、更有效地向达成目标前进的行动方案（Simmons & Wolever，2013）。

本环节还有一个要点：教练者允许受教者按照自己的节奏推动健康行为进程。如果教练者要求受教者改变他们不愿意改变的不良行为，就可能破坏双方的关系；如果受教者在没有准备好的时候就尝试改变，遇到挫折会难以继续推进下去，挫败感可能更强，从而降低未来再次尝试的可能性（Wolever et al.，2011）。因此，作好充分的改变准备、尊重受教者的节奏是很重要的事。

其五，受教者成功培养新的健康行为。当受教者达成健康行为的目标并拟定可持续的行动计划时，就可以结束整合性健康教练。通常教练者会回访，确认受教者的确实施了新的健康行为计划，持续了一段时间，对改变行为的积极结果作反思，并且有充分的意愿将健康行为延续下去，成为一种健康习惯。健康习惯会增强内在动机，从而产生积极循环，有助于实现自我教练。或者受教者的健康议题转移到另一个重点领域，双方可以重新设置目标、制定行动计划和维持健康行为。

第三部分

教练心理学模型

第十二章　GROW 模型

······ **本章导读** ······
- GROW 模型属于第一时代的教练模型，包括设立目标、认识现实、探索选项、计划实践。它考虑个体具有的潜力而非实际表现，强调进步和成长空间；本质是教练者需要辅助受教者提升觉察及自我觉察和尽责感。
- 常见形式为 TGROW 模型，包括议题和设立目标、认识现实、探索选项、计划实践等渐进的循环步骤。

　　说到教练和教练心理学，有一位人物不得不提，那就是惠特莫。他在商业管理和咨询领域逐渐创建其独特的 GROW 模型，为成千上万的企业、公司等工业组织机构提供服务。由于他在教练领域的杰出贡献，他获得了国际教练盟会（International Coach Federation）颁发的主席奖章。GROW 模型在各个领域都有广泛的应用价值，目前在商业、运动、医疗、健康、教育等领域均有专门的 GROW 教练，为大众提供有效的服务。

　　我认为 GROW 模型是教练者入门的必修课，也是最适合做第一课的模型，因为它定义清晰，步骤简单，几乎能与所有流派的教练心理学方式结合起来，颇具灵活性。我将介绍 GROW 模型的理念及其核心，然后提供具体的操作步骤，并穿插教练提问的案例，为读者展示如何使用此模型。

GROW 模型的理念：关注潜力

GROW 模型的基本立场是：考虑人们具有的潜力，而不仅仅考虑他们的表现；强调人们的进步和成长空间。GROW 模型从本质上来说属于第一时代的教练模型，但与所有急切地推动进步，想要尽快获得成效的培训手段不同的是，GROW 模型重视发掘人的潜力，致力于提高他们自身的表现（Whitmore，2009）。教练的目的是帮助人们学习，而不是教会他们什么东西；相信人们拥有天然的学习能力，但这种能力可能被多余的指导和教育所干扰，所以人们最需要的是滋养、鼓励、引导和适当的辅助。

惠特莫认为，不论是教练者、咨询者、建议者、辅助者、启导者还是教育者，衡量工作的一个重要维度就是，在多大程度上我们相信人的潜力。那种"将某人最好的方面调动起来""发掘你深藏的潜力"的说法，意味着我们必须首先相信在受教者身上有一些东西等待唤醒、释放、表达、发挥。如果我们不相信受教者身上还有很多有待开发的资源和能力，我们就不能将教练进行下去。另外，我们对他人的能力所持有的信任，会对对方的表现产生巨大影响。有无数实证研究可以说明这一点，包括经典的教育心理学案例"皮格马利翁效应"：当教师被研究者故意"错误地"告知，一群看上去资质平平的孩子其实是具有极高天资和潜力的天才，教师就会按照自己对天才学生的理解去设计教案和教学活动，提高对他们的要求，改变与他们的沟通方式，无意识地将期待和信任传达给他们。在后来的考试中，这群学生居然真的取得极佳的成绩——就像真的天才学生应该做到的那样。这种案例在教练领域屡见不鲜，例如在针对企业员工的工作教练中，教练者必须保持一种积极的眼光，看到的是潜力而不仅仅是表现。有时候员工并不了解自己的潜力，他们是通过上司分派下来的任务来确定自己的能力水平的。如果一位员工认为自己潜力有限，他就只会完成能力范围内的任务，给自己建造一个坚硬的保护壳，争取不出错和不丢脸。上司如果认为这位员工确实潜力有限，就会根据他的当前表现分派任务，把更具挑战性的任务分配给经验更丰富、表现更好的员工。如此一来，这位员工的保护壳越来越坚不可摧，自身的发展和改变会受到极大的限制。

要成为真正的 GROW 教练者，必须发自内心地相信个体具有的潜力，认为每个人都有源源不断的资源可供开发，教练者的作用更像一种催化剂，促进受教者所处系统中所含元素的一系列化学反应，更佳的表现和改变是潜力发掘的自然结果。

GROW 教练者还要培养受教者认为自己具有潜力的自我信念。我们通常会认为自己在某种程度上可以比现在做得更好，我们还有很多进步空间，但是我们对自己的潜力真正了解多少？我们如何知道自己是具有潜力的？什么阻碍了我们的潜力发挥？什么有助于我们开发潜力？这类问题的答案五花八门，在许多培训、管理、咨询或自助类书籍中多有提及，甚至有各种"认识你在哪些方面有多大潜力"之类的问卷和测量工具。我在这里想指出的是：关于人们潜力的问题的答案不是命题性的，而是体验性和实践性的。也就是说，我们不能完全依赖分析和反思去看待我们的潜力——它不存在于我们的假设和推理之中，而是来源于我们每一种行动的体验和实践。在体验和实践中，我们对自己的能力有了直观的评估，不断刷新认识，建立对自身潜力的信心，增强自我效能感。GROW 模型有技巧地建立受教者当前状态和理想状态的差距，教练者帮助受教者移除对自身能力认识的局限，给予大量的鼓励、机会、赞许等正向反馈，创造一种空间，让受教者有选择地自由探索、尝试并真正负起责任。

GROW 模型的核心：提升觉察及自我觉察、尽责感

教练活动五花八门，针对并解决能力或技术方面的问题，短时间内提高绩效、成绩或其他工作表现，是能够用一些教练手段和模型去实现的，GROW 模型也不例外，它甚至是企业管理和员工培训领域内用得最广、短期效果最好的模型。然而，GROW 模型拥有的教练哲学和理念容易被节奏快且目标导向的企业所忽视，那就是：教练的本质是教练者辅助受教者提升觉察及自我觉察、尽责感。

GROW 模型的第一个核心是觉察及自我觉察，它来源于人们聚焦注意力，提高其集中度和清晰度。觉察意味着通过看、听、触摸、感觉等方式，注意、观察并理解所有带给我们一定认识和知识的事物。如同我们每个人的视力和听力可能有好有坏，我们的觉察力也有强弱之分。又如同放大镜可以增强我们的视力，觉察力也能够被增强：通过不断地练习聚焦和管理我们的觉察（类似于正念训练），我们能够提升感官意识的清晰度。当然，在工作和生活中，我们不仅仅

需要从感官接收来的信息，还需要收集、容纳、观察、整理、分析所有相关的事实和信息，并作出"什么才是相关信息"的决策（类似于元认知）。觉察的这种能力包括对当下情境作为一个系统的理解，对系统中事物和人的交互作用的理解，还有对系统中人与人之间心理作用的理解。觉察包括对环境、事物、他人的觉察以及自我觉察。简单而言，自我觉察就是个体意识到自己在经历什么，尤其是意识到何时、何地、何事引起了自己的身体、情绪和行为的反应等。

我们以运动方面的觉察为例。在体育运动中，我们的身体感官觉察是发展运动技能最重要的元素；在绝大多数体育教练中，培养对自己身体的感觉和意识是提高运动员技能水平的最有效果的方法。然而，有很多不明白这个原理的教练者仍然采取自上而下、从外部强加的方式，迫使运动员采取他们的技术和策略，这种方法起不到任何效果。运动感官的觉察需要聚焦在每一个当下的身体移动上，如此一来，运动员就能体会到动作的不准确所带来的身体不适感，当动作变得流畅、高效时，身体不适感就会消失，他的运动水平在观众看来就自然而然地提高了。虽然外人看不到引起动作进步的那些觉察，但它们实实在在地在运动员身体内部发生了。

在企业管理、教育等领域中，教师、辅导员、经理等担任教练者角色的人，如果用自上而下、从外部强灌的方式让学生、员工等受教者使用教练者认为有效的技术和策略，可能和上面的体育教练的例子一样，起不到任何效果。我们知道，仅仅是被动地听从，就可能引发对方强烈的阻抗和抵制。如果我们想提升学习和工作表现，我们首先应该从受教者的内部着手：一是帮助受教者把对身体、思维和情感的内隐认知（implicit cognition）都提升到能够清晰意识到、觉察到的层面；二是构建受教者提升自我觉察的能力和信心，建立自信、自我效能感、自我依赖感和尽责感。GROW 模型不仅仅是一种单纯的工具，教练者把它放在那里，让受教者自己去用；它是引导受教者和教练者提升自我觉察、开启持续的自我发掘之门的礼物。另外，鼓励受教者从内部出发提升觉察能力，也反映了教练者赋权和谦虚的职业态度：世上没有一个身体、头脑和灵魂，与另一个身体、头脑和灵魂一模一样；教练者掌握的技术和策略未必就是最适合受教者的；教练者怎么能够告诉受教者如何使用自身的资源去成为一个最好的自己呢？这件事情只有受教者本人才做得到。当然，只有在受教者增强自我觉察力后，才做得到。

　　提升觉察及自我觉察有很多途径，这些途径往往与受教者的任务情境相关。认知心理学中的信息加工模型在处理信息方面有相当多的理论贡献，如果我们将人的各种行为简化成"信息输入——处理信息——信息输出"这三步，意识就可以被定义成高质量、自我生成的相关信息的输入与输出。只有当信息是受教者内部自己生成的，才会更真实、丰富和具有即时效应，受教者才会具有更强的动机。提升觉察和自我觉察相当于在"输入端"做工作，将人们的"信息接收器"，也就是各类感官的觉察力锻炼得更敏锐、准确和精细。例如，在运动教练中，对四肢以及动作的感官觉察更重要；在音乐和美术教练中，听觉和视觉的感官觉察更重要；在雕塑、手工教练中，有形的触觉感官觉察更重要；在与人打交道的沟通教练中，对自身和对方的情绪反应的觉察更重要。这样的例子还有很多，GROW 模型基于某一个具体的情景和议题，努力提升受教者的自我觉察。

　　有趣的是，尽管较高的觉察水平能够促进人们的行为表现，但我们仍然具有将觉察水平下降到"差不多就行了"的调控机制，这是为了控制"输入端"的信息量，让人们的认知资源不会被过度使用，从而确保"输出端"正常工作。当受教者将处理好的信息输出之后，他们会从身体知觉、情绪和行为等内部环境，以及他人的行为、物理工具的使用等外部环境中得到一些反馈。这些反馈信息成为新的输入信息，在原有的输入信息基础上做澄清、修正、调整等工作。因此，除了提升受教者的自我觉察水平之外，GROW教练者的另一个重要工作就是帮助受教者维持一种当前任务需要的适当的觉察水平，确保整个信息处理系统流畅而正常地工作。

GROW教练模型的第二个核心是促进受教者的尽责感，包括对自己的尽责感以及对组织和集体的尽责感。教练的实践者中流传着一句对受教者说的"认真的玩笑话"："如果我告诉你怎么做，你照着做但是失败了，你就会认为这都是我的责任，你会责怪我；拿我的建议和你的责任感做交易，这往往不是一笔好生意。"这句话至少有两层意思：一是作为教练者，我们需要谨慎地给予建议；如果要给予建议的话，这些话语要被精心包装成一种选择，而不是强加给受教者的一些要求。二是作为受教者，我们要清楚所有建议都不是命令，我们需要全权为自己的决定负责，对自己的行为和决策拥有真正的所有权（ownership）。

尽责感和我们的功能表现息息相关：如果我们真正发自内心地接受、选择和全权为我们的想法和行为负责，我们对思想和行动的承诺感就会增强，功能表现也会更好。如果我们被告知、被要求、被期待甚至被强迫去负起责任，这种不真诚的责任感并不会给我们带来任何动力和承诺感，功能表现也不会更好。当然，在个人生活和学习、工作领域，任何行为都意味着我们要负起一定责任，我们并不能逃避责任。然而，怀着一种"不能逃避责任"的羞愧感或被威胁的心态，远远没有"我要负起责任"的主动、积极的心态有益，因为积极的尽责心态意味着自由和选择权，它充分贴近存在主义的核心：作为人，我们需要感受到自己拥有自由顺从自我意志作出选择的权利。

尽责感的拥有权可能隐藏在十分简单的日常交往中。让我们拿一个家庭生活中的小例子，来说明自然产生的和被强加的责任感的区别，以及它们对个体和他人产生的影响。一家人在修葺屋子，丈夫对妻子说："你去储藏室拿一把梯子。"如果妻子没有在储藏室看到梯子，她会怎么说？她会说："储藏室里没有梯子。"如果丈夫认为应该有梯子，要么他自己去拿，要么他们的话题就会围绕着"储藏室里到底有没有梯子"而无休止地进行下去。如果丈夫说："我需要一把梯子，储藏室里可能有一把，你们谁可以去拿一下？"妻子或孩子可能会响应（他们自己决定谁去拿）；如果没有看到梯子，他们会自发地去别的地方找（他们自己决定去哪里找）。因为在后一种情境中，丈夫把"找梯子"这件事情赋权给了妻子或孩子，从要不要去找梯子到去哪里找梯子，他们都有选择权，这让他们自然而然地产生要达成目标的责任感。

另一个例子发生在学校。教师努力设计了一系列新颖、丰富的课堂教学活动，然而学生的反应仍然和以前一样，十分平淡和被动，甚至对此有一些质疑和抗拒。GROW 教练者和教师合作，通过观察和分析课堂状况，发现学生本质上是被动接受课堂教学的，他们的行为是一种不听从教师指令的模式。如何将这种糟糕的模式转化成良性的模式呢？一种方法是让学生意识到在课堂上他们具有选择权。教练者邀请学生谈话，告诉他们："你们来上学了，完成了你们的基本职责，这很好！现在轮到你们选择：你们想要怎么度过上课的时间？你们可以认真听讲、学习，尽可能学到更多的东西；也可以发呆、开小差，荒废这几个小时。请描述一下你愿意作出什么样的选择并写出来。你可以选择不把你们写的东西告诉任何人，也可以选择跟你们的家人或朋友交流。我不需要知道，我也不会告诉你们的老师。所有的选择都由你们决定。"教室里的氛围一下子转变了，学生长舒一口气，同时释放自己的能量，开始投入地思考。大部分学生作出认真学习的选择，因为这是他们自己的选择，他们拥有强烈的赋权感和尽责感去实践这些选择，他们的课堂行为开始变得专注和积极。

这些例子告诉我们选择权和尽责感对于改善表现的重要性。告诉他人要为某事负起责任，并不会让他们感到自己真正要对某事负起责任——如果他们做到了，会认为是满足了对方的要求和期待；如果他们没做到，则会感到内疚或羞愧，但这都不是真正的负责态度。观察及自我觉察和尽责感是任何行为、任何表现的核心要素。通过帮助受教者提升觉察力和尽责感，教练者成为一个回音壁，将受教者的积极资源、能力、优势、目标、希望等收集起来，再反馈回去。

GROW 模型的教练步骤

接下来的关键问题是：潜力究竟在哪儿？潜力有多少？我们怎么知道潜力就在那儿？我们怎么将它们发掘出来？GROW 模型具有四个循序渐进的步骤，将教练过程清晰地展现给教练者。近几年来 GROW

图 12-1　TGROW 模型

模型有一种新的变体，称为 TGROW（图 12-1），中心的"议题"是受教者关注的东西，也许是受教者目前感觉困扰的问题，也许是想要发展的某一项技术，也许是想提高的某一种能力，也许是想处理的人际关系，等等。在理想的情况下，双方应该在第一次教练会面时就对要谈论什么达成共识。议题为教练会面的内容划定了一个框架，虽然可谈论的事情具有很高的灵活性，但还是必须划定一定范围，在话题跑得太偏的时候能够适当拉回来。需要注意的是，议题必须是受教者自己提出的，教练者可以帮助受教者聚焦议题，但不能够用自己的意志和需求有意无意地影响受教者。

GROW 模型的 G：设立目标（goal）

GROW 教练的第一步通常是确定一个会面的目标。如果是受教者自己要求进行教练会面，通常他会带来一些想要达成的目标。如果受教者是其他人（如经理、教师、家长等）介绍而来，教练者还是应该直接询问受教者，让他说出自己想在教练会面中获取什么。类似的问题可以是："你希望从今天的谈话中获取什么？""如果今天的谈话能带来一个对你来说最重要的东西，那会是什么？""我们今天有 50 分钟的教练会谈时间，在会谈结束的时候，你最想收获的是什么？"

在受教者给出答案之后，教练者需要帮助他们区分最终目标（end goal）和表现目标（performance goal）。最终目标是受教者基于某议题为自己设定的一个最终想要达成的状态，例如成为优秀的领导人，在比赛中获得金牌，在学业考试中获得全优的成绩，等等。这些最终目标通常比较遥远，似乎超出受教者当前的能力范围，例如，受教者不可能知道他们的竞争者会怎么做，更不可能控制他们的竞争者。表现目标指受教者和教练者可确实观测到的表现水平目标，这些目标可以让双方清晰地看到它们如何指向最终目标。表现目标通常在个人的能力范围之内，并提供了一种测量进度的方式。对受教者而言，承诺为表现目标负责要比承诺为最终目标负责容易得多；最终目标的达成离不开一系列表现目标的支持；最终目标给予宏大的愿景和动力，表现目标则确立了具体实施和到达的每一步。在 GROW 模型教练会谈中，任何一种行动都牵涉设立目标的过程，我们可以将这个过程称为"工作目标"（working goals）。

接下来教练者的一个重要工作就是培养受教者的赋权感和对目标的拥有权。因为 GROW 模型常用于企业环境中，有很多受教者是被他们的上司、经理、总监介绍而来，这些人物不可避免地会将他们的目标和想法加在受教者身上。智慧的上司在鼓励员工设立自己的目标的时候，会尽可能地与他们本人的目标拉开合适的距离。有时候因为工作要求，GROW 模型必须包括某些特定目标，上司就至少应该给予受教者一些选择的自由。教练者可以邀请上司和受教者一起在这个过程中用公开讨论的方式，以最少的说教和灌输以及最大程度的理解和赋权，帮助受教者认识到目标指向的选择的价值和责任感，从而调动受教者的自我效能感和动机。

什么样的表现目标是良好的、有益的？有很多文献和模型都提倡 SMART 目标，也就是具体的、可测量的、被认可的、现实的和具有时效的目标。GROW 模型同意以上说法，并且补充了良好表现目标的几个特征。良好的表现目标还必须是 PURE 的目标，即以积极的方式陈述的（positively stated）、被理解的（understood）、有关的（relevant）和符合伦理的（ethical）目标。另外，表现目标需要满足 CLEAR 的特征，即具有挑战性的（challenging）、合法的（legal）、无害于环境的（environmentally sound）、合适的（appropriate）和被记录的（recorded）。具备大部分以上特征的表现目标如同特征的缩写一样，是聪明、纯粹、清晰的。这听上去十分有趣，但这并不仅仅是一个讨巧的词汇游戏。我们挑几个特征具体来看：目标应该是现实可行的，否则人们会觉得没有希望达成；目标也需要具有一定的挑战性，否则人们会没有动力去行动。因此，这两个特点必须有所平衡。另外，陈述目标的时候最好采用积极的口吻，积极的陈述能够将注意力转移到积极的角度，受教者就能正面思考自己的目标。想象一个学生的表现目标是以负面的口吻陈述的："我一定不能成为班级的最后一名。"这时候受教者的焦点会放在"最后一名"这几个关键字上。负面的陈述很容易转化成积极的陈述："我要成为班级的前三名。""我要在下次考试中提高十名。"这样受教者的焦点就会放在进步和发展上。目标还应该得到受教者、教练者以及其他相关人物的认可，例如在学习教练中，教师可能作为教练者，也可能邀请第三方作为教练者，学生作为受教者的目标就需要获得教师、教练者、家长等人的共同认可和同意。如果没有共同认可，受教者的承诺感和尽责感就会被削弱，并且可能出现教练团队中努力方向不一致的情况，以至于影响受教者的表现。关于目标是否应该具备合法、合乎伦理、无害于环境等特征，每个人的理解和标准可能不同，在不同的文化语境中它们隐含的意义也可能不同。因此，在职业的教练实践中，教练者和受教者应该根据本土的社会文化、行业或领域的特性，遵照较高的标准开展教练工作。

GROW 模型的 R：认识现实（reality）

当教练者和受教者确定目标之后，就需要阐明现在的状况是什么。某些教练者认为，人们应当首先认清并理解现实的情况，然后确定目标，所以认识现实应该在设立目标之前。然而 GROW 模型的主张者持有不同的意见，他们认为目标带来的价值感和方向感是所有教练会谈的基础；尽管目标有可能一开始显得松散或不那么相关，但它还是起到重要的导航和激发动力的作用。在双方清楚地认识到现实的状况之后，可以更好地聚焦于起初的目标或根据现实需要适当修正。

其一，认识现实的首要标准是客观性。人们往往会不自觉地透过自己的观点、判断、喜好、期待、偏见、担忧、希望、恐惧去看待现实，这些"心理滤镜"反映出的现实往往是扭曲的，它们不代表真正的现实。这时候清醒的觉察和自我觉察格外重要：觉察意味着真正地、如其所是地看到现实，理解现实；自我觉察意味着个体能够认识到自己内在的、可能扭曲现实的心理滤镜。很多人认为他们看事情非常客观，然而纯粹的客观是不存在的；我们可以通过觉察和自我觉察更接近事实。教练者和受教者必须尽可能地移除潜在的心理滤镜，尤其对教练者而言，对当下的议题保持一种超然（detachment）和卷入（involvement）的平衡是很有必要的，也就是在自身和议题之间保持一段健康的距离，既不能过于卷入，以至于丧失客观立场，也不能过于疏离，以至于表现得漠不关心。教练者应当掌握基本的提问技巧，提出一些能够引出受教者关于事实的回答的问题，例如："影响你的决定的现实因素有哪些？"这种提问能够激发受教者更准确的回答，而有些提问可能隐含教练者预设的答案，例如："你为什么做这件事，而不是做那件事？"这种提问可能引发受教者的抵触情绪，或为了满足社会期许而给予教练者想听到的答案。

其二，教练者应当使用描述性而非评价性语言，也要尽可能地鼓励受教者使用非评判性语言，这样能够帮助受教者维持一种对现实的适当的超然和客观，由此减少批评、评判或评价所导致的知觉扭曲（perception distortion）、抵触情绪、纠正心态等。描述性语言越详尽、清晰，它们所承载的批判意味就越少，教练过程就会越有效。然而，我们并不能完全排除隐含评价的描述，例如受教者做了一次演讲，得到的反馈是"这次演讲结构清晰，节奏紧凑，生动形象，听众很投入"，这些描述都具有正面的评价功能，对受教者的信心增长大有帮助。有些描述性表达含有评价意味，但它们并不是简单的"很好""很差""正确""错误"等，而是具体地表述优点或需改进的方面，这样才能达到帮助受教者成长的目的。惠特莫曾说过，我们会选择和控制那些我们能觉察到的东西，但那些我们不能觉察到的东西会控制我们。如果教练者仅仅针对受教者当前的现实状态发问，受教者可能会立刻回答，这些提问也许能帮助受教者组织自己的想法，但无法抵达更深的层面。如果受教者面对一些提问陷入沉思，或其反应是惊诧，也许他们已被提问带入更深层次的思考，需要探索更深的觉知，提取新的或隐藏的信息。当这种深入的觉知成为新的觉察层面时，受教者能够体会到一种赋权感和成就感。

其三，在探索现实的过程中，优秀的教练者需要跟随受教者的兴趣和思维链，同时监控这些念头如何与议题联结成一个整体。受教者是谈话方向和兴趣的主导者，一般情况下教练者会让受教者继续引导这个过程。当受教者准备好结束一个话题时，教练者可以征询受教者的意见，自己能否对可能遗漏的方面作一些补充；或者当受教者明显偏离中心议题时，教练者可以温和地提出"现在你谈的这些与我们今天的议题在什么方面有关？"之类的问题，这些提问能够帮受教者回到主要议题上，或揭示出一些切实的关联因素。通过跟随受教者的思路而不强加自己的意图，教练者能够增强受教者的信心和自我效能感，受教者的兴趣、需求和想法需要被尊重和理解。在日常生活和工作中，纠正、责备、盘问、告知等具有一定威胁性质的谈话（如父母和孩子、上级和下级之间）十分普遍，这些谈话都有可能制造"假性现实综合征"（false reality syndrome），即受教者内心充满了"让我来告诉你那些我认为你想听的话"或"讲一些让我免除麻烦的所谓事实"的念头。如果谈话建立在此基础上，接下去的所有探索和建议本质上都是不真实且无效的。智慧的教练者需要从一个大致的探索方向出发，尊重受教者的意愿和兴趣，跟随他们的谈话方向，适应他们的谈话节奏，采取灵活的提问而不是盘问的方式，建立信任和支持关系。

其四，教练者在帮助受教者探索现实的时候需要密切留意身体觉察和内在觉察之间的交互关联。根据具身认知的研究，身体会影响我们的情绪和思维，而内在的情绪和思维也会在身体上以一定方式表现出来。当我们闭上眼睛，回想一下我们全神贯注地严肃思考时的面部表情，我们会意识到自己的下巴和脸颊紧绷，眉头紧皱；当我们有意识地告诉自己放松，与此同时我们的面部表情也会变得松弛。利用内在觉察和身体觉察之间的密切关联是一项教练技术，它关乎每一个人的身体如何拥有、整合这项技术并将其特殊化，而不是强迫自己的身体制造出某种情绪。另外，身体情绪和内在情绪往往包含人际和情境方面的因素，我们需要感知在不同社会情境下身体的信号，以及它们和情绪、认知之间的关系。有效的教练问题能够提醒受教者注意和重视这些重要的信号，他们的现实感会因而更准确且丰满。这类提问包括："当你被上司突然叫进办公室，你有什么感觉？""你身体的哪些部分的感觉变得不同？它们在告诉你什么？"

其五，要提出有助于认识现实的教练问题，需要特别注意几点：教练问题所要求的回答在本质上是为了促使受教者思考、探索、感受和投入，而不纯粹是为了收集关于现实的资料；要获得高质量信息，就需要深入细节，而不是宽泛、肤浅地了解一下；关于现实的提问应当是描述性的，而非评判性的，以确保回答的真实性和准确性；关于现实的回答应该有足够的频次和较高质量，由此教练者和受教者可以建立反馈机制。在提问和回答的往来之中，保持好奇心和开放性十分重要。在认识现实和事实之前，最好不作任何判断和分析，以免干扰真实信息的传达。教练者尤其需要保持警觉、清醒的态度，认真倾听并辨认受教者谈话的方向，观察受教者的身体语言和行为，思考后续的提问和反应如何帮助受教者提高认识现实的自我意识和责任感。

GROW 模型的 O：探索选项（options）

GROW 教练的第三个阶段是探索所有有助于达成目标的选项。请注意这个阶段的目的不是找到唯一、"正确"的行动方案，而是尽可能多地创造并列出所有受教者能够想到的方法和选项。在探索选项阶段，数量比质量重要，这和传统的教练方法可能不一样。传统的教练方法鼓励受教者在了解自己的基础上制定一种最适合自身情况的行动方案，而 GROW 模型在这个阶段希望能够激发受教者的创造性，激发他们的灵感，刺激他们作出更多的思考，收集多种选择和方法，获得一个制定后续具体行动方案的选择库。如果在这个收集想法的阶段存在太过明显的喜好、偏向、审查、抑制、奚落、阻碍、竞争，或是对想法的完整性和可行性有较高要求，受教者的创造性就会受到限制，这个阶段真正的价值就不能充分体现。

教练者在探索选项阶段的第一项工作主要是帮助受教者从自己头脑中提取并收集任何关于达成目标的想法和选择。教练者首先需要创造一个让受教者感觉安全、舒适并被无条件尊重与接纳的环境，使其能够自由、畅快地表达他们的任何想法和念头，而不感觉压抑、害怕、威胁或被他人奚落、评判。任何受教者认为对达成目标有贡献的想法，不论听起来多么荒谬或微小（教练者必须即时对这些内心的潜在评判采取正念的态度，不让这些声音影响自己的职业操作），都需要被真诚地认可并记录下来，这些初步的想法可能涵盖后续谈话中即将揭示的重大灵感。另外，从教练关系的角度，认可并记录想法是教练者表达对受教者的尊重的方式，有助于使教练对话积极推进下去。

教练者的第二项工作是辅助受教者辨认自己头脑里的一些负面假设。人们在作出创造性行为或进行创新性思考的时候，往往会带有一些内隐假设（implicit assumptions），这些假设在很大程度上与人们在现实生活中经历过的困难和条件限制有关，属于人们经验学习（experiential learning）的一种结果，但它们也会给头脑定下条条框框。例如："不太可能做到这件事情。""这么做不太可行。""我老板是不会同意这么做的。""我没有时间这么做。""这样做代价太高了。"这样的负面假设例子还有很多，它们的共通点是：都含有预设事情不可能做到的消极信息，但没有真实发生的、有理有据的原因去解释为什么受教者肯定做不到这些事情；都会使受教者丧失行动的内在动机和勇气。更糟糕的是，如果受教者相信他们头脑中的负面假设，这些假设会变成自证预言（self-fulfilling prophecy）——目标真的达不到了，预言实现了，理由恰恰与这些负面假设预测的一样。

优秀的 GROW 模型教练者会对负面假设提高警惕，当它们出现时，邀请受教者问自己一些正面假设问题，例如："如果你有足够的时间、金钱和其他资源，你会怎么做？""如果你得到周围所有人的支持，你会做什么？""如果你知道解决这个问题的答案呢？那会是什么？""如果不存在任何障碍，你会怎么做？"借助这些正面假设问题，受教者能够暂时绕开理性头脑的严格审查，释放更富有创意、激情、勇敢的思考，它们不但能让受教者获得极大的内在动力和自我效能感，并且能在受教者的真实行动和假想阻碍之间提供心理缓冲，受教者也许会发现，当他们采取实际行动的时候，事情并没有预想中那么困难。打破自我限制的负面假设能让受教者用新方法解决旧问题：当假象的限制被辨认并移除的时候，解决方案会更容易浮现出来。

教练者的第三项工作是适当地为选项的头脑风暴作贡献，尤其是当教练者在受教者的目标议题上具有一定的专家知识、专业经验、职业技能，并且受教者明显还没有穷尽可能的选项的时候。问题是：原则上教练者是不应该直接给予问题的答案的，那么在什么阶段，到什么程度，教练者可以提供专家知识呢？教练者该如何做才不会损害受教者的赋权感和主体性呢？事实上，教练者可以在受教者十分明确地表达他们已经穷尽想法后（例如"我再也想不出别的点子了"），委婉而诚恳地表示："我还有一些想法，可供你选择和参考，你愿意听一听吗？"这种分享而不是说教的方式不会引起反感，大多数受教者会欣然接受。教练者提出的想法和受教者本人的想法同样重要，它们应当以头脑风暴的方式平行地记录在一起，不分高低或主次。

教练者的第四项工作是帮助受教者整理选项。请注意，在这里我们用的词语是"整理"，而不是"评估"，这是出于谨慎而准确的用词考虑。一旦双方列出所有选项，似乎下一步就应该是从里面挑选出一个最好的。然而，教练议题往往非常复杂，再次思考和检验所有选项是十分必要的，包括：详细列举每个选项的好处、代价、行动过程；

将优势最大化、劣势相互抵消的选项结合在一起；将某些明显互相冲突的选项放在不同的板块中；用 1—10 的意愿值打分方式，请受教者为所有选项排序；将所有选项整理、汇编成一个梯度列表或思维地图。整理选项的工作同样通过教练对话进行，最终的结果并不是决定一个最好的或最正确的选项，而是受教者能够清晰地了解每一个选项的利弊。如此一来，双方就能够进入下一个教练环节。

GROW 模型的 W：计划实践（wrap up/way forward）

GROW 模型的最后一个阶段是将之前所有的讨论转化成行动的决定。在这个阶段，教练者和受教者的主要任务是在充分了解和分析选项后，利用尽可能广泛的选项构建具体的行动方案。有很多教练模型都会在教练会面进行到最后一个阶段时使用类似"你将要做什么"的提问。诚然，这类问题是有必要的，教练者可以提一系列子问题帮助受教者进一步澄清他们的回答，但在这个阶段，最重要的提问是为了形成一种强健且有效的支持。教练者可能会将一种令人吃惊的困难和挑战带入对话和提问中，但这通常不会引发受教者的负面情绪，因为教练者并不会将自己的意愿强加在受教者身上，而是会激发受教者本人的意愿。受教者始终保有自己的选择权和赋权感——他们选择采取何种行动或选择不采取任何行动，他们不会被困难的提问困扰，甚至可能觉察自身自相矛盾或模棱两可的地方，从而提升自我觉察。如果受教者感觉被推动、敦促、逼迫，就说明教练者无意中透露出他认为受教者应当采取某些特定行为的意愿，这是在本阶段需要谨慎对待的情况。

教练者在这个阶段可以提出以下几个问题，这些提问涉及受教者制定行动计划的不同方面。我将对每一个提问作简要分析，包括这些提问的目标、价值以及较理想的发问方式。

问题一："你打算怎么做？"

这一类问题与"你能够做什么？""你觉得你可以做什么？"有明显的不同：前者隐含了明确的决定，而后者没有这一层意思。教练者用坚定、清晰且明确的口吻向受教者发问，旨在向受教者传达这一信息：现在是作决定的时候了。这样的提问有助于受教者真正下定决心，制定行动方案。有些行动方案同时包含几种选项，有些方案集合了几种选项的某些方面，下面的问题则用来进一步明确行动方案。

问题二："你打算什么时候做这件事？"

这个问题也许是最难回答的问题之一。我们都有做成某事的梦想，然而只有当我们为梦想加上一个时间框架的时候，它才有可能实现。"下个月""明年"之类的时间框架是不够的——如果我们想确保行动会出现，时间框架就要非常具体。例如，我在写这本书的时候，如果时间框架是"明年"，我可能永远都完成不了。我给自己设立的时间框架为，"从周一到周五，每天上午 9 点到 12 点去写"，这才保证你们——亲爱的读者——现在可以看到这本书。受教者有时候可能会犹豫不决或找借口不去行动，教练者的任务就是尽可能将受教者维持在行动轨道上。

问题三："这一行动能够帮助你实现最终目标吗？"

在有了行动方案和时间框架之后，教练者和受教者必须在前进之前再一次回头确认行动指向教练目标和长期目标。如果没有回头确认这个步骤，受教者可能会感觉自己在一条漫长的道路上晃悠，容易脱离行动轨道。如果出现这种情况，教练者最好不要立刻催促受教者采取行动，而是根据当下的情景再次确认当前的目标是否需要修改。

问题四："你可能遇到什么阻碍和困难？"

朝向目标前进的道路不可避免地将出现各种障碍、困难和挑战，帮助受教者提升觉察和自我觉察，预知这些情况并作好准备是十分必要的。不仅外在环境中会出现各种干扰，受教者的内在环境也可能发生变化，如灰心丧气或行动的承诺感降低。教练者应该让受教者自己想象遇到阻碍的情况，并自行思考解决方法，而不应该代替受教者去想象。

问题五："你的计划牵涉什么人？"

受教者的行动方案可能会涉及家人、朋友、同事等生活圈子内经常接触的人，受教者的任何行动和改变也将影响这些人、这些人与受教者的关系以及他们之间的关系。教练者可以鼓励受教者列出这些可能受到影响的人，并思考在何种方面、何种程度上会影响他们，以决定是否将行动计划分享给他们。

问题六："你能够获得什么支持？你何时且如何获得这些支持？"

受教者获得的支持来自许多方面，大致可以分为与目标相关和与人相关两大类。有助于受教者实现目标的资源、能力、才能、技术、资金等都属于与目标相关的支持；受教者的社会支持系统中的各种人物则属于与人相关的支持。被动地等待支持到来也许是毫无效率且不现实的想法，教练者需要帮助受教者理解自己的支持系统，清楚自己什么时候需要何种支持，采取什么步骤去调动支持，或通过什么途径去获取支持。

问题七："你还有其他的想法或考虑吗？"

在 GROW 模型的最后一个阶段，这是一个必要的总结性问题，旨在提供机会让受教者补充可能遗漏的想法，并且强调确保没有任何重要细节被遗漏是受教者的责任。

问题八："根据你执行行动方案的确定性，在 1—10 之间打分，你打几分？"

这个问题是为了评估受教者采取已达成共识的行动方案的意愿、自信心和效能感，而不是根据行动结果打分。如果受教者的打分低于 8 分，教练者可以尝试追问一个问题："是什么使你没有打更高的分？"通过受教者的回答，双方可能需要修正行动方案（例如降低难度或增加时间），确定受教者在这个问题上的打分至少在 8 分之上。当然，8 分并不是一个死板的标准线。在 GROW 模型多年实践中，学者和教练者总结出，如果受教者的打分低于 8 分，他们极可能无法贯彻和坚持行动方案。我们应该始终牢记，GROW 模型的本质是促进受教者的觉察和尽责感，使其维持积极的自我信念。

第十三章 ABCDEF 模型

本章导读

- 理性情绪行为教练受到几种以理性情绪为核心的认知行为心理治疗方法的影响，在减缓压力和焦虑、增强功能表现以及提升心理弹性等方面都有良好效果，其作用机制主要是驳斥不合理信念。

- ABCDEF 模型的操作理念为：诱发事件（A）并不能决定或直接引发人们的情绪反应（C），主要是不合理的信念系统（B）让人们感觉焦虑、担忧、恐慌等，因此，人们需要辩驳（D）并克服这些不合理信念，用合理、有益的新信念（E）取而代之，从而获得一种对当下和未来的生活（F）都行之有效的新方法。

何谓理性情绪行为教练

理性情绪行为教练（rational emotive behavioral coaching，REBC）于 2001 年由英国教练心理学者尼南和帕尔默共同发展起来，在近十几年中被广泛应用到个人生活教练、职业教练和商业管理教练等多个领域。它受到几种以理性情绪为核心的认知行为心理治疗方法的影响，包括埃利斯所倡导的理性情绪行为疗法、理性情绪训练（Ellis & Blum，1967；DiMattia & Mennen，1990）以及其他理性情绪疗法的适应性应用途径。许多认知行为教练流派的教练实践都整合了ABCDEF模型的某些成分，并证明其在减缓压力和焦虑、增强功能表现以及增加心理弹性等方面都具有良好的效果。当然，ABCDEF模型也可以单独使用。

理性情绪行为教练所强调的哲学观看上去与人本主义教练有异曲同工之处——无条件地接纳自我、他人和生活。然而，理性情绪行为教练所倡导的"无条件"有所不同，它更多地建立在理性、科学以及合理的认知和信念之上，是一种人们积极调动自我意识，思考目标和需求，创造更多的自由意志和自我决定权利的方法。无条件地接纳自我意味着人们需要全然接纳并尊重自我、自己的人生以及作为人的价值，而不是依赖有条件的自尊和自爱；无论自己的目标能否达成，表现是否令人满意，别人是否认同自己的所作所为，都不以此评判自身的价值。无条件地接纳他人则意味着人们可以用社会公认的标准去评价他人的想法、情感和行为，但不能评价他人本身及他人存在的价值；尊重并接纳他人并不是因为他人身上具有某种迷人的特质或正确的行为，而是因为他人和我们任何一个人一样，都具有人的尊严和存在。无条件地接纳生活意味着不去评价生活境况本身是好还是坏，我们可以尽量改变自己不喜欢的生活，接受不能改变的生活，并拥有区分两者的智慧。

如果受教者带来的议题涉及不合理信念，ABCDEF模型就是一种非常合适的教练模型。不合理信念是指阻碍达成目标且对人们没有帮助的想法或观点，往往建立在固定、绝对、教条主义、不切实际、未经实证验证、经不起逻辑推敲的思维之上。在本书的第五章，我们已经介绍了一些典型的认知扭曲（或思考误差），不合理信念和认知扭曲类似，它是影响人们的个人生活和职业生活，导致不良的心理状态和行为表现的主要因素。我们区分了五种典型的不合理信念类型。

其一，苛求。每个人都有正常的需求和要求，我们很自然地会对自己、他人和这个社会提出种种要求。一旦将需要的事物视作必要之物，从"想要"到"必须要"或"不得不要"，就开始创造不切实际的信念。一个绝佳的例子来自我的母亲：某天我情绪不佳，她想安慰我，于是她说，"你自己就是学心理学的，不应该心情不好"。读者可以想象到，我听了这番话之后整个人都不好了。要求类不合理信念通常包含"必须""应该""应当""不得不"等词语，表示除了所要之物，没有其他事物可以替代；如果没有得到所要之物，就会出现严重的后果。这充分体现了卡伦·霍妮（Karen Horney）所说的"理所应当的暴行"（the tyranny of should）——非理性的需要、要求和应该等信念混入人们正常的思维中，创造出一系列情绪问题，例如"我应该表现出色""你必须帮助我"。

其二，糟糕化。大多数人在感到焦虑、烦躁、担忧的时刻，不仅强烈需要某事物，还要求事情必须进展顺利。不合理的期待、期望、要求或必须怎样会使人们感到焦虑和过度担心，将事情的后果想象得极其糟糕，忽略了那些证明事情没那么不堪的证据。例如，某位受教者期待自己在期末考试中排名第一，不合理、糟糕化的信念是："如果我不是第一名，我怎么回家面对爸爸妈妈？实在是糟透了！他们一定不会爱我了！我必须是第一名！"然而，即使他不是第一名，他的父母也不会抛弃他。

其三，低耐挫度（low frustration tolerance）。挫折、挑战、不满意或事情不像人们期待的那样顺利，是我们日常生活中每一刻都可能面对的现实。通常而言，我们能够接受这些不完美，容忍挫折或错误，保持心情平稳和情绪健康。但专横、严苛且不合理的内部信念会使人们无法容忍挫折或不完美，固执地相信"一定要""必须"和"应该"，引发焦虑和痛苦。例如，某位受教者开车出行，起初一路顺畅，他期待接下去的行程也如此，"今天的路就是应该这样顺"。然而，一段非常熟悉的道路开始修路，他不得不绕了一个很大的圈，这让他心烦意乱，恼怒不堪："怎么会这样？这条路一直都是通畅的！"

其四，贬低。用负面的全局眼光或总体评价去看待某一点残缺、遗憾或错误的地方。一旦自身、他人或这个世界出现了一丝不完美、不符合期待的地方，就倾向于认为全部的自己、他人或整个世界都是糟糕透顶的。例如："我这次考试没有考好，我真是个废物""他没有准时提交报告，肯定是个没有责任感的人！""又发生了一起恐怖爆炸袭击，这个世界要完蛋了，我们都要完蛋了！"

其五，全有或全无（all-or-nothing）。对自身、他人和世界持有僵化、固有、不变通的期待和理解，认为任何事情都必须按照自己的想法进行，或任何人都必须达到自己的期待。一旦有一次出了差错或意外，整件事情或整个人都将被否定。例如，某位受教者和朋友某次约见面，朋友迟到了，就完全否定朋友经常准时的表现："这个人太不守时了，他总是迟到！"

在理性情绪行为教练中，教练者和受教者首先将辨认几种主要的毫无助益的非理性信念；继而仔细审视它们，发掘究竟哪里有问题；接着展开合理、具有逻辑性的辩驳；最后以灵活、非教条主义、符合实际、富有逻辑及功能性的合理信念取代它们。例如，在以上不合理信念的例子中，我们可以用几种较合理的信念取代它们：

"我希望你可以帮助我。"

"我尽可能努力。如果得到第一名，我会很高兴。如果没有得到，我也不会气馁。"

"很遗憾，今天的路堵住了，让我想想别的办法。"

"他这次没有准时提交报告，也许是有什么原因，让我去了解一下。这种情况不常发生，他基本上是一个可靠的员工。"

"我的朋友今天迟到了，这令我有些不愉快。"

读者可以体会一下，不合理信念和合理信念之间的区别：它们的措辞有何不同？它们隐含的假设和理念有什么不同？它们表达的情绪有什么不同？它们会给人们的身心健康带来什么样的影响？哪种信念对我们更有益？

ABCDEF 模型的步骤及其含义

理性情绪行为教练的 ABCDEF 模型建立在理性情绪行为疗法的 ABCDE 模型基础之上，旨在帮助受教者进行情绪管理、建立心理弹性以及促进行为表现。ABCDEF 的字母缩写表示此模型的六个主要步骤，分别为：触发事件（activating event）、信念或信念系统（beliefs or belief system）、后果（consequences）、辩驳（disputation）、有效的新信念（effective new beliefs）以及未来的焦点（future focus）。理性情绪行为教练强调的是：触发事件（A）并不能决定或直接引发人们的情绪反应（C），主要是不合理的信念系统（B）让人们感觉焦虑、担忧、恐慌等。因此，人们需要辩驳（D）和克服这些不合理信念，用合理、有益的新信念（E）取而代之，从而获得一种对当下和未来的生活焦点（F）都行之有效的新方法。

A：触发事件

触发事件指生活中的刺激事件或诱发事件，它通常是一些阻碍或挫败人们实现重要目标、满足需求和喜好的行为的事件。这些事件可能和自己有关（例如，自己考试失败，表现得很害羞，面试被拒，等等）、和他人有关（例如，朋友没有帮忙，不守信用，经常迟到，等等），或和社会上的事情有关（例如，气候变化、不喜欢的社会运动、社会新闻等）。诱发事件可以是日常生活中和自己密切相关的微小事情，例如开车遇到交通堵塞；也可以是离自己较远但重大的事件，例如在电视里看到恐怖袭击的消息。有时候人们会感觉很多事情都纠缠在一起，在一系列事件中，受教者感觉对自己影响最大的一些事件可称为"核心触发事件"（critical A）。

B：信念或信念系统

信念或信念系统指人们有意识或无意识持有的观点、思维模式、想法、念头，往往通过语言、符号、想象、图像及其他多种方式表达出来，最清晰、有力的信念一般是能够用语言文字表述出来的那些信念。每一个信念都包含客观描述和主观描述的部分，体现人们对正在发生的事情的平静的看法（"是什么"或"在做什么"），以及人们对这些事情的评估、需要、希望、好恶（"我喜欢"或"我希望"）。

参考理性情绪行为疗法的简易分类方法，我们可以将信念分为合理信念和不合理信念两种。合理信念是对人们有助益的、健康的、对情绪平衡和身心健康有利的信念，它们较准确地表达了人们的希望、需求和喜好，这些信念是灵活变通且有条件的，其基础是可能性而不是必然性，能够帮助人们更好地达成目标，改善表现。例如："我希望可以在这次考试中获得好成绩，但事实上我也可能考得不太好。虽然考得好我会很高兴，我也会朝着这个方向努力，但我不认为考得好是我人生的唯一价值。"与此相对，不合理的信念是指一些让人们感觉不适、不健康、无益的信念。它们和合理信念一样，也包含了客观描述和主观描述的成分，但与合理信念不同的是，不合理信念时时刻刻地评估正在发生的事情，并以刻板、专横、固执的方式提出极端的要求，引发人们不必要的情绪困扰，使得人们效率低下和目标落空。例如："不管怎样，我必须在这次考试中取得最高分！如果我没考好，就太糟糕了！我坚决不能接受！如果我没考好，就说明我是个一无是处的人，我再也没有脸面面对我的家人和朋友。"

简而言之，合理信念只是表达希望、需求和喜好，即想要什么，不想要什么；而不合理信念表达苛刻、不切实际且无条件的"应该"和"必须"，即一定要什么，必须要什么，不得不要什么。

C：不合理信念导致的后果

不合理信念导致的后果主要包括生理、心理和行为三个方面。心理方面包括负面情感、情绪失常、焦虑、担忧、恐慌等内心活动和情绪；生理方面包括心跳剧烈、呼吸急促、肢体僵硬、紧张、呕吐感等不舒服的身体感觉；行为方面包括逃避、推脱、拖延、忽视等任何避免事件发生的行动。尽管触发事件促成了后果的出现，但它并不是真正的原因。如果有一百位学生都希望在考试中取得好成绩（A），但他们都没有实现，是否他们都会产生同样程度的沮丧和焦虑呢（C）？显然不会。有的人会非常痛苦、沮丧，甚至有自杀念头；有的人会有强烈的遗憾和失望，但不感到痛苦；有的人会认为分数无关紧要，无所谓，心情平静；有的人可能会暗自高兴，因为他们想要得到家人的关注和关心，宁可考一个很差的分数。人们对事件持有的观点和想法影响了自己的反应，导致不同的结果。

D：辩驳不合理信念

值得指出的是，即使我们有意或无意地选择了"应该""必须"和"一定要"的信念，我们也具有有意识地探索、改变和重建不合理信念的能力，我们首先要对自己的这种能力充满信心。如果我们仔细辨别不合理信念，利用逻辑、理智和事实，积极反击和驳斥它们，就可能不再痛苦、心烦意乱，发展思辨能力和接受事实的能力。

科学的辩驳方法主要包括：（1）找出证据。"如果我这次考砸了，我就是个一无是处的人。"——这个观点的证据有哪些？（2）梳理逻辑。"我这次没考好，我的人生就完蛋了。"——这个想法符合逻辑吗？（3）实用功能。"如果我一直想着自己没考好就是个没用的人，这种想法会帮助我取得好成绩吗？会帮助我成功吗？这种想法对我有什么好处？"除了提问和挑战之外，还有其他有助于辩驳不合理信念的认知、情感、行为和想象的工具，可以帮助我们修正僵化的想法，构建更灵活、有效、具有接纳感的观念。

E：建立合理、有效的新信念

在驳斥和抵抗不合理信念之后，它们的根基也许会有所动摇，但这并不意味着合理、有效的新信念就自动产生了——各种信念会在人们的头脑中激烈地斗争和挣扎，不合理信念时常会重占上风。我们需要了解的是，没有一种辩驳方法是万能的，我们也无法预知哪一种方法肯定有用，同时从来没有唯一有效的方法。我们能够做的就是不断尝试并找出一个最适合自己、简便易行的解决方法。

理性情绪行为教练认为，行动是消除不合理信念的最佳药方：积极地去做令人害怕的事情是最有效的方法，即以行为来对抗不合理信念。受教者坚持去做那些看上去不可能完成的任务或令他们害怕的事情，就能够从实际发生的事情中得到更准确的证据，去驳斥曾有的不合理信念。例如："虽然我没有考好，但我的父母没有责骂我，更不会抛弃我。现实不像我想象的那么糟糕。"通过反复行动去对抗不合理信念也能帮助受教者增强耐挫力和自我效能感，例如，一位害怕公开演讲的受教者不断地练习上台发言，一次比一次时间长，一次比一次听众多，逐渐克服公开演讲引发的焦虑和恐慌。

F：未来生活的焦点

通过之前的 ABCDE 这五个步骤，受教者的心神聚焦于某个令自己摆脱困扰、解决问题的合理信念上，这一焦点将延续到未来的生活中。但受教者需要了解，他们不需要一直保持随时随地的"完美状态"，也就是说，他们不必要在诱发事件（A）发生时一定采取最有效的合理观念（E），这本身就是一种不合理信念。偶尔产生不合理信念是十分正常、完全可以接受的情况。受教者需要做的是不间断地练习自我觉察，练习和实践辩驳不合理信念的方法，通过努力和行动尽可能地保有合理信念。

应用实例：写作教练

我想通过一个教练应用案例来展示 ABCDEF 模型是如何应用在具体的教练情境之中的，案例中的事件与我此时此刻正在做的事情，也与几乎每位读者正在做或曾经做过的事情相关——写作。

在开始写这本书的时候，我认为自己已经开始经历触发事件（A），也就是写作本身。写作分为很多类型，有的人在夜深人静的时候写日记或随笔，有的人在等待公交车到来，百无聊赖时写歌词，有的人是作家，终日靠写作养家糊口，有的人为了完成研究报告或学术论文孜孜不倦地写作，有的人为了完成学业而写作，有的人（例如我）写作是为了将自己的专业知识分享给大众，等等。澳大利亚著名的写作教练玛利亚·加德纳（Maria Gardiner）和卡恩斯（Hugh Kearns）认为，写作本身不是一件"放之四海而平等"的事情，总有一些写作具有更多的评价和评估的成分（如写论文），而这种写作最容易制造焦虑、拖延、不准确的想法以及不合理信念；评价的成分越多，与之相随的不合理信念和无益反应就越多。

在教育和学术领域，几乎所有写作作品都会被评估，如学生的作文和课堂作业、教师的课堂报告、学者的论文和著作等。这些人（包括我自己在内）都曾有各种各样与写作有关的问题，例如过度承诺（发誓一天要写完一个章节）、碌碌无为（花了好几天的时间整理写作素材，却一个字都没有写下来）、缺乏组织性（参考文献凌乱不堪）、拖延（不想打开电脑写作）、完美主义（写完一段就不断回看、修改，总觉得不够好）、逃避努力（每天只写十分钟，之后就关上电脑，再也不动笔了），以及其他各种不利于写作的行为。之所以存在这么多与写作相关的问题，不仅仅因为写作本身是一件难度较高且有待评估的事情，还因为我们在如何看待写作这件事情上持有不合理信念。

当我们开始写作时，我们通常会意识到将有人阅读并评价这些文字。众口难调，我们不会让每一位读者满意（学生的论文也不会让每一位老师满意），这使相当一部分学生或学者不愿意开始写作，要不就刻意拖延，让写作这件事几乎毫无进展。加德纳和卡恩斯总结了关于写作的几个不合理信念（B），它们会阻碍我们的写作。

第一个不合理信念是"我还没有准备好"。我们往往声称自己之所以不愿意动笔，是因为我们还没有准备好。外界可能有很明确的关于写作的指令，例如交论文的日子就是明天，交书稿的截止日期就是下周。如果没有在内心感觉所有的准备都到位了（包括写作环境、条件、精力、材料等），我们就不会开始写作，因为我们不愿意写到半途因意外被打断思路，或为了挤出几句话或几个点子而降低写作的质量。总之，我们不喜欢"被逼迫着"写作的感觉，宁可等待久一点，等到我们感觉准备好了再开始。

第二个不合理信念是"让我先在脑子里想清楚"。另一个让我们迟迟不肯动笔的信念源于我们对写作过程的误解。我们认为写作主要是一个记录的过程，我们首先应该在头脑中将文章构想得基本成型，因为创造是头脑的事情，写作是将构想化为文字。我们相信当头脑中的文字都清晰、有序的时候，我们就会开始写作了。当然，我们发现文章永远没有完全清晰的时刻，我们通常会以此为借口拖延写作。

第三个不合理信念是"我没有足够的时间"。很多人认为，如果没有大块或整段的时间去写作，零零碎碎地写一点东西是没有帮助的。我们觉得写作是一件耗心费神的复杂工作，它需要耗费很多心血和大量的时间，挤出一小块时间写作是无用的，所以当我们没有大块时间时，我们宁可不写任何东西。

第四个不合理信念是"我写得还不够好"。这是完美主义和"冒名顶替综合征"（imposter syndrome）在作祟：认为自己取得的成就和成绩都是因为运气和超乎常人的刻苦，自己是个"冒名顶替"（imposter）者或"假装"（fake）者，总有一天会被人戳穿，整日活在自己能力有限的阴影下。持有这种不合理信念的人会认为，如果仓促动笔，他们就会写得很糟糕，读者就会戳穿他们，他们差劲的写作能力就会暴露出来。写的东西不够好，所以没有必要继续写下去了（我在写这本书的过程中好几次有这样的想法，差点就放弃了）。很多人因而认为，应该等到脑子清醒一些，更确定要写些什么或感觉好一些再开始写，否则写出来的东西会一塌糊涂。写作就这样被无限期地搁置起来。

在这些不合理信念的影响下，我们会在写作这件事上出现种种情绪和行为问题，导致多种后果（C）。请注意，这里列出的是一些行为后果，这是因为与写作相关的不良情绪往往与行为联系在一起。

后果一是拖延，即什么都不做。关于写作的不合理信念所导致的最常见的后果就是什么都不做，什么都不写，尽量拖延与写作有关的任何事情。当人们拖延时，不到最后一刻绝不会开始做事。"最后一刻"因人而异，有的人可能会在截止日期的前一周才开始写第一个字，有的人甚至可能拖到前一天晚上！据国外研究调查，有20%的成人长期拖延（Persaud，2005）。在大学生中，与写作相关的拖延人群占46%，而且他们对写作这件事的拖延程度远甚于对其他事情的拖延程度（Solomon & Rothblum，1984）。我们在拖延的时候会自责、羞愧和感到焦虑，这些情绪会消耗大量的心理能量，不利于我们真正开始行动。

后果二是替代性活动，即做一些别的事情。绝大多数人虽然没有开始做应该做的事情，但他们不一定百无聊赖，无所事事，可能会忙于其他事情，如搞卫生、刷网页、发邮件或与朋友社交。这些替代性活动能够让我们持续不断地忙碌，以减轻未写作带来的负疚感。当前的任务或目标越重要，我们越是会做其他事情来替代实际行动。与写作相关的替代性活动包括阅读、找更多的材料和数据、调整文字格式、编辑文字和参考文献等。就我个人而言，逃避写作的替代性活动还有看朋友圈、整理抽屉、准备上课用的幻灯片（这也算一项重要工作）等。值得一提的是，我的一位同事在逃避最重要的任务（如写学术论文）时，能巧妙地运用替代性活动，十分高效地完成其他工作（如备课、填表、改作业），而这些工作对于职业发展也有十分重要的意义。

后果三是过度承诺，即过多地做其他事情。当做别的事情对减轻负疚感没有作用时，我们会想办法让自己快速运转起来，做大量耗费精力的事情，使它们充斥在生活中，一刻也不得闲，如搬家、组织会议、重设课程大纲等（我曾经为了逃避写作，花了整整一周的时间把某门课程的所有幻灯片重新换了底版和字体）。因为过度承诺，我们没有时间和精力去做最重要的那件事，就可以顺理成章地自我安慰，"我太忙了，没有空去做那件事"，以求得心安。

也许很多读者从三种行为后果中辨认出自己的影子。关于写作的真相是什么？人们真的需要等到准备好了，或头脑中已经有成熟的想法了，才能开始写作？人们真的需要有大块的时间才能专心写作？写作教练能够提供大量证据和说法，引导受教者辩驳不合理信念（D）。

首先，我们要在没有准备好之前就开始动笔。我们通常想等到准备好了再开始写作，但我们可能永远都不会准备好。对于"我还没有准备好"这一不合理信念，我们可以这样辩驳：

- **不合理信念**："如果没有感觉头脑中充满了灵感，我就不能开始写作。"

  辩驳："事实上，当我开始写作的时候，灵感和创意就会涌现出来，比我干坐着等待灵感来临要有效得多。"

- **不合理信念**："我进入不了写作的状态。"

  辩驳："有时候人必须去做不想做的事情，以达到最终的目标。也许当我开始写的时候，我就会进入状态。"

- **不合理信念**："我不应该逼迫自己写作，它应该是一件自然而然的事情；当我想写了，我自然就会开始写。"

  辩驳："当想写的时候就自然开始写——这当然是件很好的事

情。但事实上，大多数人都会在这点上纠结并浪费大量时间。"

其次，用写作帮助我们理清思路。等到头脑里的想法清晰、成熟了才开始动笔是一个常见的误区，它错误地理解了写作的过程。写作是一个具有创造性、生成性的互动过程，而不仅仅是忠实地记录想法。当我们开始写作，我们才会清晰地看到自己想法中的错误之处和不明确的地方，这些东西仅仅储存在脑子里时，我们是看不到的。写作本身就是一种严谨而积极的思维方式，可以帮助我们理清思路。对于"让我先在脑子里想清楚"这一不合理信念，我们可以这样辩驳：

- **不合理信念**："我必须在下笔之前将想法整理好。"
  辩驳："把想法写下来才有助于进一步整理好。"
- **不合理信念**："如果我不知道我要写什么，动笔有什么意义？"
  辩驳："如果我不动笔开始写，我怎么知道我要写什么呢？"
- **不合理信念**："我需要更多的时间去思考。"
  辩驳："我可以先写一点，然后深入思考，至少这样我知道要思考什么。"

再次，少量时间也是有效的。我们通常觉得需要有整块的时间才能去写作，但研究者并不这么认为。有研究表明，在一年之间每天花30分钟写作的学者要比找整块时间写作的学者发表更多的同行评审的学术论文（Boice，1983；Krashen，2002）。（这对我来说真是个令人激动的发现！）对于"我没有足够的时间"这一不合理信念，最好的辩驳方法就是实施一个简单的行为实验：每天抽出30—45分钟，不论是清晨、午休时分还是晚上，专门用来写作，这段时间内不做其他任何事情（不掉入替代性活动的陷阱）。如果在一周之后感觉没有什么成效，就可以改为以前的找整块时间写作的习惯。事实上，在加德纳和卡恩斯 15 年的写作教练研究中，他们发现，只有 1% 的受教者愿意重新改为找整块时间去写作，99% 的受教者在尝试利用少量或碎片时间写作的方法后坚持了下来。

最后，如果我过去的作品是令人满意的，这次就可能也写得不错。很多人认为，如果写作是一件不得不去做的事情，就可能会降低作品的质量，如果被读者看到就会令他们蒙羞，因而不愿意动笔。然而，如果我们曾经写出不错的作品，以后也极有可能写出令人满意的东西。对于完美主义和冒名顶替综合征等不合理信念，我们可以这样辩驳：

- **不合理信念**："我写得不好。"

  辩驳："我怎么知道我写得不好呢？我之前写过的东西都挺不错的。"

- **不合理信念**："我写的东西错误百出。"

  辩驳："当然，有谁写的东西是完美的？况且，我在写完之后可以仔细修改。"

- **不合理信念**："这离发表的程度还差得远。"

  辩驳："是的，这是个草稿，但我毕竟已经把它写出来了！"

- **不合理信念**："这比我过去发表过的作品差多了。"

  辩驳："拿这篇草稿和反复修订过的已经发表的成熟作品相比，恐怕不太公平。"

- **不合理信念**："我欺骗了读者这么久，这次就会证明我写得有多糟糕，我有多么愚蠢！"

辩驳："如果我能够聪明到欺骗读者这么久，这次我也会聪明地写出他们喜欢的作品。"

我们列举了一些与不合理信念辩驳的例子，每个人都具有不同的辩驳风格和语言，教练者需要与受教者合作，找出受教者自己辩驳的声音。在反复辩驳并逐渐消除不合理信念之后，有效的新信念、态度、行为和方法（E）就有了发展空间。例如：

其一，开始行动，坚持行动。传统观念认为，我们必须先有动力才会开始行动，但现代心理学研究的结论正好与之相反：行动制造动力，动力反过来引发更多的行动（Kearns & Gardner，2011；Schwarz & Bohner，1996）。教练者需要向受教者解释这个心理学规律，鼓励受教者在准备好之前就开始动笔。也许一开始感觉动力不强，但在一小段时间之后，受教者就会感觉有动力产生。受教者可以先进行每日写作30分钟的行为实验，如果过了30分钟还是没有动力，他们就可以暂停，在第二天重新开始30分钟的写作。教练者还需要与受教者解释拖延写作带来的焦虑、负罪感等负面情绪：当我们逃避某事时，它将带来更严重的负面情绪；当我们直面某事时，负面情绪往往会减少（Linnenbrink & Pintrich，2002）。坚持行动，直面我们不愿意做的事情，就能够消解逃避所带来的负面情绪。

其二，有效利用少量和碎片时间，每天坚持写作（30—45分钟），并依个人状况在每天的生活中灵活穿插这些时间。这种方法被称为"零食写作法"（snack writing），它的特点是少量且规律，不会带给人沉重的心理负担，能够促进写作动机和产出（Kearns &

Gradiner，2011）。教练者需要让受教者了解到，每天少量写作绝对不是浪费时间，这可能是最有效率和最能保持产出的做法，还要与受教者充分沟通"零食写作法"带来的情绪和行为上的变化。

其三，遵循著名的80/20原则，即80%的产出是由所投入的20%的时间和努力创造出来的。教练者需要引导受教者在每天的30—45分钟内沉浸在写作中（20%的时间和努力），反复阅读、修改文字，不断润色和调整结构，去找寻参考文献和完成其他编辑工作（80%的时间和努力）都可以留在其他时候。重点是能够在有限的碎片时间里完成最具有挑战性、最关键的部分。

坚持行动和实践有效的新信念会使我们未来的焦点（F）更清晰、明确，新的行为和方法具有可持续性。在写作教练的例子中，我们较完整地展示了ABCDEF模型是如何指导人们克服写作障碍的，这种教练模型十分广泛地应用着，读者也可以尝试找出日常生活中的某一件迟迟不肯行动的事件，用ABCDEF的方法进行自我教练，也许会有意想不到的收获。

第十四章　SPACE 模型

本章导读

- SPACE 模型是认知行为教练流派中的一种教练模型，也是一种相较 ABCDEF 模型更具有整合性并强调个体的生理、心理和社会因素交互作用的教练模型。

- SPACE 模型具有两种基本结构，即 ACE（action-cognition-emotion，行为—认知—情绪模型）和 PACE（physiology-action-cognition-emotion，生理—行为—认知—情绪模型）。

- SPACE 模型具有五大交互元素——生理、认知、情绪、行为和社会情境。每个元素均有相应的教练提问，可以使用一些教练工具和技巧，如身体感觉图、贴标签、编剧本等。

认知行为教练和 SPACE 模型

从认知行为的角度，之所以产生焦虑、压力等情绪问题，是因为我们遇到的状况超出我们的能力范围；我们如何认识事件和对事件抱持何种信念，深刻地影响我们对事件的情绪反应。我们头脑中还不断进行"内部对话"（internal dialogue），对我们的能力、才能、价值，甚至包括我们自身，持续地挑战、怀疑和批判。这些内在的批评有时候是我们忠诚的伙伴，保护我们远离失败、失望和困顿。但在现实中，它们在我们头脑中筛选出自我怀疑的念头，制造焦虑、压力、逃避或习得性无助。

认知行为疗法和认知行为教练都相信我们可以通过改变认知来改善情绪、改变生活。我们首先必须觉察自己一贯的思考模式，如果这些思考模式对我们处理情绪和解决问题没有益处，我们就应该选择一种能够产生新的念头的思考途径，以锻炼我们的思维技巧。通过聚焦在定义清晰的目标上，坚持训练那些有益的、新的思维模式，并维持积极、不评判的态度，我们就可以改变自己对周遭情况、事件、人物的一贯看法，与之相关的焦虑、压力、愤怒、失望等负面情绪和状态也会随之改变。因此，在认知行为教练中，核心的成分是无益的思维模式（在 ABCDEF 模型中，被称为"不合理的信念"）。

我们已经在先前内容中了解了一些常见的无益的思维模式或思考误差，这里我想强调的是，它们往往和负面的情绪体验、无益的行为有关，而行为既有可能指向自己，也有可能涉及他人。情绪既能调动心理反应，也能调动身体反应。因此，我们的认知行为模式包含身体反应、认知、情绪或感觉、行为和社会情境，这是 SPACE 模型所倡导的核心概念。

SPACE 模型的发展

SPACE 模型于 2005 年由英国教练心理学家尼克·艾德格顿（Nick Edgerton）和帕尔默共同创建。他们在回顾了一系列旨在促进受教者达成目标和改变的模型（如 GROW 模型、PRACTICE 模型、

ACHIEVE 模型、ABCDE 模型等）之后，提出一种更具有整合性并强调个体的生理、心理和社会因素交互作用的教练模型，即 SPACE 模型。SPACE 的名称由它的五大元素的首字母组合而成：生理（physiology）、认知（cognition）、情绪（emotion）、行为（action）和社会情境（social context）。SPACE 模型具有两种基本结构，即 ACE（行为—认知—情绪模型）和 PACE（生理—行为—认知—情绪模型）。

　　SPACE 模型的相关理论和文献大部分围绕着认知对人们的情绪状态和行为决定的重要程度展开（Beck，1995；Ellis et al.，1997；Neenan & Palmer，2001）。这个模型的基本理论是：认知在很大程度上决定了情绪反应，即建立了认知→情绪反应链。例如，一个人如果有了与生气、愤怒有关的想法或念头，这个人就很有可能会感受到愤怒这种情绪。除了想法或念头，还包括个体在头脑中描绘的与这些想法或念头有关的图景和意象，以及个体可能身处的情境。例如，一位家长因为孩子乱开水龙头而感到愤怒，他在这个特定情境中的认知→情绪反应链是："孩子这么做是不对的，他不应该这么做。我不允许他这么做，这种行为必须被阻止，这是我身为家长的责任……（认知）→我很愤怒（情绪）。"如果一个人已经处在愤怒中，这种情绪已经变成一种长期的、气质性的状态，就会使这个人在类似情境中更多地出现与愤怒有关的念头，我们称之为"认知倾向"（cognitive predisposition）。例如，上面例子中的家长愤怒时更容易用与愤怒相关的认知去解释孩子开水龙头的行为（只想到孩子肯定是在淘气，不会想到孩子这次可能只想规规矩矩洗个手）。情绪和认知之间是一种双向影响关系，同时"我必须阻止他"等念头清晰地指向某些特定的行为，于是我们需要将"行为"这个元素也加入情绪和认知的双向关系之中，构成"ACE"模型，如图 14-1 所示。

　　ACE 模型是一种最基本的心理模型，揭示了行为、认知和情绪三者之间的交互关系（Lee，2003）。更进一步，感受到情绪以及相应的认知和行为倾向的个体也会同时体验到身体各个感官的变化，也

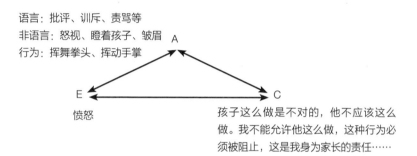

图 14-1　ACE 模型

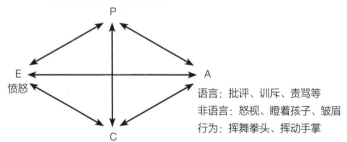

图 14-2　PACE 模型

就是生理唤起（physiological arousal）。当我们将生理这一元素放入 ACE 模型中，它就成为 PACE 模型（见图 14-2），揭示了生理现象和其他元素的交互影响。

从 ACE 模型到 PACE 模型，我们可以看到，个体对事件的反应综合了生理、认知、情感和行为方面的变化。然而，我们还需要考虑社会情境对个体反应的影响。在上述例子中，如果孩子玩水龙头的事件发生在重要客人面前，家长的反应会不会和没有客人的时候有所不同？答案往往是肯定的：我们希望孩子在客人在场的时候更注重礼仪，而没有客人的时候我们可以不那么在乎礼仪。因此，我们需要

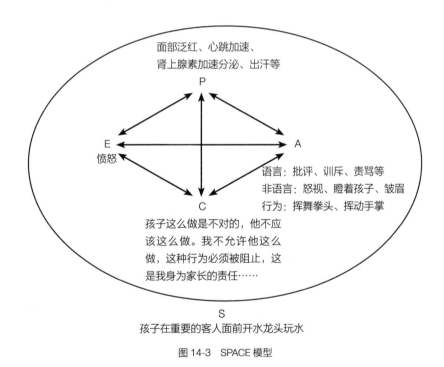

图 14-3　SPACE 模型

在 PACE 模型的基础上再加上社会情境的因素，包括对社会规则、文化、习俗的理解，以及对社会情境中的自身和他人的社会角色的信念。SPACE 模型融合了生理—心理—社会三大要素，有助于教练者了解受教者在特定社会情境下的反应模式（见图 14-3）。

　　SPACE 模型十分直观，它在教练过程中的实践也较为简单，在首次教练会面的时候，教练者可以用它来分析在特定的情境中受教者的问题和情绪。教练者可以按照刚才的例子，从 ACE 模型开始，再到 PACE 模型，最后到 SPACE 模型，有次序地为受教者提供快速、有效的评估，清晰地展示五种主要元素是如何交互作用的，为后期的教练干预打下基础。

实践操作：教练提问及实用工具

　　在实际的教练过程中，使用 SPACE 模型的主导人为教练者，可以通过 ACE、PACE、SPACE 的步骤，询问关于五个元素的问题，并使用一些工具和技巧帮助受教者更好地了解自己的思维模式及其如何影响身体反应、情绪和行为。我在这个部分列举一些教练提问供读者参考。

　　其一，关于社会情境的提问。

　　"请描述一下让你感觉紧张 / 有压力 / 焦虑 / 愤怒的情境。"

　　"当时发生了什么？具体情况是什么？"

　　"你认为外界的什么因素对你造成了影响？"

"周围有谁？他们有什么样的反应？"

其二，关于身体反应的提问。

"当置身于一个让你感觉紧张／有压力／焦虑／愤怒的情境中，你的身体有什么感觉？"

"你觉得自己的身体发生什么变化或出现什么反应？"

"当这些事情发生的时候，你的身体感觉和平时有什么不同？

其三，关于行动的提问。

"你想怎么做？"

"你要做什么才能够减缓紧张／压力／焦虑／愤怒？"

"你不去做什么事情，才能够减缓紧张／压力／焦虑／愤怒？"

"你的第一个行动是什么？它是如何引发第二个行动的？"

其四，关于认知的提问。

"在经历紧张／压力感／焦虑／愤怒的时候，你在想什么？"

"在这些念头中，你认为有什么想法可以帮助你？有什么想法并无益处？"

"对于无益的想法，你能够尝试着从不同的角度去和它们辩论吗？"

"如果换一种角度想，你会有什么念头？"

"如果是一个不容易感觉紧张／有压力／焦虑／愤怒的人在经历这些事情，他会有什么想法？"

其五，关于情绪的提问。

"当你感觉紧张／有压力／焦虑／愤怒的时候，你还有其他什么感觉？"

"你能给这些情绪分别取一个名字吗？"

"你的情绪是如何交织在一起的？它们对你有什么影响？"

"你的情绪对于你处理事情是否有帮助？如果有，它们如何帮到你？"

"如果你能够将自己的情绪释放掉，以一种新的眼光看待这件事情，你会感受到什么？"

"新的情绪在何种程度上能帮助你减轻负面的感觉？"

针对 SPACE 模型的五个元素的提问方式还有很多，教练者可以在空白的 SPACE 模型上写下受教者的详细回答，然后展示给受教者看，如此一来，双方就能够明确身体、认知、情绪、行为和社会情境如何相互影响，并作为一个整体起作用，也能够从任何一个元素着手，制定调整和改变的策略。

在实践中，我发现某些受教者不习惯对自己作全方位的反思。在中国的文化中，我们很少谈论自己的身体反应。当我问对方的身体感受时，受教者的第一个想法可能是："这与我们要说的事情有什么关系？"一些技巧和工具能够有效地帮助受教者理解这些提问，对提问真正地思考，而不是被问题本身所困扰。

在询问身体反应时，一个有效的工具是在空白页面上画一个简单的人形图，即身体感受图，让受教者在描述身体感受时，同时在人形图上标记自己身体特别紧绷、僵硬或其他感觉不舒服的部位。这张图还可以在教练会面的后期，用来做放松想象的练习，例如引导受教者体会进行这些特定部位的放松时，它们会有什么变化，这些变化对情绪和认知有何影响。

图 14-4 展示的身体感受图来自我与一位女性受教者进行 SPACE 教练的第一次会面，她描述了她与孩子激烈争吵，孩子顶撞她时的身体感觉：

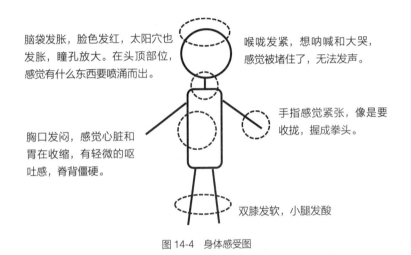

脑袋发胀，脸色发红，太阳穴也发胀，瞳孔放大。在头顶部位，感觉有什么东西要喷涌而出。

喉咙发紧，想呐喊和大哭，感觉被堵住了，无法发声。

手指感觉紧张，像是要收拢，握成拳头。

胸口发闷，感觉心脏和胃在收缩，有轻微的呕吐感，脊背僵硬。

双膝发软，小腿发酸

图 14-4 身体感受图

在探索受教者的情绪和认知的过程中，受教者很容易将某些情绪反应和念头立刻归为"好的"或"不好的"、"有益的"或"无益的"。然而，在 SPACE 模型中，我们仅仅是对受教者的个人系统进行整体的探索和评估，而非在这个阶段对其情绪和想法下判断。如何根据情绪和认知的内容去定义它们而不加以评判，就成为一件重要但困难的事情。教练者可以采用为情绪和念头"命名"或"标记"的技巧，将情绪和认知与受教者本人区分开。例如，当受教者感到愤怒时，只需要真诚地承认这种情绪，然后轻柔地给它贴上一个标记——"愤怒"，当它再次出现时，我们就能够快速地认出它。教练者还可以鼓励受教者发挥灵感，创造自己独特的语言和标记方式去定义情绪和认知。例如，某位受教者在工作中反复遭遇一些并不重大但挥之不去的挫折，它们给受教者制造了一些实际麻烦和心理不适，受教者给这类挫折取的名字为"雾霾"；当它们再次出现，受教者会戏称"雾霾来了"。

需要特别强调的是：情绪和认知"好坏"与否，完全按照它们能否帮助受教者解决问题、达成目标的功用性来决定，其本身并无好坏之分；受教者拥有"坏情绪"或"糟糕的念头"，不代表受教者本人是个"坏人"或"糟糕的人"，我们不必将情绪、认知和受教者本人等同起来；情绪和认知是短暂的、流动的、可以改变的，这也是认知行为教练，包括 SPACE 模型工作的核心。

受教者所处的社会情境以及他们对自己和他人社会角色的理解也许是 SPACE 模型中最困难的一环，因为受教者的很多困扰可能来自对事件和情境的审视不清，以及与社会情境中他人的关系和互动发生问题。在使用 SPACE 模型的教练过程中，我发现一个令人惊叹的现象：一旦受教者能够对社会情境进行详尽而准确的描述和反思，他们就能够自动地调整相应的情绪、认知、行为以及感知身体的变化。这说明作为社会性个体，人们拥有通过解构并重构情境和社会关系来重新书写自我的绝佳本能。

"编剧本"是一种有趣的作用于社会情境的工具，它来源于戏剧治疗，教练者可以邀请受教者将自己的社会情境想象成一个戏剧舞台，在脑海中描绘物理细节（布景、道具）和心理细节（人物活动、对话、交互所产生的心理活动），并给予每个关键人物明确的社会角色和定位、要承担的主要社会责任等。通过想象自己的角色行为和话语如何和他人互相影响、互相作用，受教者能够辨认自身在社会情境中所处的位置，情境中的他人与自我的关系，以及改变情境中的何种元素对自己的改变和成长有帮助。有必要的话，教练者可以参与新剧本的编写，与受教者演对手戏，这样做能够更丰满、真切地反映社会情境及其改变的影响。

第十五章　欣赏式探询模型

···· **本章导读** ·····

• 欣赏式探询模型的本质是具有选择性地探索、强调并阐明个体和组织的积极核心。它区别于其他教练模型的主要特点是采取整合性时间维度和欣赏式提问方式。

• 欣赏式探询模型有五个定义清晰的原则，即建构性原则、积极性原则、同时性原则、诗意性原则与期待性原则，它们相互交织，形成欣赏式探询教练的哲学基础。

• 欣赏式探询模型的中心是教练者和受教者双方要探索的议题。该模型具有四个阶段，即探索和发掘、构筑梦想、组织设计、把握命运，简称"4D 模型"。

我们已经知道，如果聚焦在问题上，人们就很难超越问题去思考。如果我们在教练工作中加入长远眼光和较为广阔的视野，转机和改变就会发生。尽管有时候教练者可以帮助受教者去改变和发展，但我们很难让受教者怀着激情和兴奋去行动，我们似乎还在摸索一种更积极的、提高生活价值的教练方式。

我在大学里为心理学的本科生教授积极心理学课程的时候，时常会想这样一些问题：我们如何帮助他人创造更有意义、丰富、充满激情的生活？我们如何帮助受教者开始自我肯定，自我接纳，从而自然地实现自我改变？我们如何以一种温和、不评判的方式帮助受教者看清他们深藏的理想和渴望？我们如何帮助他们发挥优势资源去实现这些理想？深受积极心理学理论影响的欣赏式探询模型也许能解答部分问题。

何谓欣赏式探询模型

欣赏式探询出现之后，它被称为一种哲学、一种革命性力量、一种转换型改变过程、一种赋予生命动力的理论和实践，甚至是一种新的世界观。欣赏式探询得到如此多的实践者的拥戴是因为它在促进组织和个体的持续改变方面效果显著。

欣赏式探询的教练方式在 20 世纪 80 年代由凯斯西储大学的一批研究工业组织管理的学者发起，研究小组的领导人大卫·库珀里德（David Cooperrider）对行动研究和工业组织发展中的问题聚焦模型深感不安，他和其他学者在多年的研究和实践中发现，对问题解决的过度聚焦会导致人们解决错误的问题，或错误地解决问题，也有可能导致在解决一个问题的过程中触发一系列比原先问题更复杂的问题。库珀里德与其研究团队从复杂性、交互性、主观性、合作性以及语言构建的角度看待组织中的问题解决和改变，认为传统的问题解决模型已经在影响改变方面被滥用了；个体或组织作为一种复杂系统，在朝向自身创造的积极图景前进的方面展现出令人惊叹的发展趋势。他们试图探索一种新的替代性教练方式，让个体和组织积极地想象理想的未来，并为达到未来设计可行的步骤。他们勇敢地对希望和灵感提问，不再只在个体和组织身上看到需要解决的问题或需要填补的缺漏，而是发现其需要欣赏和激发的奇迹和潜力。

欣赏式探询被定义为一种组织分析和学习途径，旨在发掘、理解和增强革新，它的实践理念包括：探询必须以欣赏为开端；关于可能性的探询必须生成能够被应用以及被行动证实的信息；关于欣赏的知识能够激励组织成员积极采取行动；关于个体潜能的探询必须是合作性的，建立在探询的过程和内容不可更改的关系之上。欣赏式探询模型的本质就是有选择地探索、强调并阐明个体和组织的积极核心（positive core）。

欣赏式探询模型主要应用于欣赏式教练（appreciative coaching）中，它结合了多种教练理念，形成自己独特的理论基础，包括：在任何一个社会、组织、团体或个体中，总有一些好的、有效的元素；人们聚焦什么，什么就会变成现实；现实是在现时此刻产生的，对不同的个体而言，现实可以有很多种；对组织、团体和个体的提问会在某种程度上影响我们如何理解它们；在通往未知未来的道路上，如果人们带着一些他们业已知晓的东西，感觉会更加安定、自信和愉悦；如果人们带着一些过去的经验前进，这些过去必须是有益的积极经验；尊重个体之间的差异十分重要；人们使用的语言会建构和创造他们的现实。

如欣赏式探询一样，欣赏式教练也全盘整合了关于改变的理论和实践，但其重点还是如何作用于每一位受教者。在欣赏式、肯定式教练过程中产生的积极能量，和解决问题过程中产生的能量是完全不一样的。欣赏式探询模型使用一系列欣赏式问题，以建构性、积极性、同时性、诗意性和期待性为原则构建四阶段模型，其过程建立在积极的基础上，鼓励创新和创造力的自然发展，给予受教者能量去思索和完成梦想，去谈论他们做得好的和喜欢做的事情。以这些积极能量为基础的工作往往比让受教者谈论他们的弱点和不足要简单得多。

欣赏式探询模型有四个核心阶段，即探索发掘、构筑梦想、组织设计和把握命运。在探索发掘阶段，要真切地欣赏受教者生活中的一切，帮助他们发展出对自身的积极认可，教练者尤其要以积极的问题帮助受教者聚焦于能够给予生活能量的方面，以及发掘受教者过去和现在的成功经验的根源。在梦想构筑阶段，教练者引导受教者探索他们的渴望、梦想、理想和关于更成功的未来的具体图景。通过将未来的梦想建立在过去的经验和此刻的现实上，帮助受教者体会独特的人生整合感。在组织设计阶段，要引导受教者将注意力放在行动和任务上，切实地设计行动方案，让受教者成为自己理想未来的设计师。在把握命运阶段，受教者将学会认可自己的改变和进步，庆祝成功和梦想的实现，全心全意地拥抱自己的生活。每一个阶段都有技巧地与概念、知识、受教者的故事、建议和工具结合在一起，共同形成一种具有权威性且富有洞察力的教练模型。教练者和受教者在此过程中共同倾注热情和积极的能量，以欣赏和自豪发掘每一点成功，以谨慎、关注的态度设想每一种未来，设计有趣且实际的实验和行动去追寻梦想，满怀希望地把握自己的命运并持续改变。

我认为欣赏式探询模型区别于其他教练模型的主要特点是其采取的时间维度和提问的方式。人们采取的时间维度会影响对改变的认识。传统的问题解决模型注重过去的问题和错误以求修正，而欣赏式探询模型将现在和未来作为最主要的时间维度，过去是影响人们行为和改变的因素之一，但并非决定因素。这种整合性时间观能够促进人们的主人翁意识，重构对过去经验的理解和意义，改变一些与过去情况不一致的现状，以及具有选择通向多种未来的可能性，认识到对人最佳的理解来源于当前的情景。

欣赏式探询模型认为提问本身会影响人们如何思考他们的过去、现在和潜在的将来，因此欣赏式探询模型的一个重要前提是提出正确的问题。正确的提问具有难以衡量的巨大能量：它们都是经过精心设计的问题，在受教者思考如何回答它们时能够进入一种积极的聚焦状态，心态会变得更富有激情和期待感；这些提问能够抓住受教者的注意力，因为探索这些问题的动机就隐藏在现时此刻发生的事情当中。例如，有一个提问几乎能在任何时候吸引我们："此时此刻，是什么给你的人生带来能量？"这样的提问能让我们对自身产生好奇和探索心，让我们聚焦在自己喜爱、感兴趣或期待不已的事物上。对于这样的提问，我们也许可以和朋友谈论上几天几夜。与之相对，如果有人问我们这样一个问题："在你明年的工作计划中，最重要的三件事情是什么？"尽管我们知道这个问题的答案很重要，但当我们思索并试图回答这个问题的时候，我们往往不会拥有高涨、积极的情绪，也不会全身心地探索答案，可能只想草率地丢出一个看上去还不错的回答，也不会饱含热情地去实施计划。欣赏式探询模型中使用的提问是会让我们"爱上"的问题，它们不是随便发问，而是促使我们去探索、去改变、去对生活说"yes"的发问。

欣赏式探询模型的五大原则

我们都有想要帮助某人解决问题、取得进展的经历。例如，我有一位学生，他怀疑自己能否适应大学的学习和生活，认为自己"和其他人相比，不是一个擅长学习的人"。他焦虑不安，想要退学，又心有不甘，想尝试学习下去。这种不断挣扎、进退两难的情况我们在生活中常遇到，它是我们不断变化的生活中必然存在的一部分：谁能够预测将来会发生什么？如果这位学生放弃了学业，这既可能强化他对自己的负面评价，也可能促使他往其他方向努力；如果他坚持学习下去，他可能学会如何克服障碍和困难，努力达成目标。现实是在每一个当下的时刻被创造出来的，同时人们对情景有多种解释方式，用不同的语言去发展这些现实。

欣赏式探询模型有五个定义清晰的原则，相互交织，形成欣赏式教练的哲学基础。这五个原则体现在欣赏式探询模型的每一个步骤中，成为教练者实践的基石。

建构性原则

即从建构主义的角度理解我们认识世界的方式。在欣赏式探询模型中，教练者和受教者不认为人的潜力和能力是固定不变的，而是具有多种可能性和发展性。该原则将个体重新放入与知识的关系之中，而人们通过社会互动、沟通、建立符号、隐喻等方式创造社会现实以及与现实相关的心理意义。当人们意识到自己的语言和隐喻实际上能够帮助自己创造现实，他们就会利用这些作为催化剂，在生活和职业领域加速发展。如果人们真的相信自己的生活从一开始就不是被固定的，他们就能够用自己的思维和想象去拓展和改变生活。对某些受教者而言，这些是不容易接受的理念，教练者需要帮助他们拥抱自己可以建构现实的观点。

事实上，欣赏式探询教练并不是唯一采取建构性原则的教练方式。所有的教练流派和模型的核心理念之一就是相信受教者能够建构自己的现实，语言在其中起重要作用。欣赏式探询教练的独特之处是，建构性原则贯穿与之相关的所有实践工具和提问。人们如何建构、认识和理解自己的优势、能力、梦想和渴望，就构成改变的重心。

作为欣赏式探询教练者，我们可以用多种方法帮助受教者构建更好的自我现实：探询受教者的才能和优势、过去和现在的成功经验以及尚未完成的梦想；受教者的一些词语、短语或隐喻能够引导他们通往想要到达的现实，倾听这些语言以帮助受教者创建更具有统整性、平衡的自我认知；温和地将受教者从使用一种聚焦问题的语言转向使用一种发掘和欣赏的语言；帮助受教者创建一些他们想要保持或发展的积极关键特质的清晰图景；鼓励受教者承担理解和创造个人现实的责任感。

欣赏式探询模型所提倡的欣赏式提问能够帮助受教者思考他们过去与现在的成功经验，将其纳入对未来的构建中。欣赏式提问的例子有："请描述一下你目前取得的最大的三个成就。""为什么这些成就令你印象深刻？""你是如何将过去的成就融入你目前的行动中的？""你从过去的成就中学习到了什么？这些学习如何帮助你作出关乎未来的决定？""用五个形容词描绘一下最好的你。""什么情境能最大地调动你的优势？""关于现在的自己，你了解多少？从对自己的了解中，你学习到什么？"

建立在建构性原则上的欣赏式语言能够将受教者从固定的思维习惯和陈旧的信念模式中解放出来，当受教者感受到自己的语言和行为如何聚焦在现实上，他们就会转向新的语言和隐喻，去描绘他们当前的情境和未来的途径。

积极性原则

积极心理学的多年研究已经证明，积极情绪和积极体验能够促进人们更好的自我建构。对个体而言，积极体验促进积极情绪。具有转换性、生成性的积极情绪包括高兴、兴趣、满足、爱等，它们能够拓展思维、提高行动水平、增强心理弹性和自我效能感等，继而产生更多的积极体验，形成良性循环。

例如，高兴或快乐的情绪令人们想去玩耍、嬉闹，玩的过程涉及探索和创造。尽管玩耍在有些时候是漫无目标的，但在玩耍的过程中，人们逐渐掌握身体运动、认知和思考以及社会交往的技巧。在玩耍的状态下，人们也更敏锐、开放，容易接纳新的知识和信息。高兴或快乐的感觉消失后，所习得的各种技巧将会继续存在。兴趣这种积极情绪可能还包括感到好奇、被激起好奇心、兴奋、诧异或惊讶，它们和挑战、内在动机等紧密相关。当人们的兴趣与他们所具有的能力相匹配的时候，人们就能够享受心流的状态。兴趣激发人们想要探索的欲望，因而增长知识，锻炼能力。兴趣不仅仅是最好的老师，也是最好的动力来源，它是个人成长、创造性努力以及智性发展的主要驱动力。满足的积极情绪包含安宁、安详、平静等感觉，这种情绪的产生通常是因为人们感觉非常安全、舒适，有确定感，不需要花费太多努力去证明自己。满足的情绪促使人们品味和享受当下的时刻，去感受到自己和周围世界融为一体。在这种时刻，人们能够将近期体验和现时此刻的自我概念整合到一起，从而拓展世界观，并为下一步采取新的行动积累心理资源。爱的情绪可被看成整合了高兴、兴趣和满足的一系列积极情绪的集合，其核心是自我和他人的关系。带有爱的情绪的人际互动能够构建和增强社会联结和依恋，在长久的关系中，随着爱的纽带的建立，人们会逐渐展露曾经隐藏的部分，会更加理解彼此，会感受到更多的快乐和满足，这些也将促进分享和联结。一旦人们在亲密关系中感受到爱的积极能量，就会将这种体验带到生活中的其他关系中，从而建立良好的社会支持资源，用在以后需要的时刻。

简单来说，积极情绪和积极体验能够拓展人们瞬时的思维—行为本领（thought-action repertoire），包括身体、注意力、智力、社会资源等，让人们从自动化的行为模式中解脱出来，追求新颖、有创造性的行为路径，具有更强的行动动机。长久来看，积极情绪和积极体验能提供持续的心理资源，人们甚至在很长一段时间之后还能够从中获取力量。

积极性原则是一项贯彻始终的具体原则，教练者通过积极性探询、提问、关注积极情绪、回顾最好的自己等方式，最大程度地发掘受教者的积极情绪和积极体验。在欣赏式探询模型中，教练者可以采用以下四种做法帮助受教者成为最好的自己。

第一种做法是赞同并欣赏受教者。无论是在工作领域还是在个人生活领域，人们都需要很多积极情绪和积极社会联结来改变自己的生活，个体的核心积极特质也会因为他人的肯定和欣赏而得到强化。积极的情绪不但会影响个体的当前状态，也会对个体的改变、向未来前进等能力产生正面的影响。积极性原则最重要的一点就是，将受教者对自身和所处情境的理解从负面、消极的视角转换为正面、积极的视角。给予肯定和欣赏的能力是个体都具有的令人惊叹的天赋，运用这一能力，我们能成为彼此现实的构建者。积极性原则遵守一个基本理念：所有人在一定程度上都是可以被重塑的，都在一定程度上向新的信息开放，是想象力和意念的成品。当教练者真诚地肯定和欣赏受教者，并让受教者感受到这一点，受教者就能够从自我中心的预设立场中走出来，扩展对自己优势潜能的认识，增强想要与他人亲密联结的欲望，并表现得更利群和合群。与心理学家说的习得性无助相对应，教练者可以帮助受教者发展习得性帮助，充分调动积极情绪和认可、欣赏对受教者的正面作用。

第二种做法是培养受教者表达积极情绪。积极的情绪和思维建立在自身之上，当我们描述积极情绪带来的益处时，我们也会收获更多的积极情绪。当然，这里绝不是指让受教者随时随地都表现出开心的样子——任何情绪的表达都需要建立在真实的基础上。我们可以想象，一位不论遇到怎样无礼的客人，都需要保持微笑的售货员，或一位无论遇到什么样的家庭困难，永远保持坚强、乐观的父亲，他们会承受多少压力、不如意，拥有多少累垮了的经历。在欣赏式探询模型中，教练者不会让受教者伪装出任何情绪。相反，教练者会帮助受教者挖掘自身的积极情绪源头。如果一位受教者带着忧愁的面容来会谈，教练者就需要思考如何帮助他开发积极资源，建立良性循环的第一步。情绪具有强大的感染性，教练者的情绪会对受教者的情绪产生影响，不论是在教练会面中还是在电话中，教练者传递出来的情绪信息会被受教者敏锐地捕捉到。当受教者带着负面情绪来面谈，教练者能做的第一件事就是不让受教者在负面情绪中继续沦陷，用自身的非语言信息（动作、神态、眼神等）将受教者的状态一点点地带入良性循环中，并随时保持警惕，不能跟随受教者的负面叙述和语言。同时，教练者需要注意到什么能够对受教者的积极情绪起刺激作用，什么能够调动他们的动机和精力，什么对他们而言是积极体验或是能够带来积极情绪的回忆。在这个过程中，受教者能学习到如何放大这些积极的体验和回忆，并在其他生活情境中找寻它们的踪迹，使整个积极的未来变得更具有辨识度；受教者还能学习到如何扩展自己的知识、提升技能和增强个人资源。这些机会一开始是教练者在教练会面中刻意为受教者制造出来的——一些具有生趣、投入、探索性并真诚的教练体验能够为受教者提供丰富的学习机会，并能在教练会面结束后继续发挥作用。

　　第三种做法是帮助受教者描绘"最好的自己"。对经过反思的"最好的自己"的描绘是一种值得运用一生的有效工具，每一个人都能够通过思考自己人生中最独特的经历和情境来学习并使用这一工具。在某些时刻，人们感受到自己最好的那个部分被带入光明之中，被他人认可并赞同，并在具体的行动中实践。经过一段时间的积累，人们收集这些美好的体验，将它们拼集成一个"最好的自己"的形象。有时候，这个形象是逐渐构建出来的，人们还未形成对它的自我意识和注意；有时候，这个形象被环境中的某些刺激事件突然改变，例如工作同伴的反馈、人际关系变化、目标达成等。不论人们如何收集这些独特的经历和时刻，对"最好的自己"的描绘都是一个人发展和成长的灯塔，指引着他朝向"想要成为的样子"前进。

　　跟偶像或模范的作用不一样，"最好的自己"是由个体自身的体验和经历构成的，它代表个体能够做到的最好程度。偶像或模范带来的高远的形象有时候对个体没有太大的激励作用，而"最好的自己"的每一部分都是个体亲身体验过的，是在自我理解和自我欣赏的基础上构建的个体能够达到的形象，这种形象的建立本身也是一种激励。对"最好的自己"的描绘以及进一步丰富这种描绘，能够帮助受教者超越当前的能够拿来创造价值的优势（能力、才能、价值观和个性等），发掘潜能，实现他们的目标和增强价值感。

　　描绘"最好的自己"本质上是一种反思性工具，个体需要通过自己的积极思考和与他人的互动来辨认什么样的个性、特点和优势可以用来描绘自己的最佳形象。描绘需要建立在个体对他人（如家庭成员、朋友、熟人、同事等）如何看待自己的理解之上。然而，人们无法构建出一个完美无缺、没有任何不足之处的形象，也无法建立一个百分百"正确"、绝对符合事实的形象。欣赏式探询模型所认为的"最好的"指个体的优势、优点、长处、具有持续性的才能，以及在特定情境中创造价值的能力。人们通过对积极体验的诠释以及人际间的互动（也就是积极关系）组成自身最好的描绘。此外，"最好的自己"可以被受教者修订、重绘，这些工作往往以生活中的关键事件或催化剂般的变化所带来的自我认知的改变为依据。

　　积极改变通常产生于人们具有重新审视自己的能力和意愿，可能来自三种资源：积极情绪，如高兴、快乐、宁静、希望感、感恩之情；与他人的积极关系；自主性和主观能动性，靠自己的力量完成某事。这些资源都是欣赏式探询模型所关注的。例如，生活中的关键事件可能成为具有挑战性的颠簸（challenging jolts），打乱受教者循规蹈矩的节奏，提供改变的契机。为了有效应对这些变化，受教者必须接受新的信息和情境，探索未知，保持好奇，愿意承担一定的风险。欣赏式探询模型将此说法换成欣赏式颠簸（appreciative jolts），伴随着即刻的注意、聚焦、价值感和认同，引导受教者改变对自我的期许，调动积极情绪，建立积极人际关系，构建对"最好的自己"的描绘，这一切都指向积极的行动。

　　第四种做法是建立良性循环。积极性原则旨在辅助受教者发展出自己的良性循环，即积极地看待自己的念头、情绪和行为的自我强化循环。良性循环的概念在 20 世纪 50 年代的控制论、经济学和管理学领域十分盛行，它描述了一种好元素如何导致其他的好元素，从而形成越来越好的循环系统。与之截然相反的概念是我们熟知的恶性循环，指一种坏元素引起更坏的元素，形成越来越糟糕的循环系统。欣赏式探询模型的目的是建立良性的循环系统，它涉及某一个情境中的优势或进步能够引起另一个情境中的优势和进步，继而引发原来情境中的优势进一步发展……持续发生后，逐渐产生自发的优势循环。这种循环需要秉持积极性原则：认可和欣赏构建受教者的积极核心，积极探询引导积极转变，积极情绪拓展长期的积极能力和优势，积极体验和人际关系帮助描绘"最好的自己"……教练者如果能够更有力地支持受教者从自己的优势、成功和新的结果中汲取营养，滋养积极的自我形象，受教者就能进入快速的良性循环。在这个过程中，教练者是引导和提醒受教者构建良性自我强化循环的重要工具，使用欣赏式语言是一种重要技巧。基于积极性原则的教练语言有："我很乐意听到这种描述——它们让你看上去十分兴奋。""什么时候你感觉自己是最棒的?""我认为这是很重要的经历。""今天我看到了一个与往常不一样的你,是什么让你看起来如此独特?""这恰好是你即将光芒四射的时刻。"

基于积极性原则的欣赏式语言能够最大程度地激励受教者看到自身的可取之处,勇敢、真诚地用自己的语言描绘出来,尽可能地丰富正面形象,并将对自身的理解、积极情绪和行为融合在这种形象之中,引导好的元素开始活动,构建良性循环,最终实现受教者的自我教练。

同时性原则

欣赏式探询教练的同时性原则略微复杂,它涉及人们的时间观。人们如何理解时间可能存在个体差异:有的人认为时间是线性向前的,每一个时刻和下一个时刻之间都具有清晰的界限;有的人认为时间是前后关联的,每一个当下的时刻都带着过去的记忆和未来的可能性,其中有的人可能更关注当下和过去的联系,而有的人更聚焦于当下和未来的延伸。从牛顿经典物理理论演变而来的传统时间观认为时间具有五个特征。

第一个特征是线性。传统的时间观认为时间沿着一条过去、现在、未来的固定不变的时间轴发展,现在仅仅是时间轴上微小的一段,过去承载着事物的所有历史和事件的所有原因,对现时此刻发生的一切具有绝对的解释权,而未来对过去没有任何影响。

第二个特征是客观性。时间不会因人们的主观意愿而改变,它独立于人的意识和情感。过去发生的事情可以储存在记忆中,但它们不能更改。

　　第三个特征是延续性。时间是一直延续的、连贯的、渐进的。偶发的、间断的或不一致的事件（如突如其来的灵感、颠覆性转变）不能够成为改变的有效解释。

　　第四个特征是普遍性。时间不受任何特定情境的影响；时间的规则对每一种文化、每一个社群和每一个人而言都是一致的。

　　第五个特征是还原性。时间轴上的每一个时刻都是不关联的，因而能够被解析和还原；在时间意义上，没有一个点能够成为完整的存在；主体和客体是分离的。

　　传统的时间观曾经被临床和社会心理学广泛接受，其后果是人们的现在被认为是由他们的过去堆砌而成，人们的心理控制源（locus of control）几乎完全独立于自身，心理治疗的焦点是过去的经验。欣赏式探询模型的同时性原则对传统的时间观提出挑战，它采纳全盘、整体性的时间观：

　　其一，过去、现在和未来是整合的、具有共时性的整体，它们之间能够互相影响、互相作用。过去影响现在和未来并不是唯一的走向，现在和未来也能够在一定程度上影响人们对过去的理解和建构。过去仅仅是人们采取行动和改变的一个可能的影响元素，现在和未来是同等重要的影响元素。

　　其二，时间的概念并不是纯客观的，它是一种对现实的共享的觉知（shared perception），可能在不同的文化、社会或家庭中表现得不一样，也可能不同的个体在体会不同情境的过程中感觉不一样（例如，我们觉得开一个小时的会议十分漫长，与朋友聚会的五个小时则是一晃而过），时间因而具有动态性、主观性和诠释性。

其三，时间不一定是持续的，它可能有间断性、唐突、急促、具有干扰性的时刻，也可能产生质的变化。人们能够体会到关于时间的不同经验和面貌，而这些体验对于构建时间概念同样有效。

其四，时间既具有普遍性，也具有特殊性。不同的文化、社会和个体，在不同的情境中，对时间的理解可能不同。重要的是，人们需要对自己的行为、想法和态度负责，需要在时间概念中具有自我负责和尊严意识。

其五，时间不能被还原主义解释，个体也不能被任何一个时间片段决定，而应该被整体地理解。之后发生的事件能够帮助人们了解之前的事件；主体和客体互相影响、密不可分；人们可以不遵循过去的发展路线，去作出改变；现在是了解人的最佳情境。

同时性原则意识到探询和改变是同时间发生的两个平行的过程。改变的种子（受教者如何思考，如何谈论，如何发掘和想象未来）在教练者提出第一个问题的时候就已种下。同时性原则强调当下的力量，探询和改变不是在个体改变过程中分割的时间点进行的，而是同时刻进行的。我们对自身或他人的探询引导注意力朝向某一个方向，不论是有意为之还是无心插柳，这种注意力的导向同时唤起改变。教练者对受教者改变的提问为受教者在回答过程中的自我发现奠定了基础，受教者之后会发掘什么，谈论什么，如何认识他们的过去、现在和未来，都变成他们用以构建新的故事的语言素材。正确的探询问题能够让受教者产生类似顿悟的体验，一种突然转变视角、开放思路的体验，如同旋转万花筒一般，受教者可以从对过去的纠结或对未来的担忧中解脱出来，看到一幅新的图景。

同时性原则所提倡的整体性时间观认为，同时发生的事件能够互相影响，即使它们可能发生在不同的空间中。持有整体观的社会心理学家认为，当现在改变时，过去和未来的意义也在改变；当过去和未来改变时，当下的意义也在改变——这些过程都是同时进行的。教练者通过探询受教者的当下，使他们深刻地接触到过去和未来的可能性。卡尔·荣格（Carl Jung）在他的共时性（synchronicity）理论中也提出，两种或多种事件看上去碰巧同时发生，但事实上它们可能对正在体验它们的个体而言有意义上的关联。整体观的理论学家坚持认为，人们与环境之间持续性的交互作用没有时间的线性上的关系，即个体与环境之间不存在谁先影响谁，而是同时相互影响。因此，每一个人都在现时此刻影响着他人。例如，亲爱的读者，当你在阅读这本书的时候，我就在影响你，而你同时也在影响我，即使我们对彼此的影响不一定通过同样的方式感受到。

在欣赏式探询模型中，教练者和受教者也许还不确定一种带有力量的探询最终能将他们带往何处，但教练者至少可以帮助受教者使用他们完整的体验、梦境、希望以及包括其他现时此刻存在之物的"格式塔"（gestalt，即德语的"完形"）。对受教者而言，过去、现在和未来交织成一张未知的关系之网，解开这张网的方法就藏在欣赏式探询模型所能激发的改变中。教练者提出的欣赏式探询问题越丰富，受教者就越容易以对自身成长有利的方式去回应，就会越信任探询及其触发的改变的同时性。

教练者可以采用几种探寻方法来帮助受教者向他们希望的方向前进：用欣赏式询问建立良好的、互相信任的教练关系；持续地提醒受教者他们的优势资源和成功；意识到提问的力量并谨慎地思考如何提问；提出能够促使受教者重新思考过去、现在和未来的问题；提出能够帮助受教者从他们的当下出发，重构过去的问题。例如："是什么让你富有能量？""过去你是怎么做成这件事情的？现在有什么能够帮助你做成这件事情？""你一直以来对这件事情的体验是什么？""你如何继续让自己向前发展？"

简短地说，同时性原则意味着，从教练者向受教者发问的那一刻起，改变就发生着；探询点燃思考的星星之火，并指引努力和能量的方向，这些都将决定受教者发展过程中的所思、所感、所行。

诗意性原则

诗意性（poetic）原则是一项优美、带有浓厚人文气息的原则。它是指欣赏性探询模型不认为受教者只带来亟待解决的问题，而是邀请受教者将自己看成一本具有所有可能性的书，书中包含他们自身不断建构、重绘以及融合对过去、现在和未来的学习的故事。欣赏式探询模型认可隐喻和故事在捕捉人们的潜力方面的力量；受教者回忆并讲述自己最棒的时刻的故事，这些时刻本身就成为强大的动力，推动受教者在富有挑战性的生活和工作情境中克服困难并实现积极的改变。

诗意性原则的核心是个体认识到在任何一种情境下，自己都有一系列备选的可能性、多角度的考虑方向以及作出任何选择的自由。当我们谈论诗意性原则的时候，通常会强调一本开放的书具有无尽的、用不同方式去诠释的可能性以及隐喻的使用。受教者作为一本开放的书，是由他们的过去、现在和未来共同不断书写而成的；受教者的整合性经验如同诗歌一样，能够被"阅读"和用多种方式解读。这项原则强而有力地将受教者从故步自封的状况中解救出来，让他们不再以陈旧、有限的眼光看待自身、他人、周遭环境以及可能性。整合性的时间观预示着这项原则的重要性：作为人，我们不应该被线性的时间进程所禁锢，"过去决定现在，继而决定未来"并不是不可变更的真理；我们也不应该被具有预测性的因果解释所禁锢，它们限制了我们诠释并重写自己的故事的能力。在很多时候，受教者（甚至包括教练者本人）没有意识到这种观念模式的转变多么重要，我们大多数人仍然认可线性的因果关系，而不考虑复杂情境中多种元素的相关和交互作用，也没有用科学探索去验证。当受教者和教练者采取整合性时间观时，他们能看到过去、现在和未来是如何交织、如何共同发生并作用于个体和环境的。过去具有动力（dynamic），可以被更改；人们通过对生活的重新诠释可以改变记忆，继而为现在和未来带入更多的意义和价值感。

在教练过程中，诗意性原则不断提醒教练者这样一个事实：受教者生活在多种元素交互作用的复杂系统之中，他们的未来不能够被完全预测，而是由多种可能性组成的，随着他们所作决定而流动。我们能够确定的是，教练者有效地应用诗意性原则，使受教者有充分的选择自由去重新诠释和书写自己的经历，重新定义自己的方向以及看待、理解自己的方式，受教者就不会被传统的线性时间观所束缚，他们的过去也不再是未来的独裁者。

基于诗意性原则，教练者能够帮助受教者的途径主要有两条：给予受教者自由，允许他们以一种整合性方式看待自己；帮助受教者与其内心之流联结起来。第一种途径聚焦于鼓励受教者采取整合性时间观，将自己看作过去、现在和未来的"动力整合体"（dynamic whole），而不是由过去的片段、当下的压力和未来的担忧堆砌而成的"问题综合体"（problematic whole）。教练者需要向受教者传达一种信任和邀请的态度，相信受教者具有重写人生故事的能力。第二种途径聚焦于受教者内在的、流动的自我意识和观念模式。教练者帮助受教者解放陈旧而固定的自我认识，充分地自我表达和展露，探索多种可能性，并逐渐建立主体性意识。欣赏性教练语言在诗意性原则中拥有广阔的发挥空间，教练者需要留心受教者每一个关于创新、改变、发现的时刻。受教者的语言反映了他们对人生情境的积极诠释，不论这些情境发生在过去、现在还是未来。当受教者的语言描述的是他们的内心之流和选择，而不是控制现在或追求某种特定的未来图景之时，这些语言就是受教者开放自身、创造性地看待生活而不囿于不可抗力结果的有力信号。教练者需要敏锐地捕捉这些信号，并将它们放大，让受教者清楚地听到自己的声音。例如："你所说的和你期待的十分一致。""这些事情有什么联系？对你来说有什么意义？""想象你生活中所有的可能性。""你能够选择任何道路——这是多么珍贵的认识！""你更像你自己了。"

诗意性原则将受教者比喻成一本开放之书，或一首开放之诗，整合了过去、现在和未来的体验，并具有多种不同的诠释意义。对于何种诠释最有益，受教者在教练者的引导和支持下，能够自由、主动地作出选择，描绘更贴近自己理想未来的图景。

期待性原则

期待性原则意指受教者自己构建一个清晰的、关乎未来的积极形象。通过这个具有期待性的未来形象，受教者表达他们的渴望、希望和可能性；这个未来形象将引导受教者当下的行为和行动。

期待性原则具有两个主要操作元素，即对未来图景的想象和创造。人们对未来图景的描绘能够指引他们目前的行为和行动；未来图景如同电影幻灯片一般，人们将自己对未来的想象和期许用语言和隐喻投放出来。欣赏式探询模型尤其关注将受教者的积极期许和想象调和在教练过程中，鼓励受教者以主动的心态去期待未来。教练者力求将受教者从负面、消极的自证预言重新引导到正面、积极地对待将要到来的事物上。教练者的责任是帮助受教者保持对自己的积极期待，尤其是在怀疑、不确定、不相信的时刻，这种理解和支持就显得格外重要。教练者必须坚信对未来图景的描绘和想象拥有对即将发生事件的强大的、创造性的影响。在欣赏式探询模型的操作过程中，期待性原则建立在两种观察之上：对未来图景的积极想象和思考以及整合性（或延展性）的时间观。

在构想欣赏式探询模型原则的时候，库珀里德研究了积极意象和积极行动之间的关系，他特别关注这样一个问题：那些未知且中性的（既不消极也不积极）关于未来的积极意象，一开始是如何被辨别出来的？他的思考和探询带领他穿越了社会科学的许多领域，包括对运动员积极意象的研究、乐观主义和健康的关系研究、医学中的安慰剂现象研究、课堂教学中的皮格马利翁效应（Pygmalion effect）研究、对内在语言的认知研究，等等。积极意象的力量在不同时代的文献中多有提及，本质上，人们具有保持自我形象和创造关于自身潜能的形象的特性，拥有令人震撼的通过积极想象和积极行动构建现实的能力。正如前文所述，已经有大量的研究证实了积极思维的力量。过去的很多研究聚焦于自证预言的力量，它们展现了个体如何印证他人对自己的期待。但研究表明，人们对自己的期待超越了"成就"这个主题，涉及发自内心的、情绪上的特质。也就是说，人们的期待不但影响他们如何看待现实，而且影响现实本身。怀着极强的对自身的积极信念的人能够接受严峻的挑战，对于困难的任务不轻言放弃，认为自己有足够的能力获得成功，即使在遭遇挫折的情况下也能迅速反弹。这种对自身的积极信念包含对自身的积极意象，是被他人的积极期许逐渐培养出来的，如父母、老师、导师等。

　　整合性或延展性的时间观也在本章多次提及，人们的时间延展性观念对传统的心理预设提出挑战，即过去不再是未来的唯一决定者。我们对未来的想象如同电影画面，如果受教者采用传统的线性时间观，就会被过去的经历和负面的自证预言所束缚，认为对于过去我们完全没有选择权，现在和未来都承载着来自过去的重量，投放出的未来画面就会重新制造过去和现在的消极状态。人们往往对自己重温消极状态的行为不自知，还会烦恼为什么未来没有带来积极的东西。相对地，如果我们采用整合性时间观，就会认识到过去能够与现在和未来建立联系并对其产生影响，这种联系和影响是动态的，并不是固定和静止的。我们会相信自己能够展望和创造一个不同的未来，采取积极、主动的行为，构建正面的自证预言，利用现在去辨认过去最好的是什么，将它们带入对当下的理解，再将这种正面的自证预言带入想要达成的未来。教练者需要帮助受教者聚焦于过去和现在什么是最好的，什么可能是最好的，什么将会是最好的——这些最好的方面构成一座丰富、稳健的关系桥梁，一端连接着记忆中最珍贵的事件，另一端连接着对未来的强烈憧憬。

教练者确保自己遵守了期待性原则的最佳方式是，向受教者征求描绘未来图景、表达渴望和期待的语言并认真倾听。教练者的工作是帮助受教者投入地绘制将来和构建梦想，提醒他们未来图景和当下行动之间的联系。典型的理念包括：积极意象创造积极未来；对未来的展望植根于现在；在决策之前，人们往往先创造展望和想象；人们的想象即信念；千里之行，始于足下；人们带着最好的已知（the best known）走向未知时，会更富有信心、激情和舒适感。

欣赏性探询语言可以用来帮助受教者期待未来。鼓励他们描绘积极意象的提问十分有用，因为人们往往不愿意相信自己可以实现埋藏或酝酿已久的梦想，而每一个微小的梦想都如同星星之火，一旦有特别的关注，就能产生更耀眼的火花。询问受教者过去的成功经验如何给予未来灵感，能够帮助受教者逐渐建立自信心和舒适感，就像同时性原则所指出的，探询和改变同时发生。基于期待性原则的欣赏性探询语言有很多，例如："当你想象自己的未来时，你有什么样的感觉？""未来的什么方面最让你兴奋？""你想从什么方面挑战自己？""朝着你想要达到的目标前进，一开始的一小步是什么？""你想象自己那时候在做什么？"

除了探询和提问，还有一个教练工具——意象和故事，它能够激发受教者行动的决心。客观事实和数据很少有打动人心、促使人采取行动的力量，但积极的意象和故事能够提供通往行动和理想未来的地图。

与其他的欣赏式探询原则相结合，期待性原则要求教练者用欣赏性探询语言唤起受教者正面、积极的未来图景，用清晰、饱满的积极意象帮助受教者朝最想去的方向前进。

4D 模型

　　欣赏式探询模型的五大原则贯穿其四个阶段，即探索和发掘（ discovery ）、构筑梦想（ dream ）、组织设计（ design ）、把握命运（ destiny ），简称"4D 模型"（图 15-1）。欣赏式探询模型的中心是教练者和受教者双方要探索的议题，这个议题必须以欣赏式语言（或者至少是中性语言）去陈述，避免议题以负面、消极、解决问题的口吻展开。尽管理论上这四个阶段是连续循环的，但通常我们会从探索和发掘阶段开始，之后的每一步都跟着前一步进行。在实际操作过程中，这几个阶段会动态连续，相互关联。除了连接四个阶段的箭头表明一定的方向之外，在模型内部还有一些箭头，它们表示在有需要的情况下，教练者和受教者在任何一个阶段都可以跳回之前的阶段，例如在组织设计阶段可以重温在探索和发掘阶段谈论过的事件。

　　在应用欣赏式探询模型的时候，教练者一般从清晰的议题开始。

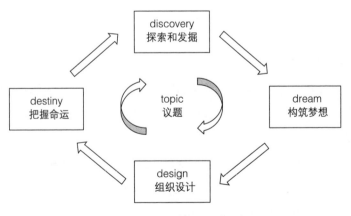

图 15-1　欣赏式探询模型的四个阶段

"议题"是一个中性词汇，它不隐含好的或坏的、重要的或不重要的、困难的或简单的意思。如果将中间的词换成"问题"，就可能将受教者的思维模式调成基于问题的模式，违背了欣赏式探询模型的初衷；如果换成"目标"，可能将受教者的思维模式调成达成目标的模式，受教者可能在充分发掘和探询自身之前急于制订计划，也就无法发挥欣赏式探询的作用。"议题"可以更好地引导受教者用中性或积极的语言表达出与他们生活中真正想要的事情相关的思考、担忧、考量和面临的挑战。例如，教练者可以帮助受教者将起初的愿望"克服在学习自觉性和时间管理上的缺点"稍作修改，变成一种更积极的议题，如"我怎么做才能在学习方面更自觉，更好地利用时间"，或者变成一种简短、中性的议题，如"我怎样成为自觉、高效的学习者"。议题要聚焦于教练过程，尤其是在探索和发掘阶段，会有一系列与议题相关的、针对过去和现在的成功经验、技术、才能的深入探索。在双方深入考察受教者的生活时，教练对话有可能跑偏，这时候议题就发挥了巨大作用：它能够设立一个清晰的边界，去讨论受教者生活中有何积极方面和议题紧密相关，有何积极经验和议题可能相关，双方需要花力气去探究什么。议题如同一个锚点，让教练者能够牢牢地把握谈话的重心，从大量看似零散的叙述中辨认出共同的线索，将教练对话和议题关联起来。

探索和发掘阶段

　　探索和发掘阶段是欣赏式探询模型的第一个阶段，它奠定了教练过程的基础。探索和发掘关乎发掘并欣赏那些赋予受教者生命意义的事物，帮助受教者用积极、自我认同的眼光看待自身，以及用欣赏式方式理解他们带入教练关系中的议题。与受教者一起启程去探索是教练者的重大责任，也可以说是一种荣幸。探索和发掘的一开始既可以是表达想到达成一个具体目标的渴望，也可以是对更完满且幸福的生活的模糊期待，还可以是对自己的成长方向的一个初期意向。不论这个阶段的焦点是什么，它总能够引导受教者不断地用新的眼光和思维方式看待自身，受教者会感觉情绪被调动起来，非常兴奋，同时体会到探索未知的不安感。

在这个阶段，教练者需要辅助受教者从积极的角度看待自己的生活，这是他们所选择的未来的基础；要鼓励受教者去反思、庆贺并有效地利用自身优势、成功经验、能力、渴望，将这些发掘出来的资源和未来的希望与梦想联系起来。教练者使用欣赏式提问，将受教者身上最好的部分召唤出来；通过展现受教者独特优势和能力的故事，增强受教者的积极核心，为他们的未来注入活力。有时候双方可能用一次教练会面专门反思，有时候双方可能为此进行好几次教练对话——对话的质量而不是数量，决定了教练品质的差异。对于一些已经可以用积极眼光看待自己的受教者，这个阶段能够进一步帮助他们认同并欣赏自己；对于一些积极自我认同程度较低的受教者，这个阶段是构建积极自我形象的关键阶段，要尽可能地将过去长期积累的、过度活跃的自我批判思维去学习化（unlearning），以"半满的杯子"的积极视角取代"半空的杯子"的消极视角，以培养受教者用积极、崭新的眼光看待自身、所处的情境以及渴望的未来。

探索和发掘阶段的教练实践重点包括以下四点：

其一，与受教者建立良好关系。教练作为一种职业关系，非常重视关系的品质。认同并欣赏受教者是建立良好的教练关系的关键，另一个有用的方法是培养受教者的积极情绪并帮助他们表达。教练者自己的积极情绪会感染受教者，影响他们在一些模棱两可的时刻以更积极的态度理解当下发生的事件。教练者要有意识地营造开放、分享、拥抱创造力的氛围，鼓励受教者以幽默的方式面对挑战，并以更乐观、自信的态度看待不确定性。

其二，引导受教者采用更积极、具有赋权感的视角。每个人都拥有自己的信念和世界观，有的信念可能具有局限性，使人们看不到新的可能性。但人具有学习的本能，在适当的内在或外在刺激下，能够踏出自己的信念之圈去进行更多的思考。人们对于如何诠释自己的行为、观念、信念和情绪也有选择能力。教练者需要通过开放并分享欣赏式的、崭新的视角，让受教者体会到强烈的自我赋权感和自我价值感，给予他们独特回应，帮助构建一个更整体和平衡的自我认识。教练者用一系列欣赏式提问，提醒受教者他们所拥有的资源和优势，邀请受教者用新的积极思维框架重新解释过去，创造出具有他们的关键特质的清晰形象——这个形象是受教者目前想要保持的，或是想在未来进一步发展的"最好的自己"。

其三，确立可能性意识。受教者渴望一种新的可能，尤其是当他们感觉困顿、无助的时候。他们与教练者分享的那些令人困扰的事件背后都有这样一种呐喊——"我希望它变得不一样"。即使是看上去最成功、最自信的受教者，在他们蕴藏梦想的内心中，也同时埋藏着对"自己不具备达成梦想的能力"的怀疑和担忧，或者他们可能觉得社会文化情境、周围人的期待等因素会阻碍他们达成梦想。让受教者充分意识到可能性是探索和发掘阶段不可缺少的部分，它的理念在于让暗藏的"我希望它变得不一样"转变成清晰的"它的确可以变得不一样"。教练者使用欣赏式语言调动受教者对于自身的成功和才能的理解，使他们确信自身拥有能够实现不同可能的能力和资源。教练者和受教者共同创造一种安全且接纳的氛围，让受教者能够舒适且安心地接纳和认同各种可能性。先让受教者在教练过程中尝试不同可能性所带来的体验，然后鼓励他们将这些体验迁移到其他情境中，从而强化受教者的可能性意识。

其四，培养并支持受教者对积极未来的信念。欣赏式探询教练者希望受教者能够带着过去最好的部分，自信、舒展地朝着理想未来前进。教练者需要仔细倾听受教者使用的与理想未来产生共鸣的词语、短语或隐喻。在受教者能够完整地描绘未来图景之前，可能有一些零散的表达穿插在关于过去和现在的描述之中，教练者需要将这些语言辨认出来并收集起来，用认可和欣赏的语言反映出来，帮助受教者认识到，这样一个积极的未来确实可达成，以此强化受教者对未来的积极信念。这种积极信念越强烈，受教者越是能够跳出现在的舒适圈，克服当下的挑战，摆脱头脑中预设的障碍，主动锻炼自己的能力，为下一步的构筑梦想阶段打下基础。

构筑梦想阶段

倾听他人长久以来怀有的梦想和渴望是一件意义深远且激发灵感的事情；看到他人逐步磨炼技能和力量，坚定自己达成梦想的信念更是振奋人心。欣赏式探询模型的第二阶段——构筑梦想阶段的目标是，支持受教者清楚地表达一种有意义、自行选择的理想未来图景。

教练者帮助受教者越过舒适的自我形象的限制，构筑强大、有力的未来展望，激发并指引他们将梦想化为真实的现实。

欣赏式探询模型认为构筑梦想是一个有意识、清醒、刻意进行的过程。使用"梦想"一词是因为梦想和想象的图景、声音、色彩、文字、隐喻和其他感官信息及符号具有广泛的联系；它可以发生在无意识的睡眠之中，也可以发生在清醒的认知之中；它给予人们一种关于生活的独特的一致感（a sense of coherence），因为构筑梦想建立在对过去和现在的深入探索、挖掘的基础上。教练者都很清楚这样一个事实：铺展梦想的道路不太可能一帆风顺，尤其是当受教者从来没有胆量去构想他们一贯认为自己无法做到的事情时。面对一张空白的画布描绘梦想是令人兴奋的，因为它意味着自由，但一笔一笔地描绘梦想是十分花费心力的事情。如果画布上已经留存过往固持信念的痕迹，如何重新描绘也是一件极具挑战性的工作。探索并接纳过去和现在最好的经验——也就是第一阶段的工作，能够帮助受教者有效地进入构筑梦想的阶段。

在构筑梦想阶段，教练者要强调有意图的、清醒的梦想，包括期待的图景和现实、积极情绪和具有生成性的隐喻。同做梦的过程一样，创造实现潜能的期待图景是人们自然而然的能力。自我生成的关于梦想的意象能够引导人们朝向某种具体的未来，并采取相应的行动去实现这种未来。它既可能是积极的，也可能是消极的，这就是我们所说的"期待现实"（anticipated reality）。积极的期待现实能够唤起受教者的积极情绪，包括快乐、兴奋、兴趣、满足等；真实的积极情绪为受教者带来希望感并增强其乐观精神，在构筑梦想的过程中发挥重要作用。隐喻或比喻的功能是将某一样事物的意义迁移到另一个领域，它能够组织、整理受教者的知觉和观点，提供一个框架去整合几种看似无关，实则相关的元素。隐喻具有生成性的特点，因其特意强调形成新观念和新判断，从而生成新的意义。生成性隐喻是帮助受教者探索新的可能性的催化剂；新的隐喻能够改变受教者的知觉和观念，改变他们的经验，学习并建构新的期待现实。教练者关注受教者如何报告他们内心的风景：关于过去成就的故事、对才能和能力的认同、对渴望和理想的明确肯定等。有些受教者可能已经在头脑中清楚地绘制出梦想，而对某些受教者而言，描绘梦想是一件新鲜事。不论是何种情况，受教者都需要首先通过了解自己来构筑梦想，然后创造自身的未来图景，最后为自己的未来发声。构筑梦想阶段、发掘和探索阶段都具有循环的特点，有些梦想必须在一遍又一遍地探索中逐渐演化，这要求教练者拥有耐心和敏感性，能够跟随受教者的节奏和步调。

为了更好地捕捉构筑梦想所具有的整合性和隐喻性特点，此阶段的教练操作重点包括以下三点：

其一，鼓励受教者创造未来图景。在探索和发掘阶段，教练者温和地邀请受教者用积极的眼光看待自己和情境，这种做法最终会让受教者自然地投入讲述自己的梦想。教练者通过鼓励受教者反思自己在探索和发掘阶段学习到的东西，去声明自己的渴望，去组织关于未来可能性的陈述或图景，而不是一步跳跃到与过去、现在毫无关联的未来幻想中。教练者充分遵循积极性原则和期待性原则，邀请受教者尽可能详细地构建他们的未来图景：生活看上去是什么样子的，感觉如何，他们是什么样的人，在做些什么，等等。某些在过去和现在发生的特别好的特殊时刻，在未来图景中是恒常而非例外的时刻。有时候，未来图景清晰而快速地出现在教练者对受教者的想象中，而受教者本人还没有在脑海中将图景描绘出来，此时教练者需要记住集体想象（collective imagination）和对话的重要性——人们的生活是可以被合著的（co-authored）。通过欣赏式语言、传达积极情绪以及对声明未来的勇气的赞许，教练者与受教者共同列举过去的成就，辨认出高峰表现的行为模式并聚焦于受教者最好的时刻，帮助他们看到一个更广阔、深邃、生动的未来图景，将象征才能、能力、成功和行动的重要地标画出来。

其二，邀请受教者为理想未来发声。构建可能性的图景和梦想是贯穿人们一生的动态、系统的过程。教练者邀请受教者基于过去和现在的特殊时刻，去想象未来图景中能为他们的人生带来活力的时刻，发掘他们最深层的愿望与埋藏的可能性，并作出清醒的、有意识的关于梦想的选择。通过"可能性对话"（possibility conversations），教练者帮助受教者为理想未来发声，使他们朝"创意先锋"（creative edge）推进。

理想未来可能包括三种图景：一是预言图景（prophetic image），它源自受教者深层的内在知识，概括了受教者对未来的期待和信念，起到积极自证预言的作用。二是诗意图景（poetic image），它描述了想象中的可能性或未来的另一种选择。与诗意性原则类似，它启发受教者对生活作出多种诠释和拥有一些潜在的选择。三是标准图景（normative image），它包含基于受教者深层的理念和价值观，应该存在于未来图景中的一些成分。受教者如何为理想未来发声，要根据每个人的个性倾向、风格和能力因人而异。有的人喜欢一条一条地列出理想未来，并整理成概念地图；有的人喜欢将理想未来按时间分为好几段，每一段有一个中心主题；有的人喜欢将理想未来画出来，或用相册的形式记录下来。不论采用何种方法，教练者都需要请受教者用主动的第一人称口吻和现在时态去叙述，如同他们当下就生活在梦想中一样。

其三，认可且赞同受教者的梦想。教练者必须对受教者的梦想表达支持和肯定：一是坚信受教者的梦想是合情合理的，二是坚信受教者能够真正地实现梦想。如同皮格马利翁效应提醒我们的，人们会回应他人持有的对自己的积极期待。教练者必须认可受教者有足够的能力和资源实现他们的梦想；教练者的积极情绪、乐观精神和教练关系会对受教者的自我评价产生影响，从而促进长期的改变，这种肯定性能力（affirmative capacity）是欣赏式探询教练者的核心职业能力之一。梦想图景变得宏大、清晰且富有意义时，双方就可以进行下一个阶段的工作。

组织设计阶段

在某种意义上，我们每个人都是自身所处世界的设计者，连我们自身也是自己设计的"产品"。组织和设计阶段关乎如何帮助受教者集中注意力和采取行动，设计自己最想达成的未来。这一阶段工作的重心放在梦想的"表述"和梦想的"表现"之间的距离上，也就是从我们如何说出梦想到如何实现梦想这段距离。根据受教者梦想的复杂程度，从创造到实现之间可能需要相当长的一段时间，它类似于航海的体验：一位好的水手必须拥有正确的地图、合适的导航工具、足够的装备、忠诚的伙伴等。受教者和教练者就是这段旅途中的同伴，而教练者在这个阶段的工作就是帮助受教者在设计梦想的时候变得更具有主导性，拥有明确的方向感和充沛的精力，但同时不希望受教者被陈述梦想时的条条框框所限制，更重要的是维持最初的核心，作出自主选择和采取行动。需要注意的一点是，这一阶段不像传统的教练模型的计划阶段一样，要求受教者设计十分具体的行动方案的细节。欣赏式探询教练者认为，太细致的行动方案会限制受教者，太聚焦于细节也会使受教者仅仅看到当前的选择；相反，受教者应当具备一定的开放度和灵活度，合理利用多种机会和选择，认识到他们的真实生活比他们所能计划的一切细节都更具有流动性、动态性和不可预测性。

在组织设计阶段，教练者的主要任务是帮助受教者创造实现梦想的基础和结构。受教者需要设计一条最适合自己的路径，这条路径不但珍视、尊重和欣赏当下的自己，并且能推动受教者行动且保持前进的势头。教练者能够提供的一个关键性支持就是和受教者一起创建实现梦想的积极对话。教练者提出问题，帮助受教者澄清现实，补充意义，探索实现梦想方案的细节，确认并赞赏受教者的潜能，鼓励实验性的行为和试错，支持其不断的努力并对自己的行为和决定负责。正如建构性原则所说的，受教者在与他人的沟通和交流中持续地创造意义和现实，教练者在从构建梦想到实现梦想的过程中有至关重要的作用：尽管教练者无法控制受教者实现梦想的旅程是容易的还是困难的，但他们是受教者忠诚的支持者。

组织设计阶段可能是欣赏式探询模型中最具有挑战性的一环，这段旅程对受教者而言意味着不断地学习和改变，他们有时候甚至会发现自己在倒退；事情的进展也时快时慢，有时候不尽如人意。教练者需要时刻提醒自己：我是被受教者邀请而来，一起走上学习和改变道路的同伴。有些受教者获得了极大的成功，有些受教者成功了一半，有些受教者可能半途放弃。无论是何种情况，教练者必须坚持相信：对于那些成功收获梦想的人，是他们自己愿意在生活中作出足够的改变，有足够的努力去完成梦想，去有效利用新的觉察、机会和支持资源；是受教者自己拥有走完旅程的意志。

教练者主要通过三项任务帮助受教者将梦想落地扎根。

第一项任务是，辅助受教者将梦想聚焦。受教者的有些梦想可能非常大，甚至显得虚无缥缈。教练者首先需要帮助受教者辨别不同梦想的优先级，聚焦于当前最重要的梦想，如此一来，受教者就能开启具体行动。一旦受教者设立两到三个最高优先级的梦想，教练者需要请受教者花些时间去描述，在这些梦想成功实现后，他们是什么样子的。随着组织和设计阶段的深入，教练对话逐渐推动受教者自己去定义什么是"成功"，或者什么才算实现了梦想。

第二项任务是，确认梦想的现实性。欣赏式探询教练者可以采用三种方法辅助受教者确认梦想的现实性和可行性。首先，教练者帮助受教者将他们的喜好带入生活中，为自己的梦想发声。这是一个持续的过程：受教者在实现梦想的同时不断地声明自己的需要以及渴望，他们可能需要询问他人的意见和建议、向他人求助或稍作停歇，反思一下自己究竟想要达成什么梦想。其次，教练者帮助受教者发挥"杠杆力量"，使其核心积极信念和价值维持他们在改变过程中的意志力。例如，教练者让受教者明确宣布当年的积极梦想是什么，或根据梦想为当年取一个名字（如"升职之年""自我关爱之年"），为他们对优先梦想的承诺感添砖加瓦。教练者鼓励这些承诺、宣布、冠名的行为，是因为它们能促使个体挪动自己当前生活中的位置，踏出舒适圈，将自身的动力和能力充分用于改变和进步。最后，确认、赞同和欣赏受教者在组织和设计阶段的任何进步，不论受教者处于本阶段的什么位置，都需要用教练提问、鼓励和支持，帮助受教者对梦想持有责任感和承诺感。

第三项任务是，支持正念的选择和行动。在组织设计阶段，教练者需要确保受教者作出有意识的、正念的选择并承诺全身心地开启有意义的行动，朝向梦想前进。行动是几乎所有教练范式和方法的基础，欣赏式探询模型也不例外。但欣赏式探询模型的一个重要不同在于：正念的选择必须在行动之前。如此一来，行动才是深思熟虑且具有反思意义的，能真正成为梦想蓝图的一部分。具体的教练方法包括支持受教者活在当下和寻求其他支持资源。

首先，活在当下并不是指要及时行乐，而是指受教者能够真正改变和行动的时刻就是当下——尽管组织设计阶段的焦点看上去是针对未来的，但事实上它是在即时此刻实现的。教练者需要鼓励受教者全身心地感知改变的每一个时刻，这种觉察有助于受教者将注意力放在现时生活对未来梦想的馈赠上。教练者还需要支持受教者觉察并感激采取新行动或应用新技能的时刻，它们是实现新梦想的试金石，也能够在试探不成功的时候重新激发受教者的能量。

其次，寻求他人的支持在此阶段十分重要。除了教练者的专业辅助之外，他们还需要通过各种社会关系与社会活动去发展自身，去爱，去学习。当受教者分享自己的梦想与蓝图时，往往会引发其他人的提问、探询和分享自己的主意，可能会带来新的理解或新的渴望，赋予梦想一个更清晰的定义，或将新机会更明朗地铺展开。选择真正的支持性社会资源是关键：赞同分享、支持梦想、采取积极行为能够让受教者自行创造积极循环。需要注意的一点是，受教者行动时往往会影响周围的人。对某些人来说，这些改变会带来更强的愉悦和亲密感；然而，对另一些人来说，这些改变会带来失望、自尊受威胁等负面情绪，而且他们很可能没有意识到这些负面情绪从何而来。教练者和受教者需要准确评估受教者的支持系统，意识到改变会给支持系统中的相关他人带来什么样的影响，以及他人的反馈和态度会有什么作用。

把握命运阶段

在早期的欣赏式探询模型中，把握命运阶段被称为"交付执行阶段"。随着教练者和学者不断积累经验和加深理解，他们感觉这样的名称不够精确，无法表达出受教者在最后一个阶段所拥有的力量感和释放感，因而将其改为把握命运阶段，强调受教者在这个阶段不仅仅要达成目标或执行组织设计阶段的计划，还要直面生活，拥抱生活，保持人生和工作的平衡，过得充实、圆满而喜乐。这种全方位的积极发展和成长，将使个体有可能实现梦想。美国著名作家、和平主义者玛丽安·威廉姆森（Marianne Williamson）曾说，人们惧怕的不是自己的弱点，而是自身的力量和光辉。承认自己有创造未来、把握命运的能力对受教者来说是一件振奋的事情，但有时也会带来不安。作为欣赏式探询模型的教练者，我们能够做到的是帮助受教者觉察自己的力量并欣然接受。在探索和发掘阶段，受教者能够越来越清楚地看到自己的优势和才能；在构筑梦想、组织设计阶段，受教者能够拓展自身并勇敢地朝向吸引人的未来前进；在把握命运阶段，受教者能够将梦想内化，生活在当下的现实中，享受个人光芒逐渐绽放。

教练者在此阶段的实践重点有四点。

其一，帮助受教者在现时此刻辨认出自己的梦想。受教者从过去的成功经验、现有的优势资源以及对未来的渴望中生成自己的梦想。因为他们将这些经验和渴望融合在一起，所以他们已经按照梦想所表达的那样，在生活中实践了某些部分。在组织设计阶段，受教者将主要注意力投向创造梦想，同时也为此采取行动。受教者可能需要教练者提醒自己，他们如何在现时此刻的生活中已经按照梦想那样生活。通过确认受教者已经实践了梦想中的一些重要元素，教练者能够增强受教者朝向梦想前进的热情和能量，这也是教练者实践积极性原则的佐证。这种教练活动能够鼓励受教者延伸自我界限，去探索他们比"可能成为的样子"更好一点是什么样子的。在把握命运阶段，教练者可能会开始听到受教者讲述关于他们逐步接近梦想的新故事，这反映了诗意性原则——随着欣赏式探询带来的深刻体验，受教者使用新的词汇和语言重述故事，用新的信念和眼光看待自己，对自己的生活和种种尝试性活动更有耐心和自爱精神。教练者能够记得受教者一点一滴的改变和进步，以及衷心庆贺这些改变背后的努力，对受教者而言具深远的影响，能够增强他们的自信心和自我确认感，让受教者认识到他们的梦想植入当下的生活，他们现时的每一刻都是在实现梦想。

其二，扩展受教者创造、实现梦想的能力。在把握命运阶段，欣赏式探询模型的教练者聚焦于促进受教者的即兴能力（improvisational capacity）。即兴能力指受教者自然流露出来的稳定的优势，表现在与能力或技巧相关的四个关键领域——肯定性、拓展性、生成性、协作性。即兴能力的协作性更多地表现在团体和组织情境中，我们在这里强调前三个方面，希望受教者能够拓展他们实现梦想的能力。肯定性能力指受教者学会凭借能力去欣赏积极的可能性，并持续地聚焦在过去和当前的优势、成功和潜力上。教练者可以通过庆贺受教者的成就、聚焦优势、发掘受教者的活力源泉来滋养他们的肯定性能力。拓展性能力指受教者去延展自我界限，超越熟悉、既定的思维模式，去寻找新的灵感和方向。这项挑战将促使受教者觉察并开发内心的高层次的价值观和理想，激励他们对梦想生活的热情。教练者可以鼓励并温和地敦促受教者尝试新的思维和行为模式。生成性能力指受教者意识到他们的变化，并对进步进行自我监测，确认他们为达成梦想作出的有意义的贡献和努力所带来的积极结果。受教者需要体验到这种进步意识，才能被"尽力而为"最大程度地鼓舞。教练者可以提供积极反馈、支持及肯定，帮助受教者看到自己的努力如何推动他们朝梦想前进；相应地，这项教练活动能够营造希望感和赋权感等积极情绪，形成积极自我强化循环。教练者的目标是帮助受教者建立并维持即兴能力，面对种种挑战能够以欣赏性、积极且整合的姿态采取快速、准确且有效的反应和行为。

其三，支持受教者在目标变得困难时坚持信念。通往梦想的道路并非一帆风顺的，受教者不可避免地将遇到各种艰难险阻，有的来自外部环境和社会情境，有的则来自内心环境。有时候改变发生得迅速且富有成效，尤其是当受教者使用能量的方向与积极手段特别吻合且遇到绝佳机遇的时候。然而，大部分时候达成梦想需要相当长的一段时间，较复杂的梦想牵涉到的人、事、物及其之间的关系会影响整个系统的改变，没有人能够完全预测推动实现某个梦想的进程需要花费多少时间，或途中会遇到什么阻碍。受教者也许会感觉到气馁、失望和不确定性带来的不安，这时候他们需要教练者信任和支持他们及其梦想，以唤醒他们的信念且恢复梦想。教练者在此时发挥重要作用，与受教者一同保持信念：坚持不懈与强大意愿能够使梦想成真。改变的强劲势头需要无数看似微小的积极情绪和社会支持的积累——当受教者和教练者彼此联结，成为寻求积极梦想道路上的同伴，并且双方保持积极态度和积极行为时，改变就会发生。这种联结和支持在受教者遇到不可避免的困难时尤为重要。

　　其四，在教练过程接近尾声时，对受教者致以敬意。在梵语中，有一个词语十分精准地表现了后期教练者对受教者应该持有的态度——"namaste"。其中，"namas"意为充满敬意和喜爱的致敬，来源于词根"nam"，有"鞠躬、谦逊地服从、变得沉默"之意。因此，"namaste"意为"我向你鞠躬致敬"。另外有种说法是："我的内心之光，向你的内心之光鞠躬致敬"。欣赏式探询的尾声即教练者向受教者致敬之时，这种致敬传达了教练者参与到受教者的生命过程中的感恩和荣耀。当受教者用现在时的口吻表述他们的梦想，投入实现梦想的行动并对实现梦想有强烈的自信时，教练关系就可以进入收尾阶段。这时会出现准备度（readiness）、犹豫度（hesitancy）和完成度（completion）的平衡，也就是受教者准备好继续进行自我教练，感受到对结束教练关系的不舍与迟疑，同时感觉与教练者共同的工作已完成。因此，结束教练关系需要直觉和微妙的接触。有些受教者有明确的准备，他们通常能够清楚地表达结束的意愿，也能够在结束正式教练关系后持续与教练者沟通；有些受教者则显得犹豫不决，他们可能清楚地感知到教练者在帮助自己实现梦想的过程中的重要作用，但没有准备好自己独自前行。教练者不能控制受教者的感受，但可以密切地关注受教者的准备度、犹豫度和完成度。有一些言语方面的信号表示受教者已经准备好结束教练关系，例如："我认为这是可行的。""我对此抱有信心。""我觉得自己以后也能这样进行下去。"面对较迟疑的受教者，教练者可以帮助他们意识到自身的资源、能力以及已经发生的进步和改变，提高受教者的准备度和完成度，降低犹豫度，使三者达到平衡，顺利地结束正式的教练关系。

欣赏式探询模型不仅仅是一种教练模型，它也是一种可以融入我们个人生活和职业生活的工具。不论是在正式的教练关系中，还是在我们对自身生活的探询过程中，欣赏式探询模型都可以起到积极的促进作用，让欣赏自我和欣赏他人之旅变得充满挑战、乐趣和意义。

第十六章　学习心理品质教练模型

···· **本章导读** ·····

- 学习心理品质是"学习如何学习"的能力和倾向，如心理弹性、创造力、好奇心、策略性思维、批判性思维、成长性思维、合作能力等。

- 学习心理品质测量工具能够较准确地测量七种成分：改变与学习—成长定向、意义建构、批判性的好奇心、心理弹性、创造力、学习关系、策略性意识。

- 学习心理品质教练模型包括 4 次正念学习团体教练和 4 次一对一的动机性访谈学习教练，能够有效促进学习者的积极学习心理品质和学习者身份认同感，增强学习投入和参与感，锻炼自我调节学习和合作学习等综合能力。

作为人，我们每时每刻都在学习。我们学会走路，学会说话，学会阅读，学会在生活中处理各种各样的问题；我们接受小学、中学、大学等各个阶段的学校教育，通过各类考试；我们拿到各种职业相关的技能证书，还在各自的岗位上继续接受培训。在提倡终身学习和知识付费的年代，我们在平板电脑和手机上下载各类学习软件和 App，订阅课程……除了吸纳知识、获取信息之外，我们还在不断地进行着另外一种学习：我们学会变得好奇，并在批判性思考和广泛的阅读中发展和训练这种好奇心；我们学会培养长期而稳定的兴趣和习惯；我们学会在困境、挫折和困惑中坚持，发展耐心和坚毅；我们学会与人沟通、讨论与合作，在意见相左的时候仍然可以和对方保持友谊；我们学会质疑曾经学过的知识，对新学习的事物保持灵活的反思；我们学会运用想象力和创新精神大胆假设，并通过严谨的实验和观察小心求证。我们学会如何更好地犯错：从错误中学习，并不再犯同样的错误。我们学会如何更加信赖自己：不仅仅信赖自己的头脑和理性，还信赖自己的直觉和灵感。更妙的是，我们学会如何"去学习化"（unlearning）：打破固定思维和既有习惯，不再将我们已经掌握的知识视为理所当然的东西。我们学习如何成长为更好的学习者，成为更好的自己。

　　这类学习我称之为"学习心理品质"（learning dispositions），也可以译为"学习倾向"。某些学者将它们称作"思维习惯"（mental habits）或"学习思维方式"（learning mindsets），它们往往从非智力的层面对我们的学习产生深远的影响。也就是说，一个人在传统意义上是否聪明，与这些学习心理品质并不会严格对应；对我们的学习有重要影响和长远作用的，往往是学习心理品质。如果说，"知识"指我们知道的东西或我们会做的事情，"学习"就是我们改变或改造自己知道的东西或会做的事情；"学习力"（learning power）是一种学会如何学习的能力，"学习心理品质"则是让我们准备好去学会如何学习的品质。可以说，学习心理品质是个体开始学习之前最重要的心理准备和倾向，它参与整个学习过程。

　　学习心理品质的培养在教育心理学领域并不是一个崭新的课题：从哈佛大学教育心理学家大卫·柏金斯（David Perkins）和

霍华德·加德纳（Howard Gardner）主导的"零计划"（Project Zero）到以亚瑟·克斯塔（Arthur Costa）为首的"思维习惯项目"（Habits of Mind），从克里斯·沃特金斯（Chris Watkins）的学习故事叙事到盖伊·克拉克斯顿（Guy Claxton）的学习力方法，从卡罗尔·德维克（Carol Dweck）的成长性思维研究到安吉拉·达科沃斯（Angela Duckworth）的坚毅品质研究，学习心理品质跨越几十年的历程，仍然是国内外科学研究和教育实践的重要议题之一。我们探索积极学习心理品质如何对学生的学习产生影响（例如，是否会促进深层学习或合作学习），在教育情境中如何培养学生的积极学习心理品质（例如，使用基于问题的教学法），以及如何将传统的学校教师转变为学生的学习教练（例如，在教师教育和培训领域不断创新）。

学习心理品质教练可以作为自我教练进行，也就是每一位读者都可以面向自己进行学习心理品质的教练。当然，它也可以作为教练他人的课程。

何谓学习心理品质

"学习心理品质"被认为是一系列有助于学习的思维习惯、态度、心理品质的混合体，它能够帮助学习者自信而强大地面对当今世界的挑战和不确定性。

积极学习心理品质究竟有哪些？2011年，英国温切斯特大学"真实世界学习中心"（The Center for Real-World Learning）的认知心理学教授克拉克斯顿教授与学习心理学教授比尔·卢卡斯（Bill Lucas）合著了《学习动力学校》（*The Learning Powered School*）一书，提出学习心理品质的理论框架和模型，简称"4R模型"，包括心理弹性（resilience）、足智多谋（resourcefulness）、互惠互助（reciprocity）和深思熟虑（reflectiveness）。心理弹性指学习者对学习材料或内容的情绪性和体验性投入，包括集中注意力和抵制干扰、注意力聚焦和投入、容忍情绪的上下波动，以及从挫折和失败中复原的能力。足智多谋包含一些主要的认知能力，如好奇心和质疑、在知识间建立关联并形成网络、平衡理性思考和肆意想象、收集并着重使用学习工具和资源等能力。互惠互助关注的是学习的社会与人际方面，如能够在捍卫自己观点的同时对他人的观点保持开放性，能够认真倾听、了解事物的另一面，能够进行团队合作学习并担任团队的领导角色，对他人示范的积极行为和态度保持敏感，等等。深思熟虑和元认知的概念较类似，指学习的策略和自我管理，包括制定学习计划，预测学习所需的资源和可能遇到的障碍，在学习进程中灵活监控并调整学习方法，将学习内容迁移到不同的情境中，以及作出诚实的自我评价。

每一个主要的"R元素"由4—5种学习心理品质的成分组成，具体见表16-1。

克拉克斯顿在2018年的著作《学习能力方法》（*The Learning Power Approach*）中修订并整理出八种学习心理品质的核心元素，称之为"学习力框架"（learning power framework）。其具体内容见表16-2。

表 16-1　学习心理品质的 4R 元素

R 元素	该元素的成分	定　义
心理弹性	专注力	在学习中的投入和沉浸以及体会到的愉悦感，进入心流状态
	分心管理能力	辨认并减少打扰、分心、分神的情况
	洞察力	观察并留意到自身和周围环境中真正发生了什么
	坚持性	忍受学习中的不愉悦，迅速从学习挫折中恢复
足智多谋	质疑精神	深入探询，在不同情境中深入思考
	关联能力	在学习材料和信息之间找寻一致性、相关性和意义
	想象力	将头脑作为学习的剧院，让思维和观点自由奔腾和变化
	推理能力	系统、科学、富有逻辑性的思考
	学习的资本	有效地调配和使用各种学习资源和学习资本（如时间、书籍、人脉）
互惠互助	相互依赖	在独立和社交之间取得平衡，能够自己学习，也能够和他人建立良好关系
	合作能力	和他人保持学习合作、协商和沟通
	倾听力 / 同理心	能够倾听他人的观点和想法，站在他人角度思考和感受，深刻理解他人
	模仿能力	能够观察到并快速习得他人较好的学习习惯、学习策略和价值观
深思熟虑	计划意识	在学习开始之前制定目标和计划
	修订意识	在学习过程中不断监控、修订和调整，以适应变化
	提炼意识	提炼、总结出有关学习的经验和教训
	元学习（meta-learning）意识	理解学习本身，了解并成长为更好的学习者

注：改编自 Claxton et al.，2011。

表 16-2 学习力框架

学习心理品质	核心元素	定　义
好奇心	思索	发问的精神，对世界好奇，想知道所以然
	质疑	发问的能力，提出疑问并尝试解释
	探索	随时接受冒险和挑战，走出舒适圈
	实验	主动试错，积极尝试新颖或有难度的想法
注意力	洞察	对环境中的细节和模式保持警觉和敏锐
	集中	抵抗分心，创造适合专心学习的环境
	沉思	放慢节奏，让想法成熟，不急于求成
	沉浸	全身心投入学习，较易拥有心流体验
决心	坚持	面对挫折或失败不轻易放弃，具有坚毅品质
	恢复	在犯错或失败之后自我调整，迅速恢复状态
	练习	耐心打磨，刻意练习并掌握较难的知识技能
想象力	联系	在不同的信息和想法之间建立有意义的关联
	点子游戏	在轻松、警觉的心智状态下，让各种点子自由驰骋、组合、变化
	视觉化	用思维演示和可视化的方法增强技能
	直觉	注意并利用直觉、灵感、端倪、提示等
思考	分析	有清晰、准确的逻辑思考，并擅于表达分析过程
	演绎	生成可靠的结论，并在不同情境下应用
	批判	对他人和自己的观点保持合理的怀疑
	系统思维	非单线或单向思维，了解复杂情境中各个因素的相互作用和影响
社交	合作	与他人分享观点，相互支持学习，团队合作
	接纳	心态开放，谦虚、耐心，积极回应他人的反馈
	模仿	习得他人有效学习方法并改进成适合自己的
	共情	站在他人角度观察、思考、理解和感受
	领导	将所在团队的优势、和谐和生产力最大化

（续表）

学习心理品质	核心元素	定　义
反思	评价	对学习过程和结果有清晰的标准和评价
	自我评估	对自身的优势、弱点、动机、学习状态等有清晰的评估
	创思	思考和行动的融合，从构建性行动中学习
	观察	不加评判地观察自己的体验，正念学习
组织	学习设计	将自己的学习活动主动、有机地整合在一起，成为自己的学习教练
	计划	预测学习过程的需求和问题，制定相应计划
	资源	寻找并整合各类资源和资本，创造学习环境

注：改编自 Claxton，2018。

学习心理品质的测量工具

学习心理品质如何测量？这个问题对心理学的科学研究来说至关重要，因为可能存在一个科研陷阱：如果我们无法测量那些有价值的东西，我们就会倾向于把那些可测量的东西看成是有价值的。在教育环境中，最典型的例子包括学习成绩、智商、学习方法、学习心理品质等概念。

学习心理品质的操作性定义及其测量工具的开发始于 20 世纪 90 年代末的英国教育心理学界。当时的教育心理学家在探索一位高效学习者应该具有何种学习倾向、态度和价值观，如何清晰地对此定义和测量。"有效终身学习量表"（Effective Lifelong Learning Inventory，简称 ELLI）项目应运而生，这个项目的成果包括两个部分，一是制定针对学习心理品质的多维度模型量表，二是经由实证检验的学习心理品质培养策略。两者均对寻求促进个体学习和合作学习的方法的教育、商业和企业组织有重要价值。

首先，在测量方面，研究者通过探索性量化研究了解有效学习者具有何种品质和特征。在获得超过 2000 位学生的数据之后，研究者对这些数据进行因素分析，得出学习的七种必要品质，也就是潜在的学习心理品质维度，它们分别是：改变与学习—成长定向（changing and learning-growth orientation）、意义建构、批判性的好奇心、心理弹性、创造力、学习关系和策略性意识（Deakin-Crick et al., 2002, 2004）。我们可以看出，这七个维度和上文提到的学习心理品质的核心元素有很多重合之处。

ELLI 项目在学习分析学领域作出奠基性贡献，但它也受到不少批评，包括其测量效度和维度构成。在 2015 年，ELLI 项目研究团队重新检测了整个量表的维度，将近十年积累的数据（样本包括 50314 个被试，是相当大的样本量）以结构方程模型的统计方法再次分析和建模。研究者将这些数据随机分成两部分：第一部分数据用来进行探索性因素分析，对每一个学习力维度都重新做了内部结构的分析，以及确定是否存在更潜在的维度。完成这一步之后，第二部分数据用来进行验证性因素分析，不符合模型的测试条目被删除。最后，研究者将所有结果整合到一个模型中，观察它们之间的预测关系和内部联系。

建模的结果很有趣：一些早期的学习心理品质维度在模型中呈现更精致的结构。例如创造力维度，在进行探索性因素分析之后，它被分为两个子维度——想象力和直觉、冒险和游戏精神，它们共同构成创造力。让我们来看一下关于创造力的测试条目，看看你会在这些方面给自己打几分。请注意，本书中的"测试时间"是为了让读者增进对自身学习力的了解，不含有任何考核或评价的功能。

测试时间：

请阅读以下条目，用 1—4 打分，1 代表"完全不符合我"，4 代表"完全符合我"。请用你的第一反应诚实作答。

1. 有时候好主意自己出现在我的脑海里。

2. 我倾向于用自己的直觉来帮助学习。

3. 有时候，如果我静下来并等待，好主意就会在我的脑中出现。

4. 我经常让自己的想法自由飘荡，然后最好的点子就出现了。

5. 即使时间紧迫，我也喜欢尝试用新方法去做事情。

6. 我喜欢用新方法来学习。

7. 当我感觉无聊，我很擅长用一些方法让学习变得有趣起来。

8. 我觉得可以试着用新方法来学习。

完成了吗？创造力的前四道题目是测量你的想象力和直觉，后四道题目是测量你的冒险和游戏精神，你分别得到了多少分呢？

意义建构是学习的核心过程。学习发生于建立多方面的图式（schema）联系。图式是一种组织成有意义的系统的事实、想法和关联的认知结构，包括神经、社会、认知、情感和体验图式等（Piaget，1952）。通过持续不断地比较已有图式和新信息，我们对图式不断同化和顺应，从而更好地理解周围世界，适应环境，拓展已有领域，获得更丰富和深邃的知识。意义建构有两个子维度——建立联系和建立意义，让我们做一个测试来更好地理解这两个子维度，也可以了解一下自己在意义建构方面的状态。

测试时间：

请阅读以下条目，用1—4打分，1代表"完全不符合我"，4代表"完全符合我"。请用你的第一反应诚实作答。

1. 我将正在学的东西和已经学过的东西关联起来。

2. 我经常回顾并思考我已经学过的东西。

3. 记住我已经知道的东西常常能帮助我学习新的东西。

4. 我学到的东西常常能指引我用不同的方法做事。

5. 当有一个好理由的时候，我会比较想学东西。

6. 当我了解新事物和我的生活有关系的时候，我会喜欢学习这些新事物。

7. 我喜欢学习我在乎的那些东西。

完成了吗？前三道题目考察建立联系，后三道题目考察建立意义。你分别得到了多少分？

让我们继续看看其他的学习心理品质维度。好奇心、改变与学习这两个维度没有显示出更多的潜在维度。好奇心被认为是创造性人格的重要品格特质（Runco，2007），它被个体知识处理的状态所影响，但更多地被如何理解和创造这些知识结构的动机所影响。它在ELLI项目中的测量很简单，只需要回答以下四道题目：

测试时间：

请阅读以下条目，用1—4打分，1代表"完全不符合我"，4代表"完全符合我"。请用你的第一反应诚实作答。

1. 我喜欢学习一些我真正需要努力去理解的东西。

2. 相对于简单的答案，有意思的难题更能激励我学习。

3. 遭遇学习困难时，我会感觉更有趣。

4. 我喜欢挑战。

改变与学习维度被重新命名为"希望和乐观"，和好奇心类似，它也指向学习的动机性构成，表示个体对于开始和维持目标达成所需要的策略和途径的信念（Snyder et al.，2002）。希望也有主体性成分——学习者相信自己有能力选择达到目标的途径和方法，它还与乐观精神高度相关，后者指一种积极思维和积极态度的控制性信念（Scheier & Carver，1985）。有学者认为，希望、乐观和自我效能是形成学习方面的胜任力和控制感的一系列最重要的期望信念（Robinson & Snipes，2009）。这个维度包括三道题目：

测试时间：

请阅读以下条目，用 1—4 打分，1 代表"完全不符合我"，4 代表"完全符合我"。请用你的第一反应诚实作答。

1. 我知道随着时间推移，我能改变和学习。

2. 我总是能学得越来越好。

3. 我有一种自己学得越来越好的感觉。

你得到了多少分？你认为这些题目能反映你的表现吗？

学习关系是学习心理品质的一个重要方面：我们在学习中总不免要与他人合作、探讨，而且学习本身就是一种相互依存的社会性过程（John-Steiner，2000）。探索性因素分析解释了学习关系的三个潜在子维度——依赖感和脆弱性（fragility）、合作性、学习社群的归属感，但在验证性因素分析中，学习关系维度没有显示出很好的拟合度，于是研究团队将依赖感和脆弱性分出来单独作为一个维度。让我们先来看看对学习关系的测量。

测试时间：

请阅读以下条目，用1—4打分，1代表"完全不符合我"，4代表"完全符合我"。请用你的第一反应诚实作答。

1. 我喜欢和他人一起解决问题。

2. 我发现和其他同学一起讨论有助于我的学习。

3. 我喜欢和朋友商量有挑战性的问题。

4. 至少有一位和我亲近的人能够帮助我学习。

5. 当我需要在学习中寻求指导的时候，我认识至少一位亲近的人能够提供帮助。

6. 我知道在我的社交网络／社群中，至少有一个人能够为我提供学习指导。

完成了吗？前三道题目测量合作性，后三道题目测量学习社群的归属感，你分别得到了多少分？

接下来，让我们将目光投向学习的依赖感和脆弱性。这是测量中唯一反向计分的维度，也就是说，测量题目的陈述都是以负面的方式写成的，如果要将这个维度计入学习心理品质的综合分数中，当我们做完量表后，需要将分数反过来计算（例如，如果你打了1分，在计分的时候需要算成4减去1，也就是3分）。就量表本身而言，得分越高，说明受测者的依赖感和脆弱性越强，它意味着比较容易屈从他人的意见和外部压力，人云亦云，没有太多的主体性和主动性。但研究者也指出，这个维度可能具有情境性，在不同的学习关系中，人们表现出的依赖感不一样，因此我们需要考虑学习者所处的关系情境以正确地解读测量结果。在建模之后，这个维度更名为"学习的开放性"，包括屈服思维和依赖感。试试看你在这个维度上的得分吧！

测试时间：

请阅读以下条目，用 1—4 打分，1 代表"完全不符合我"，4 代表"完全符合我"。请用你的第一反应诚实作答。

1. 在学习卡壳的时候，我不知道该怎么做。

2. 我不喜欢困惑或不确定的感觉，所以我通常会逃避学习新的东西。

3. 如果我学不会什么东西，通常是因为我不知道该怎么去学习它。

4. 如果我觉得理解某些东西太困难了，我倾向于过一会儿就放弃。

5. 如果我发现有些东西真的太难学了，我通常会认为这是因为我不够聪明。

6. 我经常因为觉得学习太困难了而感觉挺难受的。

7. 当没有人告诉我应该怎么学的时候，我觉得学习很困难。

8. 当别人帮助我的时候，我可以学得不错。

9. 我需要老师或导师的积极评价才能继续尝试学习。

10. 当别人给我清晰的指导时，我才更喜欢学习。

看看你的得分吧！前六道题目测量的是屈服思维，也就是是否容

易被学习困难打倒；后四道题目测量的是依赖感，也就是在多大程度上时时刻刻都需要别人指导、鞭策和帮助解决问题。请记住，在这个维度上得分越低，说明学习的开放性水平越高，即越不容易被困难击倒，越不需要依赖他人的评价来学习。

最后，让我们来看一下策略性意识维度。策略性意识是一个相当复杂的学习心理品质维度，不仅仅体现在概念的模糊上（难以下操作性定义，不像"好奇心"等概念，基本上没有太多争议），也体现在数据的复杂上。经过建模，研究发现策略性意识包括三个潜在子维度，它们是主体性意识、情绪管理和过程管理。

主体性意识指个体关于自己能够选择、掌控以及管理自我、他人和环境的显性或隐性意识（Moore et al.，2012）。简单来说就是学习者将自己视作学习的主人，不论学习者本人能否真正意识到这一点；他们能够自主决定学什么、怎么学，为学习负起责任，类似于我们常说的"学习是自己的事情"。

情绪管理指个体在学习过程中体验和感受到的各种情绪和感觉，如获得学业成功时的自豪感、投入学习的愉悦感以及遇到难题的困惑感。前人的研究主要从情商的角度来指导学习者培养良好的情绪，因为积极情绪能够拓展人们的认知和技能资源，对于学习非常重要（Fredrickson，2001；Fredrickson & Losada，2005），但在本章中，我更偏向于从正念的角度阐述如何接纳和调节各种学习过程中自然产生的情绪。

过程管理指个体能够判断自己以某种策略去学习某样事物的总体效率（元认知监控，cognitive monitoring），以及能有效控制自己选择的学习策略（元认知控制，cognitive control）。过程管理和元认知体验（meta-cognitive experience）的概念较类似，它不但包含元认知活动，而且包含伴随策略选择而产生的情感体验，如自信感、满意感、熟悉感、困难的感觉，以及感觉某个知识是否似曾相识，等等。这些元认知体验和对学习效率的元认知判断决定了学习者愿意花多长时间和心力在学习任务上。现在，让我们来做一下策略性意识方面的测试吧。

测试时间：

请阅读以下条目，用 1—4 打分，1 代表"完全不符合我"，4 代表"完全符合我"。请用你的第一反应诚实作答。

1. 我知道如果一件事情很重要，我就能找到学习它的方法。

2. 我知道我能以自己的方式学习，即使我的同学认为它是浪费时间。

3. 我知道如果有足够的时间思考，我能找到解决问题的方法。

4. 我喜欢改进我做事情的方式。

5. 如果我不想学习了，我能找到让自己学起来的方法。

6. 如果我感到学习受挫了，我很擅长让自己感觉好起来。

7. 我倾向于用细心、有逻辑的方法来学习。

8. 在我开始一项学习任务之前，我会先思考我需要的所有东西。

9. 总体上我能够预测学习一样东西需要花费多长时间。

怎么样，做完了吗？这些题目的前三道测量主体性水平，中间三道测量情绪管理水平，最后三道测量过程管理水平。你分别得到了多少分？

学习心理品质教练模型

　　学习心理品质的教练模型包含正念学习团体教练和一对一的动机性访谈学习教练。实证研究表明，这些教练模型能够有效促进学习者的积极学习心理品质和积极自我认同，使其成为更具有反思能力、自我决定感的学习者（Wang et al.，2017；Peng & Wang，2019；Wang & Lu，2020）。正念学习团体教练基于积极心理学教练、叙事教练和正念教练三种取向（见图16-1），并以此设计教练课程；一对一的动机性访谈学习教练遵循标准化动机访谈过程，但更指向学习，并在一定程度上简化以增强其在教育领域的应用性。

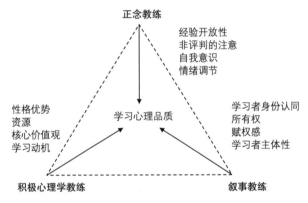

图 16-1　学习心理品质干预理论框架（改编自 Peng & Wang，2019）

正念学习团体教练

　　正念学习教练采取团体教练的方式，每个团体可邀请8—15位学习者同时参与。这种教练方式采取三种教练心理学取向。积极心理学教练能够帮助学习者增进身心健康、自我接纳和社会支持，在学习中获得更多的愉悦感与自信心；积极心理学教练中的一些活动，例如对性格优势的培养、对已有资源的探索等，都有助于学习者发现自己未曾注意到的一些优点或资源，从而意识到自己可以在学习上做得更好，也能够更有创意地发挥学业优势。基于正念的教练活动让学习者将注意力不加评判地放在学习过程和自身体验上，增进认知灵活性、专注力和觉察，用一种更温和、友好的态度拥抱学习过程中产生的负面情绪，不过多调用心理能量去逃避情绪，以免产生更多的自我损耗。正念学习能够有效增强学习者的学业参与和投入，更容易进入心流状态，减少焦虑与压力，促进情绪稳定性与情绪调节能力。叙事教练则通过学习故事的写作和分享，强调学习者的身份认同感（我认为我是什么样的学习者）、所有权（学习是我自己的事情）、赋权感（我完全有能力和权力决定我要如何学习），增强学生的自主学习、自我调节学习和自我反思能力。

整合以上三种教练心理学取向，我们设计了为期 4 周、每周 3 小时的正念学习团体教练，每周的主要活动及具体目标可见表 16-3。除了每周的团体教练活动之外，参与者还需要每天完成至少 10 分钟的个人正念练习，以持续培养对当下体验的觉察、对经验的开放性与不评判的态度。

一对一的动机性访谈学习教练

一对一的动机性访谈学习教练共 4 次，每次教练者和一位学习者在安静的场所单独面谈（也可在线会谈），时长一般为 50—60 分钟，

表 16-3 正念学习团体教练

教练主题	主要的教练活动	教练目标
介绍学习心理品质	引入学习心理品质的概念； 解释学习心理品质与学习的关系； 探索学生学习的价值观、学习动机与资源	促进学习的主体性、所有权和责任感； 探索学习过程中的内部动机
基于正念的教练	介绍正念及其特征； 准备正念练习——正念态度； 正念练习，如身体感觉、正念呼吸、正念移动、身体扫描、正念进食、坐禅与行禅、慈心冥想； 个人定制的每日正念练习	培养自我觉察和注意力聚焦的能力； 加深内省和自我接纳； 培养自我监测、自我管理和自律能力
积极叙事教练	讨论叙事和叙事心理学； 个人叙事，如给 10 年后的自己写信；配对叙事，如学习成长的故事分享、提问和自我的重构； 团队合作叙事，如我们的"西游记"	培养学习价值感、抱负感、希望感，明确学习目标，深化学习动机； 培养学习参与感和投入； 培养学习者的身份认同感和赋权感； 锻炼自主学习和合作学习能力
回顾、分享与反思	探索学习过程中的"生成性时刻"； 揭示个人性格优势和品质； 分享学习心理品质教练过程中的体会； 学习者成长的自我评价	培养自我认知和自我意识； 探索个人资源和优势； 跟踪学习者身份认同的发展

注：改编自 Wang & Lu，2020。

表 16-4 一对一的动机性访谈学习教练

阶段	焦点	主要活动
导进	建立相互信任、融洽的工作联盟	建立教练者和学习者之间的积极教练关系； 探索学习者成长与发展的潜力和意愿； 探索学习者的现状和期望状态之间的差距； 合作完成相互协商的任务，以达到期望的学习状态
聚焦	明确学习目标；寻找并维持改变的方向	明确学习的焦点，可直接进入唤出过程； 有多个焦点时，可列举可能性、比较不同的选择并确定焦点； 没有焦点时，可探索改进的方向，明确大的目标，确定一个共同的目标
唤出	借助对话唤出改变的意愿并为行动作准备	引导学习者明确说出矛盾之处，观察包含改变方向的语句，摆脱矛盾心理； 在一种接纳、肯定和非评判的教练关系中表达改变的动机； 明确学习者改变的渴望、能力、理由和需求
计划	制定行动计划	明确达到目标并实现改变的每个步骤； 想象改变道路上潜在的障碍并构建解决方案； 制定教练结束后的自我教练计划以持续发展

注：改编自 Wang & Lu，2020。

每次教练会谈的焦点和主要环节见表 16-4。

　　一对一的动机性访谈教练包含四个过程：（1）导进，即为学习者创建一个安全的环境，让他们可以自由谈论自己的学习情况，双方确定主要教练目标；（2）聚焦，通过聚焦学习者想要改进的某一特定的学习问题（如注意力不集中、学业拖延、完美主义、缺乏内部动机、缺乏自律能力或沟通技能较差等），教练者和学习者在该主题上达成一致；（3）唤出，帮助正在寻求改变的学习者寻找并确定他们的视角、动机、内部及外部优势、各类资源等；（4）计划，当学习者自己感到已经准备好并且有能力改变的时候，教练者和学习者合作确定实现目标和保持动机水平的最佳途径，制定改变的计划。需要注意的是，在教练过程中，教练者只充当协助者，通过询问开放性式问题、积极的反映性倾听来帮助学习者探索自己想要解决的学习问题、已有的优势等。

教练实践：材料与工具

在学习心理品质的教练过程中，我们需要借助一些教练工具来提升某一种或几种学习心理品质。借助这些工具，教练者可以促进学习者对自己的学习过程发展出更多的觉察、反思和有意义的行动，能够意识到自己在学习方面的优势与不足，并更有效地、有创造性地将自己的优势运用到学习中。以下教练材料和工具可供参考，当然，读者也可在实际的教练情境中根据自身或学习者的情况，寻找其他工具或开发新的教练工具。

"只是留意"

留意（noticing）是正念学习的一个很好的热身工具，学习者要做的事情仅仅是沉静下来、停留在此时此刻、倾听、留意观察等。学习者可以暂时撇开很多视觉信息的刺激，也不需要"达成"或"学习"到任何东西。指导如下：

- 设定一个 5 分钟的闹钟，然后闭上双眼，轻轻微笑，放松面部肌肉。
- 留意仅仅静坐着、不做任何事情的时候，你有什么感受。
- 将注意力放在声音上，留意屋里和屋外的声响。不要描述它们，仅仅是留意。你也许会注意到空调的轰鸣、车辆来往、人声鼎沸、鸟儿鸣叫、建筑工地的嘈杂等，甚至注意到你自己空空如也的肠胃发出的咕噜声。你只是观察和留意。
- 如果你发现自己的注意力飘走了，只需要将它们轻柔地带回来，放在任何一种声音上，仅仅是留意。
- 当闹钟响起的时候，将眼睛睁开，关注你的身体和心理方面的感受。站起身来，伸展一下。

两分钟迷你冥想

在学习任务开始、进行中、结束后，学习者都可以进行两分钟的迷你冥想，其魅力在于我们可以随时随地进行，不需要作任何特殊的准备。这些在一天之中我们特意留出的两分钟空间是连接我们的身心和学习生活的桥梁。

使用这个教练工具的诀窍是：在一天之中随时花两分钟的时间，将注意力和呼吸放在当下的情绪感受和任何你正在做的事情上；理想的时刻是自然出现的，或者当手头活动未曾预料地暂停或打断时。例如以下时刻：

- 等待你的笔记本电脑重启；
- 等待你的老师设置教室的教学设备；

- 排队的时候；

- 等待朋友结束电话；

- 窗外远眺；

- 等待烧水壶将水烧开；

- 过马路等红绿灯。

双栏记录本

教练者可以给学习者发放一个记录本，记录本的内页分成左右两栏，供学习者自己做记录。左栏用于记录教练过程中学习者自动化的想法、念头、感受和对教练问题的回答的反思；右栏记录重要的学习活动和学习时的相关情绪。这种记录可以清晰地呈现学习者的自我觉察，激发一些额外的思考。

价值观格子

学习动机反映了学习者的需求、愿望与目标，这些都与个体的价值观紧密相关。价值观格子的教练工具来源于动机式访谈的工具（见表16-5），供学习者探索学习过程中的价值观和深层的学习需求，提升学习的内在动机。

在使用价值观格子时，可以请学习者在格子中选择 3—5 个对自己来说最重要的价值观，写下来并思考：它们是否影响我自身的学习？是怎样影响的？它们反映了我的什么需求和愿望？与之相关的学习目标是什么？

表16-5 价值观格子

接纳	缜密	成就	冒险	艺术	吸引力	权力	自主	美丽	归属感
关怀	挑战	舒适	承诺	慈悲	复杂性	妥协	贡献	合作	勇气
礼貌	创造力	好奇	可靠性	勤奋	本分	生态	激动	忠诚	名声
健美	灵活性	宽恕	自由	友谊	乐趣	慷慨	真诚	天意	家庭
感恩	成长	健康	诚实	希望	谦卑	幽默	想象力	独立	敬业
内在平静	统整性	智力	亲密感	正义	知识	领导力	休闲	被爱	爱
精通	正念	适度	充满改变	音乐	创新	新奇	鼓励	直爽	秩序
有情义	爱国	名气	力量	务实	保护	给予	宗旨	理性	现实主义
责任感	风险	浪漫	安全	自我接纳	自我控制	自尊	自知	服务	优秀
简朴	独处	灵性	稳定性	气量	传统	美德	富裕	和平	被需要

优势资源格子

与价值观格子类似，优势资源格子给学习者提供一系列词汇，用来探索自己的优势、长处、资源和尚未开发的潜力（见表16-6）。在使用优势资源格子时，学习者在格子中选择3—5个自己最认可的优势，写下来然后思考：这些资源和优势可能意味着什么？这些优势是怎样帮助过去的我获得成功的？在学习的过程中它们带给我什么？过去的成功经验如何迁移到当前的学习情境中？我如何进一步发挥这些优势？这些优势资源的有效运用能否帮助我开发其他的优势潜能？

表16-6　优势资源格子

自尊	坚决	灵活	坚持	固执	主动	能干	集中	持久	感激
适应力强	关心	宽恕	正面	彻底	冒险	有信心	向前看	有力量	体贴
深情	体谅	不受拘束	虔诚	坚韧	肯定	勇气	快乐	快速	信任
警觉	创意	健康	合理	可信	活泼	果断	希望	接受	诚实
雄心勃勃	奉献	想象力丰富	轻松	理解	稳固	确定	灵巧	可靠	独特
敢言	勇敢	聪明	资源丰富	势不可挡	自信	勤奋	知识渊博	负责	朝气
细心	实干	有爱心	明智	有远见	大胆	渴望	成熟	完整	熟练
勇敢	坚定	有效率	忠实	有序	沉稳	坚强	迷人	有自控力	追求卓越
热心	愿意	精力充沛	无惧	有条理	稳定	乐观	智慧	同理心	反思
开放	醒目	有经验	感知力强	有耐心	直接	灵性	热情	热爱学习	沟通

学习的乐趣

　　学习者一开始学习新内容时通常会兴致满满，然后兴趣逐渐下降，越来越难以集中精神，产生越来越多的抱怨和疲惫感，更关注学习的结果或成绩，而不太关注学习过程本身。"学习的乐趣"教练工具可以帮助学习者觉察自身对学习的念头、感受和情绪，充满热情地学习，移除那些干扰我们从学习中获取能量的心理障碍。学习者可以

第十六章　学习心理品质教练模型

1. 请看下面的词语或短句，有哪些让你觉得很符合你现在的学习状态？请在下面画线。

2. 然后，在划线的词语或短语中，思考有哪些最准确地描述了你的学习，请用圆圈圈出来。

兴奋！　　　　　好奇！　　　　　　很想继续学习！　　　　我准备好学习了！

我想了解得更多！　　　我很期待学习！　　　　太厉害了！

我认为学习这个　　　　我喜欢学习这个！　　　很有趣！　　　　我欢迎头脑挑战！
对我有用！

我喜欢学习新东西！　　　我对学习这个充满了热情！　　我充满热忱！

棒极了！　　　一切都很好！　　　　太有用了！　　　　很有启发性！

它会让我真正思考！　　　学这个太有意思了！　　我爱学这个！

图 16-2　"为什么我爱学习"

1. 请看下面的词语或短句，有哪些让你觉得很符合你现在的学习状态？请在下面画线。

2. 然后，在划线的词语或短语中，思考有哪些最准确地描述了你的学习，请用圆圈圈出来。

我学这个只是为了　　　如果我失败了呢？　　　无聊！　　我学不来这个！
找个更好的工作。

这个太难了！　　　万一我像个傻瓜　　　我读不下去了！　　真怕学这个！
　　　　　　　　怎么办？

这跟我毫不相关！　　我没有收到作业的反馈。　　我不擅长这个！　　我觉得压力好大！　　枯燥！

真不幸，我现在要　　　要学的东西太多了！　　我讨厌学这个！　　我害怕从老师那儿
做作业了。　　　　　　　　　　　　　　　　　　　　　拿到作业反馈！

我不得不去做作业了……　　我不想去上课！　　我不喜欢课程的　　我根本不想写作业！
　　　　　　　　　　　　　　　　　　　　这个部分！

图 16-3　"为什么我不爱学习"

321

你喜欢学习的什么内容或者方面？请看下面的词语或短句，有哪些让你觉得很符合你的想法？请用圆圈圈出来。

我班级的同学！　　　我从朋友那儿获得的支持！　　　找到对我写作业有用的信息的满足感！　　　感觉自己更精进了！

书本、纸张的味道！　　　一些奇奇怪怪的知识——它们能让我发笑！　　　我的老师给我很好的教练！　　　学习新的东西！

知道我了解得更多！　　　越来越擅于学习的感觉！　　　当我突然"懂了"的时刻！　　　知道我在学什么！　　　"啊哈"的顿悟时刻！

我发现了某些知识的惊喜感！　　　意识到我能够学这些是多么幸运和荣幸！　　　安静！　　　掌握困难的地方！

　　　　　　　　　　　　　　　　　　　　　我就是爱学习！

完成作业的满足感！　　　完全沉浸在学习中！　　　看到我写的报告逐渐有模有样了！　　　我发现自己成为更好的学习者！

图 16-4 "学习让我快乐"

花一些时间和自己的感受联结，思考并说出自己学习的积极方面和消极方面，觉察那些能够滋养积极学习心态和满足感的信息，或留意那些对学习不满意的信息，从而更好地塑造学习体验。我们提供了三种反思工具，分别是"为什么我爱学习""为什么我不爱学习"和"学习让我快乐"。

反多任务操作

多任务操作是很多学习者感觉骄傲的事情，因为同时处理多项事务，给人的感觉是很高效，很有能力。然而，斯坦福大学的研究团队的研究表明，这种想法具有误导性。他们开展了一系列研究，发现多任务操作者的表现要比只专注做一件事情的学生的表现差得多；多任务操作的方式会降低大脑运行的效率，释放过多的压力激素，长期来看对身心健康不利。此外，在多项任务之间切换可能造成学习效率低下，因为我们需要 15—25 分钟才能真正沉浸在一项活动中。反多任务操作这一教练工具包括以下内容：

1. 了解多任务操作和同时在多种任务之间切换对学习（以及大脑）的不利影响。

2. 留意自己平时学习生活中的多任务操作和任务切换的情况。

3. 有意识地努力聚焦在一件事情上，完成了这件事情再去做另一件，并试着延长做一件事情的时间。

4. 现在很多学习者可能同时使用手机、电脑、Ipad 等电子设备，可能的话，尽量减少学习时使用的电子设备。在开始学习任务之前，将所有材料整理到一台电子设备上。使用网页查看信息时，一次只打开一个网页；如果打开的网页超过了 5 个，请整理一下，关闭暂时不需要的网页。

5. 正念地查看手机消息、邮件，关掉社交 App 的推送。在每天的学习计划中专门留出一段时间（如 15—30 分钟）去查看消息、邮件、社交媒体的信息，一天最多设立 3—4 个时间段。在做这些事情的时候，就全神贯注地只查信息、邮件和社交 App。留意所有念头和情绪，注意任何愧疚、偷懒、无聊、烦闷之类的感觉，试着拥抱这些情绪，将注意力放在手头在做的事情上。

6. 在完成一项任务之后，在开始下一项任务之前，花一些时间做简单的正念呼吸或迷你冥想练习。

7. 当你正在学习的时候，如果有人在你身边等待与你交谈，请觉察你的注意力放在哪里。

学习心理品质自我教练计划表

　　除了每周的团体教练和一对一的动机式访谈教练，我们推荐学习者制定一份符合自己需求和实际学习情况的自我教练计划表。学习者自己安排每日的学习活动，正念地完成这些任务，加入简短的正念练习，并记录练习体会。在这里，我们提供一份自我教练计划表的模板及举例（见表 16-7）。

表 16-7　学习心理品质自我教练计划表

日期	时段	学习活动	是否正念地完成	我的感受
	9:00—10:00	查阅文献	是	有成就感
	10:00—10:15	休息、正念冥想	是	放松、舒适
2022-04-01				

第四部分

教练心理学实践

第十七章　积极倾听

本章导读

- 积极倾听是干预的核心技术之一，包括贯注行为、观察和聚焦式倾听。

- 贯注行为指教练者真正地把注意力放在受教者身上，通过视觉、声音、言语和肢体行为，让受教者知道他们全身心地贯注其中。

- 观察指教练者需要注意到发生在自己身上、受教者身上、自己和受教者之间的各种事件、谈话情境以及这些因素的交互过程，包括对言语和非言语行为的观察。

- 聚焦式倾听指教练者的倾听行为必须是积极的、寻求意义的，以及是聚焦且不带有偏见的。

　　教练者通过倾听、交谈和一些非语言沟通的方法和受教者建立教练关系，其中倾听是最关键的技术，它是双方进一步谈话、沟通和探索的基础。积极的倾听行为不仅仅是带着一对耳朵去听，它包含很多不可或缺的微妙的技巧，在本书中我将强调贯注行为（attentive behaviors）、观察和聚焦式倾听（focused listening）。

贯注行为

如果我们作为教练者，希望受教者开口讲述自身经历并感觉自己被倾听，我们应该做的第一件事就是真正地把注意力放在受教者身上，表现出我们全身心地贯注其中。

贯注行为要求教练者关注受教者本人以及他们的话语，这往往不是一件轻松的事情。我们在日常交谈中经常会发觉自己听着听着就走了神，头脑中不是充斥着各种关于自己的念头，就是突然被环境中出现的某样东西分了心，或反复想着自己接下来要问什么问题，接什么话，没有全然倾听对方的叙述。我们的注意力跑开短暂几秒后，我们就很有可能漏听了一些关键的内容，最糟糕的是，我们的分神会被对方毫不客气地捕捉到。我们可以回想自己经历过的最难忘的一次交谈，它是什么样的？如果我们是讲述者，对方做了什么事情让我们记忆深刻？当我们回忆一段充满信任、好奇和能量的对话，我们会有极大的满足和愉悦感；当我们回忆一个麻木的对话者，会感觉失落、空虚或气愤。造成这种差别的关键很可能是对话过程中倾听者的贯注行为。

贯注行为首先包括不去做那些意味着我们的注意力可能在别处的事情，例如拿出手机刷一刷，瞟几眼手边的书籍或杂志，看手表，盯着窗外，看着墙壁上的海报或广告牌，整理头发或化妆，等等。从受教者的角度，这些代表"不贯注"的行为会带来一种不被尊重的感受。在教练的职业会谈中，这些行为一旦出现，将会显得教练者非常拙劣且不够专业。

正确的贯注行为由四个方面组成，在意向性会谈（intentional interviewing）方法中也有介绍（Ivey & Ivey，2003）。它们由三个

"V"和一个"B"组成，代表视觉、声音、言语和肢体行为。

其一，视觉／目光接触（visual/eye contact）。通常我们建议教练者和受教者交谈的时候，最好可以注视对方。但实践中情况可以有所调整和变化：在谈话过程中，受教者在讲述的时候往往会将目光移开，这是因为视觉接触会占据一部分认知资源和注意资源，人们会尽量避免增加负荷，因而在思考的时候不会有过多的目光接触。教练者在倾听的时候没有必要一定要和受教者有直接的目光接触，而是应该顺着受教者眼神的方向，尽量将自己的眼神放得柔和、平静，为受教者创造一种安全、舒适的氛围，而不是用眼神追踪着受教者，仿佛要逼着对方回应一样。当受教者从叙述中游移回来，看向教练者的方向，这时候如果能接触到教练者温柔等待的目光，就将给予受教者极大的鼓舞。

其二，声音性质（vocal qualities）和与声音相关的行为（voice-related behaviour）。包括教练者的讲话速度、语调、语气、音量、音高、强烈程度（intensity）、转调（inflection）、重音、停顿、沉默、流利程度、清嗓子等。这些都会清楚地展现教练者对受教者的感觉，并影响受教者对教练者的反应。按照神经语言程序学（neuro-linguistic programming，简称NLP）的说法，谈话双方的声音性质和与声音相关的行为如果能够保持一致，就有助于双方达成联结和默契，形成良好的关系。这一点在各种培训和咨询的职业训练中均有提及。然而，我持有的观点略有不同。我认为不是各个元素的"匹配"帮助形成良好关系，关键点是，教练者的声音性质和与声音相关的行为所表达的情感必须是对受教者的情感内容的真诚反映，这需要与其他倾听技巧结合起来。

其三，言语跟踪（verbal tracking）。受教者通常带着自己的经验、故事、情感、想法和行为来到教练会谈中，他们有自己的一套叙事逻辑和独特的叙事风格。教练者需要仔细倾听故事中的线索、转折以及关键点，不要随意改变受教者的议题；跟随他们的叙事，在必要的时候给予鼓励以推进充实而详尽的故事。保持受教者的议题是言语跟踪的关键。人们在感到不安或难以表述的时候，可能会改变话题（例如从 A 突然谈到 B），在语言和非语言交流中切换（例如讲不下去的时候用手势表示或省略叙述），或在多种语言中切换（例如教练谈话用中文，但提到敏感的关键词时用英文）。要记住每一个人都是不一样的，教练者需要判断语言上的直接跟踪是否对当前的受教者有效，并根据具体对象调整合适的谈话长度。

其四，肢体语言（body language）。包括身体行为（如姿势、动作、姿态、手势等）、面部表情（如微笑、皱眉、挑眉、颔首、舔嘴唇、吸鼻子等）、可观测的自发的生理反应（如快速呼吸、脸红、面色发白、瞳孔放大等）、身体特征（如面部肤色、身高、体重、健康程度、强壮程度等）、空间与距离（教练者与受教者所处的位置相隔的距离、双方呈现的角度，以及他们与物理空间中其他物品相比所处的位置，如门口、房间的角落、窗口等）和其他的整体外表信息（如衣着、化妆、整洁程度等）。肢体语言的大方向是：正面地面对受教者并稍微前倾，这样对方就知道你对他们很有兴趣；带有丰富的面部表情，跟随受教者的情感而变化；运用鼓励、放松的手势等。但对于教练者或其他的职业咨询人员，教科书式的肢体语言指导训练可能不会带来太大帮助，因为所有的肢体语言都必须真实——简单来说，就是允许你成为你自己。在教练关系中，因为双方相较心理咨询和心理治疗而言是更加平等、合作的关系，教练者可以在职业感中多加入一些真实感，这在贯注行为中比正确的肢体语言更重要。

观察

贯注行为需要伴随着教练者的观察技巧，良好的观察能力将帮助教练者在恰当的时刻作出合适的反应，在谈话中捕捉到关键问题，对言语和非言语沟通的信息有更有效的理解和处理，并有助于建立并增强双方的教练关系。其基本原则为尊重每一位受教者的独特性，承认教练关系的复杂性以及教练谈话中所有言语和非言语沟通的变化性。

教练者需要注意到发生在自己身上、受教者身上、自己和受教者之间的各种事件、谈话情境以及这些因素的交互过程，如图 17-1 所示：

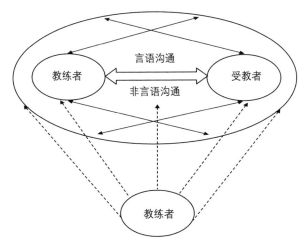

图 17-1　教练过程中的观察

教练者对谈话情境的观察主要包括对教练对话的物理环境、社会环境、文化环境、个体环境的观察和阐释。其中最有趣也是最复杂的一点是，观察在整个社会文化环境中，个体环境是如何在个人身上起作用的。很多理解都是通过语言和肢体沟通逐渐达成的，但从一开始教练者就需要观察到情境中可能存在的差异和问题，这有助于快速把握教练谈话的基调，例如一位中国的教练者接待了一位来自北美的受教者，或者他们是在建在南美的一个欧洲公司进行的教练会谈，这些不同的社会文化情境将影响整个教练过程。

教练者观察受教者的非言语行为是很重要的。当受教者谈论他们感兴趣并感觉舒适的议题时，他们会改变目光接触、声音性质以及肢体动作。例如，受教者在谈论重大事情的关键点时，可能会身体前倾，眼神更坚定，眉头紧锁；在想要结束某个话题的时候，可能会身体微微后仰，将胳膊或腿交叉；在感到犹豫或困惑的时候，也许会用目光快速扫过；在思考困难议题的时候，可能会有口吃、摸头发、触摸嘴唇或下巴等行为。有经验的教练者会制定一个《非言语行为观察表》，包括行为的情境、观察到的具体行为、行为的意义或潜藏的意图、阐释和印象、引发的行为等，这可以增强教练者对这些行为和反应的意识。

如果教练者进行自我观察，可能会发现，自己也会作出许多和受教者相似的行为。这些行为的一致程度会反映双方联结的质量，通常交流很好的人们会反射彼此的肢体语言，这被称为"同步动作"。有些动作可能不尽相同，但仍然有很好的协调和配合度，这被称为"互补性动作"。动作缺少一致性或协调性的模式也应该被观察到。人们通常会忽略微小的冲突，并没有意识到这些对谈话的影响，专业的教练者则会对这类不同步模式有敏锐的感觉。

对言语沟通的观察包括选择性注意、捕捉关键词、具体风格和抽象风格、第一人称和第三人称的陈述等。第一点是教练者需要了解自己的选择性注意模式是什么：受教者不但会谈论他们感兴趣的内容，而且会谈论教练者愿意听的内容。例如，积极心理学教练者经常遇到有正面故事、潜力十足的受教者，人本存在主义教练者会遇到谈论自我成长和生活意义的受教者，认知行为教练者则会听到受教者谈论大量的特定情境和行为问题。教练者的立场、个人风格、生活经历、理论取向是如何倾听他人的决定因素，它们在不断"过滤"受教者讲述的信息，并在会谈过程中影响他人如何谈论议题和作出何种反应，因此，了解自身的选择性注意和影响风格是教练者必须思考的事情。

第二点是在谈话过程中捕捉关键词。有些特定的词语会在受教者描述情境或事件时反复出现，它们可能巧妙地包裹在不同的短语之中，或是用不同的语言表示，通常受教者倾向于用强调、语调、语气和说话音量来突出关键词。受教者使用的关键词是组织他们叙事的主要材料，教练者需要注意到这些关键词，探究它们表达的事实、背后的情感和潜藏的意义，以促进双方的理解和交流。有时候关键词的改变能够展示整个教练谈话的风格和方向的转变，例如在动机性访谈教练中，从准备语言到行动语言转变的关键词，展示受教者蓄势待发的行动状态；在叙事合作教练中，从消极的自我贬低到更积极的自我描述的关键词，展示受教者的自我认同和接纳的提升。

第三点是观察受教者言语沟通的具体风格或抽象风格，这反映了他们最擅长、最自然的表述风格，教练者需要对这两种风格都有所认识。具体风格的受教者倾向于提供具体的情境和事件细节，他们的描述类同于记叙文。抽象风格的受教者倾向于强调分析、自我反省和他们对事件的理解和反应，类似于议论文。绝大多数受教者会在这两种水平上谈论，只是倾向性略有差异。教练者首先需要使自己的风格和语言与之协调和匹配，这有助于进入受教者的世界。在仔细倾听之后，教练者可以考虑帮助受教者从其他角度理解事件：帮助具体风格的受教者变得更抽象，更具分析性、反思性，从自我报告转向反省，挖掘事件的深层意义；帮助抽象风格的受教者变得更具体和现实，使他们的思考不那么飘忽、艰涩，有助于他们看清自我分析的事实来源。

第四点是对第一人称和第三人称的表述。一般而言，第一人称体现了受教者对事件的责任感和所有权，第三人称则体现了他人的责任。例如，某位男性受教者说，"我试着与妻子处好关系，我尽量满足她的需求，尽管我感觉压力很大"，对比"我的妻子要求太高，她令我觉得压力很大"，第一人称和第三人称的指代表现了受教者站在什么立场看待他与妻子的关系，并指向行为改变的主体应该是谁。我们可以清楚地观察到，在第一人称的叙述中，改变的主体是受教者自己，而在第三人称的叙述中，受教者希望对方改变。教练者需要帮助受教者看到自己的立场和问题，看到这些事件与他人和周围环境的联系，平衡第一人称与第三人称的表述，承担责任并认可他人。

在言语和非言语沟通中，成熟的观察技巧会令教练者注意到一些信息冲突、混乱、矛盾等不一致的情况，它们既可能出现在受教者的非言语行为之间不一致、言语表述内容不一致、言语和行为不一致之时，也可能出现在受教者的思想世界与现实情况不一致、受教者的言行模式与社会情境不一致之时，还可能出现在教练者和受教者双方不一致之时。在某些时候，教练者需要做的仅仅是观察，尤其是在受教者内部出现不一致情况的时候，迅速指点出不一致的地方虽然显得具有专业敏锐性，但可能给受教者制造压力或难堪。比较理想的做法是，将这些不一致的情况在脑海中记录下来，认识到是它们增添了故事的丰富性和层次感，并将它们作为帮助自己理解受教者的深层情绪和矛盾心理的重要材料。当不一致情况出现在受教者和教练者之间时，也许是双方的目标和价值观发生冲突的信号，不论是否明显，它们都可能破坏教练关系的和谐。教练者可以试着将这些观察引入谈话，进行一种"元谈话"（meta-converstion），邀请受教者一起解析差异，坦诚地交流那些导致冲突的想法，并重新构建协调一致的方向。

聚焦式倾听

吉拉德·伊根（Gerard Egan）在《有技巧的助人者》（*The Skilled Helper*）一书中首次提出聚焦式倾听的概念，他指出倾听不但必须是积极的、寻求意义的，还必须是聚焦且不带有偏见的。教练心理学提倡的倾听不仅是人本主义理论中的不加评判地倾听，而且需要体现助人的本质，即通过问题管理和机会发展的对话有意图地探索受教者的故事。聚焦式倾听还体现了看待人格特性的一种视角：受教者的叙事包括他们体验到的激发事件、想法和念头、行为、情绪和情感；教练者倾听的是这些元素整合而成的丰满的人格表现。教练者倾听的不仅仅是个体的想法，还有认知模式；不仅仅是个体的情感，还有情绪反应模式；不仅仅是个体的行为，还有行动模式——这些都受到内部体验和外部激发事件的双重影响。聚焦式倾听包括以下几个方面：

其一，倾听受教者的经验和激发事件。倾听并理解受教者所经历过的激发事件是聚焦式倾听的首要任务。具体风格的受教者会花大量时间谈论所经历事件的所有细节，而抽象风格的受教者会讲述他们对事件的理解和自我分析。需要注意的是，受教者对事件的经验描述往往是不全面的，他们对激发事件的讲述可能过多地停留在消极、责备或受害者心理的层面；明确表示或暗示他人需要为事件负起责任；认为事件不受自己的控制；有过多的自怜、诉苦、埋怨等。教练者需要在尊重受教者的负面经验的同时，尽可能地帮助他们从这些消耗能量的表述中走出来，提升受教者的能动性、自我效能感和赋权感。

其二，倾听受教者的想法和认知模式。受教者在讲述经历的时候不断地向教练者分享自己的想法和念头，包括观点、信仰、意图、假设、计划、决定等，教练者需要倾听这些内容并辨认受教者的认知模式。受教者在制定目标、拟定计划或回顾经历的时候，往往会表达自己的观点。一个完整的观点包括观点本身、背后的原因、观点在生活中的实践，以及持有人对该观点的开放和坚持程度。如果受教者认为其他人也持有这个观点，他们还会加入说服的部分。受教者的意图、希望、假设、计划也会为自己的认知世界打开一扇大门，教练者可以通过倾听这些元素来了解受教者的想法。此外，受教者的决定是更直接的表现方式，包括决定本身、决定背后的原因、决定的重要性、决定对自身及他人的意义，以及该决定在多大程度上是开放或固定的。如何作出决定可能比决定本身更重要，因此，教练者需要倾听作决定的原因和意义，这些都有助于了解受教者的认知模式。

其三，倾听受教者的情感、情绪和心情。正性、负性和中性的情绪、情感和心情是受教者叙事中不可或缺的重要部分，它们承载了受教者整个经历的情绪流动，对受教者尚未解决的问题和尚待开发的机会而言也是至关重要的部分。有些受教者明确地用言语信息表达情绪（例如，"我真是太沮丧了"）；有些受教者通过语气、神态等非言语信息间接地表达情绪（例如，"今天我的老板给我升了职，然而我并不知道这一切！"）；有些受教者内心感受到情绪，但尽可能地将情绪隐藏起来。教练者的任务是搜寻关于情绪的暗示和线索，仔细倾听这些流动的情绪、情感和心情，理解它们如何影响受教者的叙事并赋予意义。这项任务也是对教练者情商的考验。根据心理学家约翰·梅耶（John Mayer）和彼得·萨洛维（Peter Salovey）的定义，情商涵盖了四个方面：准确地感知自己和他人的情绪，利用情绪推动想法和理解，理解情绪的意义以及有效管理自己和他人的情绪。情商越高的教练者，通常在倾听情感和情绪方面越是得心应手。

其四，倾听受教者的行为和行动模式。受教者在叙述中有时会明确指出自己所做的事情或对他人的行为反应，这些模式应该被教练者倾听到，并纳入对受教者的整体印象中。有时候受教者倾向于谈论发生了什么事情，而不会谈及自己的行为，这也许是因为个人性格（例如不愿意谈论自己，较为内向），也许是因为需要教练者的询问才想到谈论自己的行为，抑或是因为受教者对自己的行为感到羞愧、尴尬或有其他不愿意谈及的原因。教练者不但需要倾听行为本身，还需要倾听受教者的行动模式，以及他们不谈论自己行为的深层原因，这对于了解一个整合性的个体和完整的故事十分重要。

其五，倾听受教者的优势、资源和机会。这与积极心理学教练的宗旨一致，即倾听应当聚焦于受教者的机会、潜力、资源、优势、才能和其他的正面叙述。如果教练者的倾听聚焦在问题上，就会在无形中影响受教者，使其越来越多地谈论问题，这跟教练心理学的原则相悖。教练者的工作是敏锐地辨认出受教者内在及外在的资源，鼓励他们将这些资源用在问题管理和机会发展上。有时候受教者的谈话并不能展示其优势资源，他们可能谈到的都是自己经历的不幸或自身的劣势。然而，教练者需要牢记教练心理学的积极取向原则，成为潜在积极性的见证人，从受教者叙述的历史中整理出一些优势：即使在诸多不利条件下，受教者仍然到达了现在的位置，并没有变得更糟，这是因为什么呢？希望感、积极心态、心理弹性、坚毅、创造力、幽默感、宽恕、感恩、爱……这些优势资源可能不是由受教者亲口说出来的，但它们是从受教者以往经验中提取出的关键品质，它们完全应该被明确承认并带领受教者走得更远。

其六，倾听受教者的修饰。我们已经讨论过对言语沟通和非言语沟通的观察。在聚焦式倾听中，教练者需要关注、理解受教者在言语沟通中的修饰语言或修饰行为。在某些时候，受教者会使用言语方面的修饰来调整自己已经说过的内容，例如："对于刚才我说的，我需要补充几点""我可能遗漏了一些东西""需要强调的是……""刚才的说法可能有些不对，应该是……"大部分时候，修饰往往反映在非语言沟通层面，例如改变面部表情、运用手势、改变坐姿或移动身体、改变声音品质和与教练者的接触等。这些非语言行为如同文字信息中的修饰语一般，时时刻刻传递着一些关于受教者的真实想法和感受的稳定信息，它们具有以下几种功能：重复或确认口头已经讲述过的内容；否认口头讲述过的事情或表示疑惑；强调或加强口头已经讲述过的内容；增加言语沟通的情感强度；控制或管理谈话过程。需要注意的是，教练者不必过度解读这些修饰，也不能妄下判断，而是应该根据修饰语出现的情境作全面的理解。

总而言之，积极倾听是教练核心技术中最基本的能力。在教练过程中，教练者发展出一套倾听的体系，将受教者沟通的关键信息整合起来，辨认并理解其中的价值和信念、想法和念头、情绪和情感、行为和决定、受教者的反思与阐释，以及更广阔的社会文化情境对受教者经验的影响。教练者倾听受教者，是作为一个真实的人在倾听另一个真实的人，积极倾听的技术能帮助双方更好地建立教练关系，为对话打下坚实的基础，共同发掘叙事中的意义。

第十八章　同理性伴同

:···· **本章导读** ····

● 同理性伴同也是教练者的核心技术之一，包括共情关系的建立、
  准确共情、同理性回应、带有伴同精神的在场。

● 共情关系的建立依赖教练者和受教者都带着同理心进入教练对
  话，可通过言语和非言语沟通的方式建立；同理性回应指教练
  者准确地回应受教者要表达的意思，其中最重要的回应部分应
  当聚焦于受教者的情绪、情感和心情；伴同性在场指教练者纯
  粹的在场，是一种对受教者的深刻的关爱态度，体现了教练者
  对受教者的无条件支持和接纳、全然的信任、允诺和应许。

　　教练者的第二个核心技术是同理性伴同（empathetic withness），
包括共情关系的建立、准确共情、同理性回应以及带有伴同精神的在
场（presence with a spirit of withness）。当我把它归为"核心技术"
这一类时，我有些犹豫：同理心和伴同精神也许更应该归为教练者的
基本品质和职业素养，但在教练心理学的职业培训中，我们普遍认
为，这些是可以培养的。随着教练者的经验积累和反复练习，他们能
够将同理心和伴同精神内化，在操作上也会更娴熟地让受教者感受到
同理性伴同，所以在本章中，我将它归为一种教练的核心技术。

建立共情关系

人们向他人传达尊重和理解的主要途径就是同理心（empathy），也被称为"共情"，在本书中这两个词汇会交替使用。在几乎所有有关心理咨询、治疗和教练的著作中，都无一例外地强调同理心的重要性。简单来说，同理心是对另一个人的心理状态和情绪感同身受，并理解对方身处的情境是如何影响其认知和情感过程的一种能力。它是一个含义丰富且令人费解的心理学概念，被诸多哲学家、心理学家、人类学家、理论家、教育家和实践者给予不同的定义。有学者认为同理心是一种人格特质，一种感他人所感、思他人所思并深层次理解他人的倾向。从这个角度看，有的人天生就比另一些人更具有同理心。还有学者认为共情是一种具体情境中对他人经验的感觉和理解的状态。从这个角度看，每个人都可以学会如何达到共情的状态。一些学者在共情状态的理论基础上，提出共情是一种阶段性过程，可分为共情共鸣、表达共情和接受共情三个阶段（Barret-Lennard，1981）。我倾向于认为同理心在教练心理学中指一种能力，即教练者能够跳出个人情境，暂时克制自己对事件的理解和情绪反应，完全从受教者的角度看待事件，并让受教者感受到这一点，从而使其产生被理解、关怀的感受并赋予价值感。当然，受教者不仅仅是同理心的接受者，他们也应该学习如何向教练者表达同理心；只有当人们同时感受到并表达同理心的时候，才不至于陷入以自我为中心的模式，即使是在教练过程这种通常被认为是以受教者为中心的工作中。同理心的相互性是共情关系的基础。

共情关系的建立依赖教练者和受教者都带着同理心进入教练对

话，这是双方作出的承诺，它表现在三个方面：

其一，同理心是对理解对方作为个体的观点和情感的承诺。每一个人对某件事情都具有独特的想法和情绪反应，我们需要站在对方的角度看待这些事件，深入体会对方的情绪，并将这些理解表达出来。

其二，同理心是对理解对方所处的生活情境和社会情境的承诺。不论是大的还是小的社会情境，都会对个体产生微妙或深远的影响。我们需要从对方当下所处的情境的角度来理解其情绪和反应。

其三，同理心是对理解对方观点和现实之间不一致的承诺。个体对事件的想法和理解可能和现实情况有差距，并可能和事件中其他人的理解有所不同。我们需要承认并接受这一点，表达对观点和事实不一致的理解。

在日常生活中，人与人之间的共情关系不一定通过谈话来建立，我们有很多丰富、微妙的方式传达对彼此的理解，如微笑、眼神等。共情关系也经常表现在行动中，如拥抱、触摸、拍肩、亲吻等。教练关系必须是一种共情关系，它的建立主要是通过教练者和受教者之间的言语和非言语沟通、双方的持续性社会情感对话（social-emotional dialogue）使共情关系变得真诚和真实。

准确共情

人们起初带着同理心建立共情关系，但有时候并不能将这种良好、和谐的共情关系保持下去，有一些不一致的情况让他们之间的交流出现差异和隔阂，以至于在某些时刻他们都感觉到不和谐所带来的不适感，共情关系岌岌可危。这通常是因为双方无法准确共情。同理心不但是一种基本品质和立场，而且是一种能力，可以通过训练变得更准确和熟练。准确共情需要认识到以下几点：

其一，受教者讲述的事件是可以被了解的。然而，在受教者所经历的现实与他们所描述的事件之间可能会有不一致，在受教者的叙事和教练者的理解之间也可能存在差异，因此，教练者的理解可能是片面且错误的。教练者需要作好准备，随时与受教者确认、调整或修正自己的理解，在共情关系遇到阻碍的时候作出适当的反应。

其二，教练者不仅需要将自己的心理感受与受教者的心理感受和情绪调和起来，还需要理解受教者叙述中包含的社会意义是什么，它们给受教者带来什么样的影响。

其三，同理心不仅仅是以受教者为中心，它还包含受教者生活中所有的关键社会生活情境，如婚姻、学业、工作中那些令受教者感触最深或影响最深远的情境。

其四，受教者和教练者均处在错综复杂的社会、政治、文化、历史情境之中，了解这些情境以及双方在这些情境中所处的社会位置是很有必要的。

其五，当受教者谈及关于自身的特殊经历或文化习俗的时候，教练者应该将自己看作一个学习者，而不是专家或指导者；以谦逊、开放的态度倾听受教者的叙事，如果有不明确的地方，应该带着好奇和尊重去询问受教者。

其六，受教者从自身经验中通过演绎习得的东西和对自己世界的理解，比教练者从理论、研究和实践中通过推理习得的东西，更准确地反映了受教者的真实情况。当两者不一致的时候，需要优先倾听受教者的声音。

其七，在教练过程中，双方都会有不断涌现的主意、念头和想法。需要对偏见和先入为主的批判有高度的自我觉察，此外，还应该将自我反思、自我观察和内省扩散到情绪、情感反应、错误、困惑、疑虑、障碍、突破口、转折点等方面。

其八，共情关系需要教练者和受教者双方合作建构，准确共情发生在彼此之间，而不仅仅是教练者对受教者的单向传达。

同理性回应

准确共情的技能往往是通过带有同理心的表达和回应培养的。虽然有些人感受到了共情，认为自己饱含同理心，但在日常交流情境中，很少有人懂得带着同理心去回应他人的话语。同理性回应对教练谈话来说是极具力量的，也是教练者同理性伴同技术中的重要方面。我不认为同理性回应需要依赖特定的公式或模板，它是活生生的、灵动的、私人化的，并且是一个人的人际关系风格的重要组成部分，仅在真实的对话场景中使用。然而，它又是一种可以被训练的技巧。最基本的同理性回应是什么呢？伊根给出一个简单的答案，那就是表达你准确理解的对方的感受及其原因：

你感觉＿＿＿＿＿＿（准确表达的情绪），是因为＿＿＿＿＿＿（引起情绪的情境、经验、想法、念头、行为等）。

这是一个最基本的同理性回应的框架，它的有效性在于同时抓住了情绪和原因：不但明确指出受教者的情绪、情感和心情，还试图探究与情绪相关的故事、观点、意图、计划、决定等关键点，并给受教者一个确认和修正的机会。尽管同理性回应的目的不是为了解决受教者的问题，但在实践中，受教者通常会通过吐露自己的担忧，获得情绪上的释放以及被理解感，听到同理性回应中教练者反馈回来的自己曾叙述过的内容后，朝向解决问题的目标前进一点。

同理性回应最重要的一点是关注受教者的情绪、情感和心情。教练者需要在整个对话中辨认关键的情感线索（不论是受教者谈论到的，还是表现出来的），作出准确回应，以推动教练进程。作出同理性回应要注意以下几点：

其一，使用准确地反映受教者的情绪类别和情绪强度的词汇。在基本的同理性回应框架中，教练者会使用反映受教者的情绪和感受的一系列词汇，这些词汇的类别必须正确，例如"你感觉受伤害了""你感觉很高兴""你感觉富有激情"，这些句子中的词汇明显表达不同类别的情绪，受教者需要判断受教者的情绪究竟属于哪一个类别。此外，用词还必须正确反映情绪的强度，例如"你感觉有点儿开心""你感觉挺高兴的""你感觉喜悦至极"，这些句子中的词汇表达了不同强度的情绪，它们都属于一个类别（即愉悦）。教练者需要斟酌所使用的词汇能否准确地反映受教者情绪的类别和强度。

其二，区分受教者表现的和讨论的情绪。受教者在谈话过程中会表达两种情绪：他们在谈话过程中感受到的情绪，以及他们在所叙述的事件中感受到的情绪。例如，一位受教者讲述小时候看到父亲对母亲家暴，她当时感觉到的情绪是害怕和愤怒，但受教者在谈话过程中并没有出现这些负面情绪，教练者需要仔细辨认并区别对待。

其三，辨认并回应潜藏在受教者非言语行为中的情绪。如同对非言语沟通的观察那样，教练者需要阅读、倾听隐藏在受教者的非言语行为中的情绪及其所属类别和强度。例如，一位受教者在谈话的时候眉头紧皱，眼睛低垂，看着地板，身体不断地在座位上移动，时不时地触摸头发。教练者可能从这些非言语行为中读出受教者有强烈的不安。当然，教练者并不知道使受教者不安的经历、想法和行为是什么，在确定并回应这些情绪之后，教练者可以用问题询问这些情绪背后的原因。

其四，对受教者的情绪体察入微。在很多文化背景下，指出情绪和感受（尤其是负面情绪）并命名、讨论对受教者来说是一件具有威胁性的事情——人们不愿意接受这种"被揭开"的感觉。文化敏感性以及一种文化下的个体敏感性具有极大的差异。有的受教者在谈话的时候只回应事件，这表明他们刻意逃避谈论情绪；有的受教者在讨论特定的情绪时犹豫不决，这表明他们可能还没有准备好谈论它们；有的受教者不愿意承认他们感受到特定的情绪，这表明他们也许认为承认这些情绪会损害自尊。教练者需要谨慎、细致地处理受教者的情绪，可以先聚焦在经历、想法和行为上，在适当的时候逐渐进入对情绪的命名和讨论。当然，教练心理学并不是受教者的"情绪避难所"，受教者也并非那么脆弱，教练者可以在谈论情绪之前先认可并调动受教者的坚韧性和灵活性。

其五，用多种方法回应受教者的情绪和感受。受教者表达情绪和感受的方式五花八门，教练者回应情绪和感受的方式也可以有所不同和不断变化。常见的回应方式有使用单个词汇、不同的短语或短句、体验性陈述以及行为性陈述。例如，一位优秀的中国学生讲述他出国之后遇到激烈的竞争，教练者能够回应的方式有："你感觉失落"（单个词汇）；"你感觉从云端跌落下来"（短语）；"你感觉自己和旁人相比不再优秀，你不喜欢这种感受"（体验性陈述）；"你看到周围的人都很优秀，感觉自己再怎么刻苦学习也不会像以前那样出众了"（行为性陈述）。刚入行的教练者可能需要对各种情绪和感受作一些回应方面的准备，例如准备词汇库或陈述模式。随着经验的积累，教练者需要抛弃先前的准备，使用浑然天成的自己的语言，发展出多样的回应方式，与受教者的情绪和感受产生共情。

其六，不要对受教者的情绪作出过分强调或过分弱化的回应。有的教练者非常关注情绪和感受，将教练谈话的大部分时间都放在探索及回应情绪上，但有时候太过关注情绪的询问会曲解受教者的叙述；有的教练者则采取过于理性的态度，不关注情绪和感受，令受教者感觉没有得到尊重和认可。同理性回应既需要明确情绪和感受的重要性，又需要明确情绪并不是所有。最佳做法是将情绪和感受与导致它们的体验、行为、想法联系起来。

其七，对受教者的叙述有选择地回应。如果要求教练者对受教者叙述的所有内容作出同理性回应，那将是一件不可能完成的任务。教练者在倾听受教者的故事的时候，需要尽力尝试辨认出那些最核心的信息，关注它们，并对它们作出同理性回应。这意味着教练者需要不断地在倾听的过程中问自己：什么是最重要的？什么是受教者最想说的、最想表现的？什么因素在受教者的叙述中是最关键的？教练者不但需要有自己的职业判断，还需要和受教者确认，这有助于受教者厘清思路而不纠缠于事件的细节。此外，教练者在选择某些方面去回应的时候，需要根据具体情况和对象的反应，选择回应情绪、想法和行为的其中一个方面，以推动教练谈话的深入。

其八，对受教者的整个情境作出回应。良好的同理性回应不仅仅基于受教者现时此刻的言语和非言语沟通，还要考虑所叙述内容的情境以及受教者所处的更大的背景，例如受教者在叙述的时候可能正遭遇危机，受教者的原生家庭的影响，受教者所在的社会的文化习俗的影响，等等。情境和背景对受教者的叙述有修饰和改变的作用。教练者的回应有可能揭示一些受教者未曾明确意识到的环境事实（environmental reality），这些对于受教者的自我觉察和自我反思有重要的促进作用。

其九，将同理性回应作为一种社会影响过程。由于教练者需要在受教者所有的叙述内容中依赖职业判断选择特定的方面作出同理性回应，这种回应的本质就发生了与普通回应不同的改变，它对受教者产生一定的社会影响。这也是为什么教练过程本身是一种干预过程：教练者在同理性回应过程中作出的选择性注意、采取的倾听姿态、使用的回应语言可能打破了受教者对某些事件的固着反应，提供新的理解角度，提醒受教者曾经忽略的关键信息，促使受教者朝着具体的行动方向前进……如此一来，同理性回应对受教者的情绪、认知和行为均产生重要影响。

其十，知觉检查（perception check）。除了回应本身，教练者还需要关注受教者对回应的反应，这是同理性回应的一部分。尽管教练者尽可能准确理解和回应受教者，但这种回应不可能都正确，况且这世界上可能不存在百分百准确的回应。有时候教练者认为自己已经正确且充分地理解了受教者，但跟他们确认后会发现自己的理解不算准确。因此，知觉检查是同理性回应中不可或缺的一环。如果教练者的回应是准确的，受教者会通过言语确认，例如"没错""就是这样"，或通过非言语的方式确认，例如点头、眼神发亮。如果教练者的回应是不准确的，受教者通常会用多种方式让教练者了解这一点，例如使用言语，"这不是我说的那个意思"；使用非言语行为，如犹豫不决、停止谈话、沉默、做小动作等；或明确地让教练者跟随自己的思路，"我们还是谈谈那件事吧"。教练者必须对这些线索保持敏感并作出温和、迅速的反应，修正不准确反应，引导受教者和自己一起将谈话进行下去。当然，教练者不必担心自己回应不准确会带来什么惩罚——只要教练者始终保持真诚，去努力了解受教者的态度，偶尔的不准确回应并不会破坏教练关系。一旦双方建立较牢固的工作联盟，受教者会根据教练者的意图和用心，而不仅仅是回应的正确性，来判断教练关系的质量。

伴同性在场

教练者和受教者之间建立共情关系、教练者的准确共情以及同理性回应，都和教练者的做法和行为有关。支持共情行为的是教练者的核心态度和存在（being），也就是说，共情不仅仅是一种能力，还是一种对受教者的深刻的关爱态度、一种价值观、一种在场（presence）的方式。

很多年前，我曾经参加过一位美国教授的讲座，他的研究领域是发生重大灾难性事件后社区支持（community support）在心理疗愈方面的作用。在讲座中我听到一个感人的故事：在一次严重的地震之后，某地区的居民失去了他们的家园，面对断壁残垣悲痛不已。一般而言，这个时候会有专业的心理学家和心理咨询师作为志愿者来帮助做灾后心理重建工作，为灾民提供心理健康服务。然而，这次到场的是一批僧侣。这些僧侣缓缓地穿过土崩瓦解的房屋，坐在哭泣的灾民身旁，一位僧侣对应一户人家。他们没有向灾民问任何问题，没有说一句话、一个字。他们也没有任何安抚性动作，没有拥抱、亲吻，他们只是坐在那里。奇妙的是，灾民们渐渐停止了哭泣，他们开始自行讲述故事，讲他们的家人、曾经的生活、现在的感受、未来的打算；讲他们失去了什么，还拥有什么，想创造什么。讲述完了，僧侣们起身离去。灾民们内心充满了感恩和希望。

这个真实的故事展现了什么是最有力的伴同性在场。仅仅是"在那里"，甚至不需要任何言语和肢体语言，就能够让对方感受到宽慰、自在和能量。在大多数时候，言语上的抚慰和行动上的帮助自然对当事人有助益，但在某些时刻，心怀善意的询问和建议可能对当事人是一种干扰，尤其是在对方还在整理心情和头绪的时候。能够准确地分辨何时可以使用明确的表达是一种智慧。如果是第二种情况，较好的做法可能是：安安静静地陪伴着，纯粹只是在那里，用在场本身传递给对方一条温暖的信息，"我在这里"。

这条信息至少隐含了三层意义：其一，对当事人的无条件支持和接纳。"我不需要知道这里究竟发生了什么，我不需要知道所有事情是如何发生的，也不需要知道你遭遇了什么；我不会根据你有多么悲惨、多么落魄而决定我应该表现出何种程度的同情；我所关心的仅仅是你这个人。"其二，对当事人的全然信任。"我不发一言，仅仅是在这里陪伴你；我相信你能够以自己的力量走出来，解决困难；你不需要来自我的劝导或建议，你是你自己生活的主人，没有人比你更了解什么才是对你而言最重要的东西，也没有人比你更了解什么才是能帮助你的最佳方法。"其三，对当事人的允诺和应许。"你不是孤独的一个人；我在这里，直到你不需要我，在此之前我不会离开你；如果你有任何需要我的地方，我承诺我会作出回应。"也许还有其他的意义，有兴趣的读者们可以自行思考、发掘。这三条意义已经足够让当事人感受到被认可与尊重、温暖和安全，并同时感受到自主性和赋权感，这和教练心理学所提倡的理念不谋而合。

伴同性在场的本质应该是真诚的：教练者真正将自己放在与受教者平等的伙伴的位置上，谦逊而充满尊敬地陪伴受教者走一段属于他们的旅程，在必要的时刻给予专业的帮助。比提出智慧的建议更重要的事情就是，教练者必须"在那里"。

第十九章　探究性询问

> **本章导读**
>
> - 探究性询问或提问是教练者最重要的能力之一。提问的类型大致分为开放式问题、封闭式问题和引导性问题。
>
> - 常见的十种错误提问包括：过多的封闭式问题、建议性的封闭式问题、寻找唯一答案的问题、绕圈子问题、解释性问题、修辞性问题、引导性问题、打断以及不打断、"为什么"问题。
>
> - 有效的探究性询问的策略和技巧包括：明确探究性询问的目的；根据目的灵活地使用多种探究方式，包括言语和非言语沟通；使用基于理论流派的教练模型和工具整合探究性询问的提问。

前面提到的核心教练技术聚焦在教练者"听"与"看"的能力上，接下来的核心技术聚焦在教练者"问"与"说"的能力上。询问（inquiring）或提问（questioning），是教练者最重要的工具之一，从受教者主动思考他们的情境、他们内在和外在的体验、他们的想法和信念，到他们最终会采取何种行动，都离不开教练者环环相扣、张弛有度的提问设计。

询问的主要类型

根据不同的目的，教练者可以使用不同类型的提问。在教练心理学书籍中，很多作者使用的术语也有些微不同。马克·亚当斯（Mark Adams）列举了几种提问类型和方式（表 19-1）。

表 19-1　教练提问的目的和举例

提问的目的	举例
发起谈话	你今天想要谈什么？
明确详述	发生了什么？ 你有什么样的感觉？ 你对此是怎么想的？
阐明和澄清	关于这件事情，究竟是什么因素对你造成了影响？ 当你做到了这些改变，你注意到自己有什么变化？ 这件事情究竟是怎么发生的？ 你还注意到谁在其中？
检验和核实	我们正在谈论的事情是你真正关心的吗？ 这样做对你有帮助吗？ 我这样理解你的话是正确的吗？
邀请行动	你认为你将做些什么去改变现状？ 你觉得你将着手做些什么？ 你认为谁会帮助你做这些事情？
支持反思	这样做对你有什么益处？ 你从中学到了什么？ 在这段体验中，你最大的收获是什么？ 你如何将学习到的东西用在未来的生活中？

我们不难看出，几乎所有提问都围绕着六个 W 进行。根据问题的形式，提问可分为三种类型：

其一，开放式问题。通常是以 W 开头的鼓励对方进行开放性探索的问题，例如："发生了什么事？"开放式问题对有效的探究十分重要，它通常不能够用"是"或"否"来简单回答，需要有详细的、较长篇幅的回应；它鼓励受教者从多个方面作出思考和回答，所以可以与操纵性问题结合，将教练谈话引导到最重要的方面。

其二，封闭式问题，即会限制答案的问题。例如那些以"是否""会不会"等开头的问题，通常得到的回答较简单，非是即否。

其三，引导性问题（steered questions）。引导对方朝向某个特定方向作答的问题，例如："如果你想让事情变得有所不同，主要表现在哪些方面？"这个问题会引导受教者往改变和差异的方向思考事情。请注意，它和下文的另一种"引导性问题"（leading questions）有所不同。

通常教练者会在对话的开始阶段使用开放式问题，然后根据具体情境引入一系列合适的引导性问题，其间灵活使用封闭式问题。当然，以上三种问题是较粗略的分类总结，教练实践要比这个复杂得多，并没有放之四海而皆准的操作手册。如何向受教者提问，与其说是一项技术，不如说是一种艺术。

教练心理学中的提问偏向于探究性询问，也可以称作"探询"（probing）。提问的目的是帮助受教者谈论事件和体验，发展新的对自身的有益见解，在有助益的事情上努力，探索通向更好的未来的各种途径，选择和承诺有意义的目标，以及投身于实现目标的高效行为——这一切都是在保证不剥夺受教者自主性的前提下教练者对受教者产生的积极影响。诺贝尔经济学奖得主理查德·萨勒（Richard Thaler）和哈佛大学法学院教授卡斯·桑斯坦（Cass Sunstein）使用

"助推"（nudge）一词描述人们改变行为和决策的最小干预过程，也可以用于形容心理咨询和治疗领域的助人者改变当事人行为的过程，这些改变的方向是可被预测的（当事人的目标和理想未来），不用强加任何选择（改变方案是当事人自己构建的）。在这个意义上，教练者是"决策建筑师"（choice architects）；教练者的工作就是作出助推的动作，组织各种资源，为受教者创造有助于他们自行改变行为和决策的情境。

探询十误：错误的提问方式及纠正方法

探究性询问主要通过提问进行。在我们仔细了解什么是正确、有效的探究性询问的方法之前，先来看一下我们常犯的十个经典错误，以及将它们转换成正确的提问方式的技巧。请注意，这里所说的"错误"的提问不意味着问题本身是错误的，而是指提问的方式或时机可能不适合。决定某个提问是否恰当，与当下的教练情境以及教练关系紧密相关。

其一，过多的封闭式问题。这可能是我们最常掉入的提问陷阱，或许与人们幼时依赖和养成的谈话习惯有关。我们从小与父母交谈的时候，经常被问"是与否"之类的封闭式问题，因为它们需要的回应较简单，适合年幼的孩童回答。成长之后，我们将这种简单的询问方式不经意地带入更复杂的谈话情境中，这可能造成很多麻烦，尤其是一连串的封闭式问题很容易让对方感觉被质问，有压迫感，没有机会将内容展开，因而停止交谈。在教练对话中，缺乏经验的教练者很容易发出这样的提问："你有没有保持生活和工作平衡的方法？""你是否有别的选择？"受教者面对这类询问，只能回答"有"或"没有"、"是"或"不是"。当受教者感觉自己问了太多封闭式问题，受教者已经有些不想谈下去了，就要想办法将对方的话匣子打开。最快速的纠正方法是将提问转变成以"what"或"how"开头的开放式问题，例如："你有哪些保持生活和工作平衡的方法？""你有什么其他的选择？"

其二，建议性的封闭式问题。这是一类特殊的封闭式问题，通常含有建议、提议、意见或解决方案。简单来说，它们就是带着问号的建议，例如："你在做事情之前有没有征求上司的意见？""你是否认为给予他人赞美会让你收获更多？"尽管解决方案以问询的形式包装出来，它们的本质仍然是教练者对受教者的直接指导，而不是受教者自己想出的方案，这在一定程度上损害了受教者的自主性和赋权感，与教练心理学的原则背道而驰。纠正的方法是回到最初受教者重视的那个话题，将仅仅聚焦在一种解决方案上的封闭式问题拓展成可能具有多种解决方案的开放式问题。例如："在你的公司，你在做事之前可以通过哪些途径征求意见？""你觉得怎么样对待他人，会让你收获更多？"

其三，寻找唯一答案的问题。在教练谈话中，教练者可能提出某个问题，希望引导受教者指向唯一的终极答案，而受教者在回答问题前进行了漫长的思索，希望能给出一个完美的答案；一旦作答，就不再思考，可以进行下一个提问了。转变这种情况的方法是转变我们的思维：答案本身不是最重要的，最重要的是回答问题的过程。教练者需要帮助受教者拓宽视野和思考维度，一个简单的开放式问题就能有所帮助，例如："还有什么？""请再告诉我一些。"这种简短而温和的提问不会打断受教者的思路。另一种方法是使用受教者自己的词汇并要求他们详述，例如："你刚才提到在公司里做事的流程，请再详细地说说吧。"这种方法能够帮助受教者提炼出谈话中重要的东西，并且不会给对方强迫感。

其四，绕圈子问题。有些教练者在谈话中用不同的方式问同样的事情，并在脑子里忙着将这些类似的答案拼凑起来。当教练者最终能够将问题清晰、准确地提出来时，受教者往往会疑惑不解，不知道该怎么回答，这时谈话的节奏会被严重干扰。例如，刚刚问过"你有什么感受"，紧接着又问"你感觉怎么样""这件事情带给你什么样的感受"，这些问题其实是极其相似的。其原因可能有两种：一是教练者还没有想好究竟要问什么，二是教练者太过关注自己的提问计划。对于第一种情况，纠正的方法是允许自己沉默一小会儿，仔细思考到底要问什么，然后一次性提出清晰的问题。教练者如果对沉默感到不适，就可能在没有准备好发问之前跳出来提问。如果能沉着、冷静地把握沉默时间，也许受教者不靠提问也能继续叙述下去。对于第二种情况，纠正的方式是拿走自己的提问计划，跟随受教者的讲述，让提问与回答自然而然地发生，用受教者的回答引导出下一个问题。教练谈话最令人兴奋的时刻往往是受教者的答案出乎意料，不在教练者提问列表上的时刻。

其五，解释性问题。有时候教练者的提问看上去是一个开放式问题，却包含着自己的理解和观点，有意地将受教者引向一个特定的思考方向，而这个方向或许并非受教者自己的意思。例如，一位受教者说："我觉得每个周一的早晨都很难熬，我简直找不到理由起床。"如果教练者的问题是："你厌恶你的工作多久了？"受教者可能会愣住："等等，我可从来没有说过我厌恶工作啊。"教练者仅仅根据受教者的叙述就提出包含自己解释的问题，受教者会感觉他人的理解被强加在自己身上。这种做法的危险在于，它可能影响双方的信任关系，并且受教者会停下来对此回应，从而阻碍教练对话的正常进行。修正解释性问题的方法是，将受教者自己的话语嵌入提问中，例如："你感到周一早晨很难熬，这种感觉有多久了？""有什么事会给予你起床的动力？"这样的提问能够预防受教者回应教练者的解释，让教练对话保持在正确的方向上。

其六，修辞性问题（rhetorical questions）。尽管看上去是一个提问，但其本质是一种陈述，这种陈述往往带着对受教者的评价、判断和情感态度。例如："你真的想逃离你的婚姻吗？""你难道想对这个升职的机会说不？""你到底在琢磨些什么？"这类提问不是真正意义上的询问，受教者可能不回应，或因其强烈的态度和评判意味而产生抗阻。要消除修辞性问题需要教练者提升自我反思能力以及转变对受教者的态度。教练者可以尝试用5—10分钟来思考以下问题："我在对对方下判断吗？我自身有什么东西受到了影响？聚焦在这些信息上对我们有什么帮助？""我是否错误地理解了当下的状况？我遗漏了什么？""对方有哪些潜力、资源和智慧是我可以看到的？"教练者需要思考受教者的故事究竟触发了自身的何种情感按钮，并且建构关于受教者的潜力和智慧的内在图景，这样能够帮助教练者使用更中立、温和、平静的提问方式。

其七，引导性问题。修辞性问题直白地表现出教练者的判断和偏好，而有些提问会微妙地引导受教者说出教练者想要听到的或已经知晓的答案，同时教练者有时候并没有意识到提问已经悄然敦促对话往某个特定的方向进行，这类问题称为引导性问题。例如："你如何形容这种感受？沮丧？失望？""我们已经就此进行了好几次教练会谈，你准备好设计解决方案了吗？""如果你接受这份新工作，它会影响你照顾家人的时间和精力吗？"提出引导性问题后，修正的方法可以是创造更多的备选方案，将提问涵盖的内容扩充一些，例如："你如何形容这种感受？沮丧？失望？不安？还是其他的感受？"提供多种选择，并用开放式提问结尾，受教者就能够针对问题去思考，而不是简单地跟随教练者的引导去思考。另一种修正方法是"抑或"，即提供另一种相对性选择，例如："如果你接受这份新工作，它会影响你照顾家人的时间和精力吗？抑或，它会带来新的机遇，让你用更好的方式照顾家人？"这样的方法能鼓励受教者从另一个角度思考问题，避免简单认同教练者的引导。

其八，打断性问题。打断他人的叙述是我们不自知的经常做的事情，有时候教练者也会犯这个错误。打断受教者说话的形式包括：直接打断说话，例如"对不起，我能打断一下吗？"；在受教者说话的时候插入评论；滔滔不绝地讲话，让受教者没有机会开口；和受教者同时即将开始讲话时，没有让受教者先讲，自己抢话；受教者讲到一半的时候，自己把对方的话接下去。纠正打断他人说话的毛病的方法很简单：等待受教者把话说完；在回应或提问之前等待两秒钟。教练者的作用不是用自己的想法影响受教者，而是帮助受教者探索和应用他们的想法。给予受教者充分的空间和时间去叙述，是作为教练者最基本的职业要求之一。

其九，不打断。对，你没有看错！打断性问题有时候是不恰当的，然而，在任何时候都不打断受教者的说话也会造成问题，尤其是当受教者针对一件事情反复说个没完，或话题完全脱离了教练谈话的主题的时候。有的受教者会简明扼要地回答问题，有的受教者会在每一个开放式问题之后滔滔不绝地说上 20 分钟，对于后者，适时打断是很有必要的。教练会谈的时间毕竟有限，双方应该更好地利用时间，而教练者的一项重要工作就是管理教练谈话。合理的方法是：首先，采取先发制人的姿态，开诚布公地表示自己在有必要的时候会打断对方，征求受教者的同意，例如："如果你不介意的话，我可能时不时会打断一下谈话，回到我们谈论的主要事情上，这样我们能更好地利用这次见面的时间。"其次，认可受教者的叙述，将无关话题暂时搁置，将注意力转移到主题上，例如："我注意到你先前谈到公司的团建活动，我们等一下再谈这个话题好吗？现在请你继续讲讲公司的人事变动对你有什么影响。"如此一来，受教者就会有心理准备，也可能会自觉地注意如何高效地回答问题。

其十，"为什么"问题。细心的读者也许已经注意到了：在所有适合提问的以 W 开头的开放式问题中，并不包括我们常见的"为什么"问题。让我们来体会一下这种提问："你为什么拒绝了新工作？""你觉得你的妻子为什么会这样想？""你为什么不跟上司反映这些事情呢？"老实说，我本人一点都不想回答这样的问题！"为什么"问题探究受教者的想法或行为的深层动机，受教者必须为自己的行为和想法辩护，证明其合理性，对其作出解释，因此很容易产生敌对、抗拒等阻抗现象。修正此类问题最简便的方法就是将"为什么"变为"什么"，例如："什么原因让你拒绝了新工作？""什么因素让你预测你的妻子会有这种想法？""你需要得到什么支持才会向上司反映这些事情？"这些问法并没有改变提问的核心内容，只是采用一种更让人接受的平和的方式，就能够有效地消除阻抗，鼓励受教者去探索和思考。

从教练对话中辨认出这些探询式提问的"雷区"，对教练者进一步掌握正确的提问和探询技巧极有帮助。

探究性询问的策略与技巧

探究性询问的策略和技巧五花八门，每一位懂得如何"问问题"的教练者、咨询师或专业的助人者都有自己的一套理论和操作方法。然而，有效率和有效果的探究性询问并非分散的问题，它们有一些共通之处。我想强调三点：明确探究性询问的目的；灵活使用多种探询方式；使用教练工具整合探究性询问。

明确探究性询问的目的

首先，教练者必须了解他们为何要探究，要探究什么，才能知道怎样进行探究性询问。在询问类型表格中，我们可以看到，不同目的的询问采取的方式是完全不同的。除此之外，提问可以用来完成以下工作：

其一，导进教练过程并让受教者投身于教练谈话。事实上，不是所有受教者都有备而来，很多受教者在会面开始的时候完全不知道要说什么，他们的议题不明确，甚至对教练本身尚存疑虑。教练者需要用探究性询问主动破冰（ice-breaking），建立双方的联结，帮助受教者进入状态。带有这个目的的探究性询问可以是："是什么让你来寻求帮助？""如果请你给自己做一个整体的素描，你会怎么描绘？""你今天过得怎么样？哪些事情让你有这样的感受？"

其二，发掘受教者的动机和价值观。教练者帮助受教者进行个人的成长、发展和改变，其中一个重要环节就是了解受教者改变的驱动力和因由，这些和个人的深层动机与价值观密切相关。教练者可以提出一些探询式问题："你现在面对的三个最大的成长挑战是什么？""是什么驱动你想要改变？""在你心中分量最重的前三样事物是什么？""你最想达成的梦想是什么？你最希望摆脱的是什么？"

其三，明确、澄清和详述受教者谈话的内容。受教者有时候会使用宽泛、模糊或抽象的语言来描述情境、事件和体验，如果双方仅在这种浅层的描述上戛然而止，就无法触及其中最有意义、最重要的部分，教练对话也无法深入下去。探究性询问能够将宽泛的描述精致化，将模糊的描述清晰化，并将抽象的描述具体化。例如，受教者说，"我的父母早年对我很不好"，教练者可以探究："他们做了什么？"受教者说，"当我感觉难受时，我会做些疯狂的事情"，教练者可以进一步询问："你做了哪些事情让自己好受些？"

其四，探索及确认受教者的意图、观点、计划、决策。有的受教者可能较保守，不适应开诚布公地明确表达自己的观点，也可能在表达想法和意图的时候不够清晰、具体。例如，受教者说，"我决定采取更健康的生活方式"，这个决策听上去不够具体，它的缘由以及对受教者和周围的人的影响也不够明确。教练者可以进一步探询："什么原因使你作出这个决定？""你打算如何着手开始改变？""这个决定会给你带来什么影响？你的家人和朋友会有什么样的反应？"

其五，填补可能的遗漏或缺失。不论是受教者描述当前感受或体验，发掘和利用资源，还是他们描绘未来图景，制订行动方案，可能都存在一些被忽略的地方。如果没有探究性询问去辨认、修正或填补这些缺漏，它们就如同地基上的小孔，会影响整栋大楼的牢固程度。例如，受教者和她的丈夫因为过年回家的事情而产生矛盾，教练者可能会探究："我注意到，你对去你公婆家过年并不反感。但一旦你在那里待了两天以上，你就会变得烦躁不安。请你具体讲讲，是什么让你有这样的变化？"教练者的探究试图填补受教者随着时间推移所产生的情绪变化。

其六，帮助受教者用平衡的视角看待困难和机遇。有时候受教者焦虑地谈论某一个困境，或急切地抛出自己的观点，他们可能只看到了事物的一面，而忽略了"每个硬币都有两面"的事实。为了帮助受教者突破局限性，有更平衡、全面的视角，教练者可以使用探究性询问，例如："在这种情况下，有哪些积极的方面？""它可能隐含了什么发展的契机？""它能够提供什么样的学习机会？"

其七，邀请受教者进行自我挑战。探究性询问不仅仅要求更详尽的信息，还会对受教者提出思考、反思、重评、解释和回应的要求，这些都属于自我挑战。探究性询问能够在与受教者达成理解以及帮助受教者进行自我挑战之间构建一道桥梁，例如："你曾经说过，你与和妻子的关系完蛋了，这听上去是个很严重的事。刚才你提到你和妻子应该更理性地沟通，这两者有什么区别？是什么造成你有这两种想法？"请注意，为这个目的使用探究性询问，教练者必须自始至终保持积极倾听和同理性伴同，还要区分"挑战受教者"和"邀请受教者进行自我挑战"的微妙区别：探究不是为了否定、挑战、质疑或批判受教者，而是鼓励受教者对不一致或值得深究的地方多一些思考，提高自我的觉察和反省能力。

其八，促进受教者前往更有益的教练阶段。这并不是指教练阶段存在"无益"的部分，而是指受教者可能胶着于某一个阶段，这对教练谈话的继续开展没有帮助。诚然，讲述经历和故事、发掘盲点、构建目标和行动方案都需要大量的时间和精力，但在每一个阶段双方的探索都处于"饱和状态"时，也就是浸润在当前阶段的议题中已经足够久了，就应该进入下一个阶段。很多受教者习惯性地停留在当前阶段，这时候需要教练者使用探究性询问，温和地敦促受教者前往更有益的阶段。例如，某位接受关系教练的受教者一直在抱怨配偶，暗示配偶需要改变，除此之外很少谈及如何采取新的态度和行为让婚姻更有活力。教练者可以用探究性询问，将受教者自己暗示的那些东西放在台面上来："你觉得事情可以有所改变。有什么事情是你可以首先做的？有什么事情是你和伴侣可以共同做的？有哪些可能性？"这样一来，受教者的思考就会朝向更具有建设性的方向，而不是停留在抱怨配偶的阶段。

灵活使用多种探询方式

直接提问可能是探究性询问最常见的方法，除此之外，教练者还可以尝试使用其他探究性询问方法，例如直接请求、简短陈述、表示探询的单个词汇或短语等。

其一，直接请求。直接请求受教者是一种常见的方法。例如：

"请将这件事情说得更详细一些。""请告诉我你是怎么想的。"需要注意的是，直接请求可能会让某些受教者有抵触感，教练者需要通过语气、表情等非言语沟通方式让请求变得和缓，采取中立且好奇的态度。请记住，请求的目的是了解得更多，而不是评判。

其二，简短陈述。简要摘取受教者叙述中不太清楚的一部分并陈述自己需要了解更多信息，是教练者的常用做法之一。例如："我还不太明白你是怎么做到这件事情的。""我不确定是否理解了你刚才说的，你能再具体讲讲你当时的想法吗？"温和、简短的陈述能够增加受教者将真相说清楚的责任感。

其三，表示探询的单个词汇或短语。有时候一两个词汇或短语，例如"那么""然后呢"，就能够达到探究性询问的效果。重复受教者使用的单个词汇或短语也是一种方法。例如，一位受教者谈论她和父母的关系，说"我觉得我恨他们"，教练者采取中立的态度，用一个词回应——"恨"。受教者领会了探询的意图，进而解释："好吧，恨是一个太强烈的字眼，我的意思是我和他们的关系变得越来越糟糕了。"又如，一位受教者说："我沉溺在过去的旧事里，这样不好。我必须往前走。"教练者问："往前走？"受教者可能会详述："我的意思就是不再纠结于过去发生的事情。"

探究性询问这一教练技术不限于使用提问等言语沟通的方法，还可以使用语言辅助（paralinguistic）行为和非言语沟通行为表达提问和探索的意图。可通过声调、音量的变化表示探询，例如上扬的"嗯？"表示提出问题。又如，当受教者讲述完一件事情后，其中有一些细节他刻意含混地跳了过去。教练者注意到了这一点，在受教者结束讲述后没有立刻回应，而是将身体微微前倾，将注意力倾注到受教者身上并等待。受教者停顿了一小会儿，可能领会到教练者想要进一步探询的意图，试图理清思路再次详述。这也许是一个关键事件，有助于双方进一步发掘整个事件的意义。类似的非言语沟通的探询行为包括身体动作（如身子前倾）、姿势（如做一个邀请的手势）、点头、眼神（如表现出疑惑不解）、面部表情（如眉头微皱等）。

使用教练工具整合探究性询问

尽管探究性询问的形式十分丰富，但它们还是需要一个框架，将其组织成一系列能够伴随教练过程的"对话流"（conversation flow）。使用教练工具整合探究性询问，其作用就在于提供框架，保障探询的开放性、条理性和功能性。

例如，在教练会谈初期的了解和聚焦阶段，受教者可能还没有明确的议题，教练者可以用图 19-1 的"生命轮"（life wheel）帮助受教者探索他们希望发展生活中的哪些领域，并使用一系列探究性询问：

"为你在每个领域的满足程度打分，从 1 到 10，1 为非常不满足，10 为非常满足，请选择一个适合的数字。"

"谈谈你满足程度最高的领域和满足程度最低的领域。"

"哪个领域让你投入最多的时间和精力？"

"如果让你用少量精力去改善，哪个领域会发生最大的变化，效果最好？"

"如果在某个领域的满足程度是 10 分，那会是一种什么样的情景？你会有什么感受？"

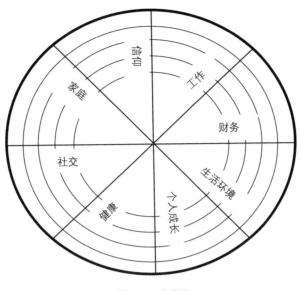

图 19-1　生命轮

　　"如果你要将某个领域的满足程度从 4 分提升到 7 分，你会怎么做？"

　　针对每一个领域，教练者也可以使用一系列相关的探究性问题，例如在"社交"领域，可以这样问：

　　"请描述一下你现在的社交生活，你对它有多满意？"

　　"你最希望从朋友那里获得什么？"

　　"你周围大多数人是什么样子的？"

　　"你理想的社交生活是什么样子的？你会有什么感受？"

　　以上是一个用教练工具整合探究性询问的例子，在前几个章节中，我们已经介绍了基于不同流派的常用教练模型以及教练工具，它们都能够为不同的探询提供框架。值得注意的是，教练工具并非一个个抽屉或柜子，探究性询问也并非一个个物件，必须归类到某一个抽屉或柜子里。教练工具只是帮助教练者更好地整合多种探询，让它们针对某个议题、某个目的或教练过程的某个阶段，使探询更聚焦且高效。

第二十章　总结与反馈

···· 本章导读 ····

- 总结与反馈是教练的核心技术之一，其作用包括：帮助受教者
  明白自己说了什么；帮助教练者明白受教者说了什么；让受教
  者更详细地叙述；明确且加速教练进程。

- 总结与反馈的技巧是：仔细倾听并在头脑中记录受教者说过的
  内容；使用受教者的关键词或语言重述；在每一次反馈和总结
  之后检验准确性；观察受教者的非言语反馈；对情感反映保持
  谨慎的态度。

- 教练者可以进行阶段性和时刻性的总结与反馈，邀请受教者自
  己总结说过的话也是一种有效的方式。

　　沟通是一种双向且持续的过程。在教练过程中，受教者需要知道
教练者一直在倾听他们，在理解他们的观点，并从他们的角度感受他
们的世界。教练者可以用不断的总结和反馈使受教者觉得他们一直被
关注、倾听和理解。一旦受教者的叙述被真正倾听，他们就会受到鼓
励，更开放且真诚，为解决问题和改变作准备。

　　反馈是指将对方的话语尽可能精确地反映回去，但它并不是机械
性地重复受教者的话语，而是用教练者自己的话加上受教者话语中的
关键概念，简化并阐明受教者的谈话。它包含教练者对受教者话语的

释义和理解。总结可以看成一个长反馈，具有提炼功能，一般围绕双方持续一段时间的交谈去提炼主题；既可以是一段故事或经历，也可以是受教者多次谈论过的议题；既可以涵盖一个阶段的教练会谈，也可以涵盖整个教练过程。在总结和反馈过程中，教练者倾向于对受教者作出言语或非言语的非评判性评论，选择关键的方面和概念，尽可能准确地向受教者复述，并邀请受教者修正、补充或拓展。

教练者的总结与反馈的具体功能包括以下几点：

其一，帮助教练者明白受教者说了什么。确认自己是否真正理解了受教者的最简单的方式就是，将已经听到的内容反馈回去，邀请受教者对反馈作出评论，这样可以检验教练者倾听的准确性。通常教练者做不到百分百准确，受教者也无法要求教练者做到完全准确，总结和反馈为双方提供了进一步确认和澄清叙述内容的机会。

其二，帮助受教者明白他们自己说了什么。有时候我们在讲述一件事情，然而听者可能觉得我们在讲相关的另一件事情。确认的方法就是听者反馈给我们，他们听到了什么，我们才有机会真正了解自己所说的内容。好的反馈和总结就如同镜子，准确地反映了受教者的话语，使受教者有机会去审视并反思自己说出的内容。

其三，让受教者更详细地叙述他们所经历的事件或碰到的问题。当受教者听到来自教练者的反馈或总结之后，往往会自行发现有需要补充的地方，他们会自然而然地扩充叙述的内容。或者受教者从反馈或总结中听出关键的概念和内容，从听众的角度了解自己的叙述听上去是什么样子的，这会让他们有更精确、详细的解释。

其四，让受教者停止绕圈子或重复同样的故事。我们曾经提到教练者可能会在一件事情上兜圈子提问，同样的情况极有可能发生在受教者身上，他们变着花样不断重复某个经历或某件事。教练者的反馈和总结能够把握住叙述的核心内容，将这些内容反映回去，受教者会明白自己的多次叙述在听众看来是同一件事情，因而会避免过多重复。

不同于积极倾听这种可以不断地通过各种非言语沟通行为去表现的技能，反馈和总结是典型的言语沟通活动，这要求教练者具有清晰、简洁、有意义的表述的技巧。并且，反馈和总结不是伴随着受教者的讲述同时产生的，教练者必须等到受教者结束一段叙述或一次教练会谈之后，才能提炼和阐明谈论过的内容。因此，它要求教练者能够准确判断并把握发言的适当时机。

复杂技术：总结与反馈的技巧

总结和反馈是一种复杂的技术，它强调倾听受教者以及反映他们所说的话。积极倾听的技巧我们已经谈论了很多，接下来重点讨论准确总结与反馈的技巧。

记住受教者说过的内容

乍一听，这一点仿佛废话：想要在受教者讲述一段时间之后给予任何反馈、回应或总结，教练者当然必须记得受教者说过些什么！然而，这一点对教练者而言并不是常常能够做到的，它对教练者的工作记忆提出相当高的要求：尽管教练者外表非常平静，头脑却在高速运行，要同时处理记忆、理解、反馈等任务。在倾听的过程中，我们通常不建议教练者用纸笔做记录，因为这给受教者传递的信号是，"你稍微说慢点，我在记录"，这样会打乱受教者说话的节奏；"这点很重要，所以我在记录"，隐含着对受教者叙述要点的指引，导致他对某些方面可能讲得不全。在受教者讲述的时候，教练者的贯注行为和正念倾听有助于记忆对方说话的内容。另外，教练者可以采用头脑速记的方法，在脑子里搭建一个工作台，如同纸笔记录一般，将受教者说话的关键词、要点等记录在脑中，并迅速将内容归类，贴上标签。例如受教者在讲述工作方面的经历，一段话可能包含"成就感""待遇薪酬""工作能力""同事关系""与上司的关系""职业教育机会"等各种标签，这种方法有助于教练者在反馈的时候更有效地提取相关信息，还能帮助受教者进一步明确谈论的主题。

准确提炼关键词去重述

教练者可以使用受教者自己的词汇或语言去重述。受教者的讲述总是包含了用来描述事件、情况或人的词汇或短语，教练者必须仔细倾听并理解受教者用词的意图和确切词语的主要意思。在总结或反馈的时候，教练者需要将受教者的话语的实质内容尽可能清晰、完整、准确地重述出来。重述基本上使用受教者自己的话，但它不是机械、死板地背诵，它与受教者原原本本的话语不能完全一样，因而使用受教者自己说出的关键词汇或短语，在不改变话语本意的前提下，将句子重新组织起来是一种重要的技巧。例如，受教者说了这样一段话："我真的很担心我自己。我时常有一种想法，想走出家门看看外面的世界，随便去哪里都可以，我可以在任何地方停留一些时间。然而我有家庭和孩子，他们认为我是个很好的母亲，我也这么认为；我有不错的收入，还专心照顾家人。但昨晚我和丈夫发生了激烈的争吵，这里存在严重的问题。"教练者使用关键词的重述性反馈可能是："你常常有走出家门，随便在世界上走走停停的念头，这让你担心你自己。""你和你的家人都认为你是位很好的母亲。""你和你的丈夫发现了存在的问题，发生激烈的争吵。"

在每一次反馈和总结之后检验准确性

检验是在反馈或总结的结尾提出一个简短的问题。简单而言，就是教练者请求受教者对反馈作出反馈。这种做法的目的是确认教练者的反馈或总结是否相对正确；了解反馈对受教者有什么影响或效果；进一步表达对受教者的尊重，给予赋权感。检验的例子包括："我理解得对吗？""这种理解是否正确？""我说得对吗？"此外，在反馈或总结的句尾用上扬的询问式音调，也可以暗含检验的请求。

观察受教者的非言语反馈

受教者在接收到检验请求之后，会作出他们的反馈。反馈通常是言语方面的，例如"嗯""对""是"等简短的表示赞同的词汇；"我认为你理解得对""这样说很正确"等短句；或者是"这里有一些问题""我觉得你总结的跟我的意思有点不一样"等反驳的话语。不论教练者的反馈或总结是否正确，受教者一般都会将他们真实的想法告诉教练者。但在某些情况下，受教者的反馈不那么明显，既可能是因为他们还在头脑中思考反馈的准确性，也可能是因为某些受教者略保守、内向的个性导致他们不喜欢"挑战"教练者，说他们理解得不对。因此，教练者要在观察技巧方面下功夫，看看受教者的反馈是否用非言语形式表现出来。表示"你理解得对"的反馈可能是轻微点头、微笑、眼神接触；表示"你理解得不够准确"的反馈可能是眉头微皱、耸肩、避免眼神接触、摸头发或玩弄手中的物件，或者索性沉默不语。如果是后面这种情况，教练者需要帮助受教者打消顾虑和犹豫，鼓励他们将真实的想法用言语反馈的方式表达出来，可以说："我注意到你可能有些不同的看法，也许我的理解不那么准确，你能告诉我有哪些地方和你说的不太一样吗？""你的回应和反馈很重要，我们需要知道我是否正确理解了你说的意思，你能具体说说吗？"

对情感反映保持警觉

在受教者叙述的时候，除了实质内容外，他们通常还带入了某些情感、情绪和感受，这些虽然不构成事件内容本身，却是理解整个事件的关键。如果说实质内容是一块蛋糕的材料，情感和情绪等就决定了这块蛋糕到底好不好吃。我们曾经讨论过同理性伴同的技术，其中包含教练者对受教者情感的反映，这是建立和谐教练关系的基础。在讲述一段折磨人的情感经历的对话中，对反面情感的认同或反馈可以改变谈话的整个基调；在很多教练对话中，简短的情感反映也许比详细的概述更有效。整理受教者复杂的情感是必备的成熟教练技巧之一。

　　然而，过多地运用情感反映可能会产生新的问题。首先，如果在每一段叙述后都加上情感反映，会严重干扰受教者的叙述节奏。其次，过多的情感反映会促使受教者将注意力都集中在情绪和反思上，缺乏对事件和故事的详细描述，教练者还得回头让受教者讲述这些细节。再次，也是最重要的一点，不是所有受教者都欢迎对情感的反馈或评论。情感属于较敏感的方面，人们通常只有在和对方建立信任且和谐的关系之后才会敞开心扉。并且，在某些文化中或对某些个体而言，情感反馈可能是不适合的，例如一些成长在保守文化中的男性受教者可能认为谈论情感是"不像男人"的行为。最后，情感通常是人们体验中的"软肋"，它可以使受教者更深层地反思自己，如果受教者还没有准备好这么做，情感反馈似乎就有了面质或挑衅的意味，对某些受教者而言可能具有一定的侵犯性。如果受教者本人的叙述集中在事件内容上，表现得较为平淡，这个时候简短且准确的情感反馈可能是最有帮助的。教练者需要根据细致的观察和敏锐的职业直觉，捕捉到受教者最感兴趣的方面。同时，反馈或总结的时机尤其重要。

总结与反馈的时机

　　在教练实践中，很多教练者会有这样的问题："我知道反馈和总结该怎么做，但最大的问题是我不知道什么时候去做。"在掌握了基本的教练技巧之后，教练者面对的最具有挑战性的事情就不再是"how"（如何做），而是"when"（何时做）。在这里我将"何时做"

分为两块来讨论：阶段性（phase）和时刻性（moment）的反馈和总结。

图 20-1　一次完整的教练会议

如图 20-1 所示，每一次完整的教练会议（session）都会分为几个阶段，通常有起始、过程和结尾三个阶段，每个阶段均有较清晰的开始和结束的标志。图中较宽的灰色块是阶段性的反馈和总结，它们标志着一个阶段的开始和结束，同时起到从前一个阶段过渡到下一个阶段的作用。例如，在每一次教练会议的开始，尤其是受教者坐下来但还不知道如何开口的时候，教练者可以先总结上一次会谈的主要内容和要点，一方面是提醒受教者可以从哪些方面接下去，另一方面可以阻止受教者重复上一次会谈已经讲过的内容。

开始阶段的反馈和总结相当于一种"热身运动"。在开始阶段和主要过程阶段的过渡中，教练者可以用简短的总结引导受教者从"热身运动"向"正式运动"前进，详细叙述和探索关心的议题，例如："我们已经重温了上次聊过的主要内容，今天你想从什么方面开始谈？""在总结了上次的会谈内容后，你觉得我们这次谈话首先要从哪里开始？"

在主要过程阶段和结尾阶段的过渡中，教练者需要再一次用温和的反馈引导受教者从详细的铺陈式叙述收拢为整合性思考。反馈在这里还有一个重要功能，就是提醒受教者本次教练会议的时间接近尾声了。

在总结阶段，教练者需要将本次教练会议中的要点汇总在一起，用尽可能精练且准确的概括性语言将它们反映出来。阶段性总结要比每一个时刻性总结更具有概括性。我们可以将受教者某一段叙述的要点想象成零散的物件，时刻性总结是小盒子，用于收集这些物件；而阶段性总结是一个大盒子，用于装载各种小盒子，打包本次教练会议的所有内容。

在每个阶段进行期间，教练者的反馈和总结是时刻性的，由图中较窄的灰色块表示。教练者需要不断根据谈话的内容即时反馈，这样才能促进受教者继续讲述；在一个议题结束的时候需要简短总结，双方就能够进行下一个议题。另外，反馈和总结对两种时刻来说尤其重要：

其一，受教者的谈话不在点子上、无处前进的时刻。一种时不时发生的谈话"不知道走向何方"的情况，原因是教练者允许受教者不断谈同一件事情，而不是往更深层的方向探索或聚焦在可能性和目标上，也没有讨论能够帮助受教者达成理想状况的策略或行动。这种谈话如同在一个封闭的房间原地打转，无法带领受教者前进。反馈和总结能够帮助受教者打开房间的窗口，将叙述的焦点放在有帮助的方向上，不再围绕着当前的困境和故事，而是积极地寻找突破口。需要注意的是，教练者不能猛然打开门，将受教者推出房间，而是应该建立一个安全的庇护棚——创造一种支持、温暖且安稳的氛围，鼓励受教者发展出整合性的个人目标，促进他们自发地朝更具有解决性、更有益的方向前进。

其二，受教者需要新的、更统整的视角的时刻。受教者在讲述的时候，往往来不及很好地整理和组织零散、芜杂的信息。作为教练者，在受教者的讲述过程中，也不要求他们讲述得十分有条理，更多的是鼓励他们保持开放性，尽可能地详尽叙述。当零散的信息被集中起来并拼凑成有意义的图景时，受教者就能更清晰地看到自己所讲的东西。教练者并没有改变这些被整理的元素，而是在它们之间建立一定的联系，如同给它们装上了关节，它们就能更好地组织在一起，形成一个令受教者更好地了解自己所说的话的系统。通过这个系统，受教者能从全新的、具有整合性的角度看待自己的故事。

教练者的反馈和总结的技巧无疑是教练实践的重点之一，不过，教练者不需要总是作总结。让受教者自己总结也是一种很好的方式，甚至在有些时候，邀请受教者自己归纳重要的事实更有效，因为这种方法强调了受教者的自主性和赋权感、对教练谈话的把控力、对重要事实的确认，以及培养下一步谈话的方向感。当然，这种做法并不是在考验受教者的总结、归纳能力，教练者需要随时准备提供支持，在受教者感觉困难的时候伸出援手，帮助他们将重要的内容整理、组织成有意义的图景。

第二十一章 自我表达、提供信息和给予建议

···· **本章导读** ····

- 教练谈话包括复杂、双向的信息交换，有些情境下需要教练者明确表达自己的想法、观点、感受、意图、想象，提供与议题相关的信息，或给予有助于受教者成长、发展的建议。

- 正确的自我表达方式包括：捕捉真诚、真实的经历，既不否认体验，也不捏造故事；表达感觉、想象、观点，但不涉及诠释或评判；不过度自我表达，焦点始终放在受教者身上；关注受教者的反应和表现。

- 有效的提供信息和提出建议的方式包括：征询受教者的许可，将提供信息和提出建议看成一种合作式搜寻，仅提供与受教者的当前议题相关的信息和建议，不重复受教者已经知道的信息，使用支持自主性的语言，帮助受教者形成自己的理解和自我建议，允诺受教者始终具有选择权。

教练实践过程是一种教练者和受教者合作构建的旅程，它引导受教者通向他们认为重要的目标，同时锻炼了教练者的职业素养和能力。成为一位合格的教练者需要掌握多种教练技术，本章强调"说"的技术，即教练者如何正确、有效地表达自己的观点和体验，在适当

的时候提供信息和给予建议。

在本书的一开始，我们定义教练是一种"非直接指导的过程"，有时候人们会产生这样的误解，认为教练者不能够有自己的见解和声音，并且永远都不要给受教者提供信息或建议。但教练谈话包括复杂、双向的信息交换，有些情境下是需要教练者明确地表达自己的想法并提供适合的信息或建议的。尤其是在第三时代的哲学教练、叙事合作教练中，教练者和受教者的身份有时候会互换，双方都需要充分地表达自己对重要议题的观点，在理解对方的基础上提供相关信息，提出建设性意见并共同探讨。此外，我们不能期望受教者总是靠自己的能力想出答案，他一个人也不能肯定这个答案是否明智、合理。

运用"说"这项技术的挑战在于，教练者应该以什么样的姿态和方式去表达与建议，它背后的思考是将建议看成共同协作的人际过程，包含对受教者的目标和解决方案的深切信任和尊重。

自我表达的技巧

在教练过程中，教练者除了需要掌握倾听、探询、给予反馈等主要教练技能之外，还需要了解自我表达的作用，以及如何表达自己的观点和内在的觉察。咨询心理学领域类似的术语是"自我揭示"或"自我暴露"，在格式塔咨询和来访者中心咨询中运用得较多。罗杰斯所强调的真诚和自我一致性是咨询师自我觉察和自我暴露的关键前提，也是提供给来访者的精神元素。在传统的咨询心理学中，自我暴露通常起到的作用是：暂时分散注意力，帮助放松；加深双方的相互理解和咨询关系；分享感觉、想法和意象；反省和检查咨询师的反移情情况，等等。在教练心理学领域，尽管也涉及教练者的自我暴露，但我们倾向于将这种自我暴露与增强信任、促进教练关系、示范开放的态度和鼓励表达、增强受教者对自己的理解、双方共同的成长与改变联系在一起。

教练者真诚、真实的自我表达具有两种水平——觉察和表达，意味着教练者首先真实而准确地捕捉到自己的体验中发生了什么事情，以及这些事情引起的自身的反应，然后在合适的时候用言语或行为方式将这些体验和反应与受教者沟通。教练者要表达的自身体验并不是指自己身上的故事或与自己有关的历史，而是与受教者的经历和处境相关的个人经历。明智的自我表达一定需要有特定的理由，它们不是为了让受教者了解教练者是谁（尽管它会自然而然地发生），而是让受教者从相关经历中更深刻地理解自己是谁，身处何处。有时候受教者会主动询问教练者的相关经验，例如："你也有类似的感受吗？""你也有家庭吗？"此时教练者可以简短地给予真实的回答，并根据实际情况适度暴露。

另一种自我表达是指教练者觉察到在与受教者沟通的过程中某些时刻发生的事情，并将它们告诉受教者。如果教练者有一些已经持续了一段时间的想法、感觉、想象或意向，几乎总是与受教者出现的时刻一起出现，尤其是在多次教练会谈中反复出现，这些想法和感觉也许就含有某些与受教者的议题有关的信息，教练者可以尝试与受教者分享。这里要注意的是，最好不要明确地对受教者说，"我现在要分享的体验和你的事情有关"，而是应该在分享之后用探询的方式让受教者自己决定这段表达是否对他有意义。还有一种在教练谈话中会出现在教练者身上的体验是感受到对受教者的某些想法、问题或经历有强烈的反应或意见。例如，受教者谈论起父母对他的不满和指责，教练者想起父母也曾经忽视自己，有强烈的情感反应。这些反应或意见起因于教练者自身的回忆或体验，而不是由受教者的故事引起的，对这类反应要持保留态度，不要急着去自我表达，而是要采用中立和冷静的态度，首先去反思："我的这些反应是怎么来的？我在这个方面的表达能否帮助受教者？"有必要的话，教练者需要在教练会谈过后去深思或接受督导。

如果分享自己的体验、观点、意图和感受能够帮到受教者，教练者也愿意表达，那么该如何自我表达呢？以下为几种自我表达的技巧。

捕捉自己真实的体验和反应

不要就自己的体验编写故事，也不要否认体验。为了做到真诚和自我一致，教练者所传递的关于自身的一切信息必须是真实的。有的人可能会根据自己过去或现在的体验编一个听上去合情合理的故事，为的是拉近与受教者的距离，表达自己对对方的故事"感同身受"。但是这样做的危险之处在于，受教者可能非常敏感地觉察到这一目的并且怀疑故事的真实性。此外，否认事实上体验到的事情也会给受教者留下虚伪的印象。有的人可能害怕破坏教练关系而极力否认自己的负面体验（"我没有感觉不舒服""我没有不赞同你""没有问题，现在的状态很不错，我们就这样进行下去吧"），但是请别忘记，受教者也许是一个更高明的微表情和非言语行为阅读专家！

不评判

自我表达包括简单且直接的感觉、想象、观点，而不涉及诠释、评判或批评。教练者应当尽量使用此时此地、不偏不倚的口吻去自我表达，例如："当我听到你被父母责备的时候，我感到很难过。""当我听到你讲这段进步经历的时候，我非常高兴。""你刚才描述的一切在我的脑海中组织成了一个图景，你愿意听一下吗？"教练者需要小心规避几种可能给受教者带来伤害或不良感受的表达，包括：对受教者的外表、能力、意图、努力等给予负面评价（"听上去你所做的努力还不够""你这方面的能力还差得远"）；对受教者的感受和想法作解释或判断（"你是不是感觉到父母的做法伤了你的心""你的这种想法可能与事实有偏差"）；对受教者的经历、处境或相关他人作价值性评判（"这件事情实在太糟糕了""你的父母不应该这样对你"）。有时候，教练者甚至需要对给受教者正面评价这件事保持谨慎，因为不论是负面还是正面的评价，都是将受教者放在一个较被动、接受评判的位置，而教练者拥有权威的、高高在上的地位，这不符合教练心理学中双方民主、平等的合作原则。

自我表达要适度

适度暴露细节，不要过度自我表达。如果教练者将时间过多地花在讲述自己的经验、想法和情绪上，教练会面的焦点就会转移到教练者身上。尤其是在第三时代教练中，尽管可能出现教练者和受教者使用差不多的时间和篇幅描述自己的观点和感受的情况，但谈话的焦点始终应该放在受教者身上和所关心的议题上，关注的是受教者而不是教练者的体验和福祉。教练者在讲述自己的经历之前，可以花几秒钟快速地在脑中过一遍，问问自己为什么认为这些表达对受教者是有益的。

留意受教者的反应和表现

在分享经历、感受、观点之后，教练者需要注意观察受教者的反应和表现。自我表达仅仅是一种手段，不是目的；教练者不是讲完自己的故事就完了，而是应该在自我表达之后观察受教者的态度和反应：他们是不是有兴趣，想不想参与进来，是不是要补充自己的经历，是不是有情感上的反应，等等。不要预设受教者一定会对教练者的自我表达感兴趣，也不要在自我表达之后兴致勃勃地期待受教者的热烈回应（"哎呀，原来你也经历过类似的事情"），教练者需要作好准备去接受受教者的任何回应或并不回应，还要在必要的时候帮助受教者表达他们对教练者所说事情的感受。

无效的信息和建议的特征

在日常生活中，我们都有向他人提出建议和被提建议的经历。通常而言，这种体验好坏参半：有时候我们的确需要来自不同人的意见和建议，但并不是所有人的建议都是有用的，更何况某些人提建议的方式从一开始就令人不愉快。无效或令人不悦的建议可能具有以下特征。

其一，具有高度指示性。这种风格常见于父母对儿童、上司对下属提出建议，我们可以想象听到指示性风格的建议之后，大多数人内心中会有抵触情绪。没有一个受教者愿意付费去找另一位家长或老板来"教训"自己；如果教练者不慎掉入专家陷阱，很快就会迎来受教者的防御。具有高度指令性的建议所传递的信息是，"我是权威""我有资格管住你""你必须听我的"，这会使受教者感到自尊和主体性受损，自己不被理解以及双方地位极大的不平等。

其二，不考虑对方是否需要建议。在不了解对方是否需要的情况下，草率地提出"你可以干什么""你应该干什么"的建议，可能不会有任何效果，对方也不会有积极的反应。大多数人都不喜欢不请自来的建议，也不在乎这类建议。它一方面破坏了对方的自主性，另一方面提供的可能是对方已经知道的信息。更糟糕的是，受教者会认为教练者缺乏同理心，在一定程度上破坏教练关系。

其三，用封闭式提问掩饰建议。在有关探究性询问的章节中我们提到，有一类封闭式提问的本质不是提问，而是建议。这类建议通常会给谈话强加一个焦点，或给出一个改变行动的指令，例如："你想减肥，那为什么不尝试每天跑步呢？""你要专心学习，有没有考虑把手机关掉？"这类提问让对方只能回答是或否、行或不行、好或不好。它会过早地关闭受教者自己建设解决方案的通道，错过一些重要、丰富的信息，减少用合作交换有用信息的可能性。

其四，填鸭式灌输。在我们非常关心对方的时候，我们会产生一种错觉，就是我们要为对方负责，并有义务收集并传递大量信息。一门心思地只关注收集信息，可能会使教练谈话浮于事件的表面而无法深入；它聚焦于丰富和提升受教者的知识，一味灌输信息，如同传统的课堂填鸭式教学一般，通常不会有很好的效果。

其五，建议附带着评判。与"如果你把玩具都放回原位，你就是个好孩子"类似，有时候我们提出的建议包含着情感、价值观和道德判断的意味，例如："你可以每天早起一个小时去写作，这是一个人自律和勤劳的标志。"这类附带着评判、诊断的建议会令对方感觉被贴标签，他们会质疑，"如果我没有采纳你的这个建议，我就成为你所说的不够好的那类人"，继而产生阻抗和不愉快。

其六，利用恐惧心理推动对方接受建议。有时候人们天真地认为，害怕和恐惧是推动对方接受建议的有效方法，例如，在医院里时常听到，"如果你不戒烟，你的寿命就会缩短十年"；或者在学校里听到，"如果你不通过这门考试，你将来什么工作都找不到"。我们不能确定这些利用恐惧心理提出的建议是否有效，我们能够确定的是，这些建议是出于"回避"（avoiding）而不是"驱近"（approaching）的立场，它们不能带来积极、正面的反应；如果对方对不良后果的警告感觉无所谓，恐吓也不管用。

其七，不给对方自主空间。面对儿童时，家长通常会清晰、直白地告诉儿童"应该怎么做""不能怎么做"，但对于已经具有高级思维、决策、推理能力、动机和自主性的成人，最令其感到挫败的事情之一就是直截了当地被告知要做什么。这种做法没有为受教者留下一丝自主空间，也没有对受教者的赋权和尊重。受教者很有可能不会照着建议去做，这种建议也就丧失了作用。

提供信息和建议的技巧

英国作家泰瑞·普莱契（Terry Pratchett）说过一句很有意思的话："当你想从某人那里寻求建议时，你当然不是真的想让他们提建议，你只是想在你和自己说话时让他们在那里。"可见，在场，也就是我们在第十八章中说过的同理性伴同，应该成为提供信息和建议的基本姿态。在教练过程中，信息是用来分享和交换的，而非强行灌输或覆盖受教者已经知道的那些知识；建议是为了促进受教者自行构建解决方案，达成目标或积极改变，而非指示受教者应该做些什么。有技巧地提供信息和建议如同在受教者身后助推一把，进一步调动且明确他们内心早已跃跃欲动的智慧。教练者可以采取以下几种策略。

其一，征询受教者的许可。无论教练者提供的信息或提出的建议多么丰富，多么有用，都需要得到受教者的许可，不能直截了当地说出想提供的信息或给予建议。询问许可的方式有："有哪些信息是我能够提供给你的？""关于这一点，你了解什么？你还想知道些什么？""我可以跟你分享一下我了解的信息吗？"提出建议的方式可以是："你愿意听听我的想法吗？""有些做法曾对其他人有效，你想听一听吗？"如果教练关系已经有良好的基础，受教者几乎总是会对这种充满尊重的许可问询说"yes"。

其二，将提供信息和提出建议看成一种合作式搜寻。教练者和受教者双方在共同寻找有用信息、解决方案的过程中都在沟通、分享、探询和建构，这是一种合作式搜寻。搜寻过程中双方的节奏和配合有时候需要调整，常见的情况有：受教者可能会直接询问信息或建议，这时候受教者的询问本身就是一种许可，教练者可以首先探索受教者有哪些想法，然后再给出相关信息；受教者已经有了几个选项，希望教练者指出哪些是对的，这时教练者可以进一步鼓励受教者思考每个选项，同时给予相关信息，避免直接肯定或否定某个选项，但也不要含糊其辞；受教者没有询问信息或建议，教练者自己想要提供信息或建议，在这种情况下，教练者应该首先征求许可，然后用支持受教者自主性的语言提供信息或建议，最后通过询问来检查受教者对它们的理解或反应。

其三，仅提供与受教者的当前议题相关的信息和建议。教练者需要了解受教者在信息和建议方面的需求，了解他们真正关心什么、想要什么或最需要知道的是什么，不能让他们在狂轰滥炸的信息海洋中苦苦搜寻自己需要的，或被不相关的建议乱了阵脚。探索受教者对什么感兴趣、已经知道了什么或做了什么是重要的一步，例如："你最想知道的是什么？""你觉得你最感兴趣的是哪些方面？""在……方面，你能和我讲讲你已经了解了什么吗？""如果你能做到……，对你来说最大的好处有哪些？""关于……，你能说说你已经采取了什么措施吗？效果如何？"

其四，不重复受教者已经知道的信息。请牢牢记住，每个人都是自身的专家。对于自己关心的议题，受教者一定具备了相当的知识和信息储备。教练者如果恰好是这个领域的专家，也要谨防掉入"专家陷阱"，不要滔滔不绝地告诉受教者他们已经知道或已经做过的事情。和上面一点相关，首先要辨别出哪些信息是受教者已经知道的，哪些做法是受教者已经做过的，然后教练者才能够弥补知识漏洞，澄清误解，指出行动上的改进之处。有时候，教练者觉得要突出某一件受教者已经知道或已经做过的事情，鼓励他们进一步思考或尝试，就可以采用"先认可，再强调"的方式，例如："你刚才说了很多重要的东西，我特别赞同……""对于你尝试过的改变方法，你认为有哪些是值得进一步去做的？"尤其要避免啰嗦、说教、权威性或高度指示的风格。

其五，使用支持自主性的语言。教练者的言语和非言语沟通都拥有支持或破坏受教者自我决定的力量，当受教者感觉到自主性受到威胁，他们会自然而然地倾向于重新获得自主性。一旦受教者感觉自己拥有自由和自主性，就会顺理成章地根据教练者建议的方向去思考和选择。破坏自主性的语言往往带有家长式、权威式口气，有高度的强制性（"必须""务必""不能"），也未经过受教者的许可。相反，支持自主性的语言带有肯定、尊重和认可受教者的意味，例如："我不知道你会怎么看，有些事情我觉得最好和你谈一下。""你觉得我们接下来做些什么可以帮助你？"除了言语内容，柔和的语调、适当的语速、平静的姿态和手势、专注的眼神等都有助于表达对受教者自主性的支持。

其六，帮助受教者形成自己的理解和自我建议。教练者需要鼓励受教者自己去思考信息和建议的意义。教练者不仅仅要提供他们知道的、有利于推动受教者成长的信息和建议，还要询问受教者的解释、理解和反应。就这一点而言，教练者不要替受教者解释信息的意义，但要留给受教者足够的时间去加工这些信息，并引导受教者自行思索信息和建议对自己看重的目标和改变的启示。相关的例子有："你能否告诉我，知道这方面的知识对你有什么帮助？""你是怎么理解的？""你是怎么看的？""你可以谈谈这一切对你来说有什么意义吗？"

其七，允诺受教者始终具有选择权。教练者需要强调个人的选择，不要预设受教者对信息的反应，也不要假设受教者一定会遵照建议去做，而是开放并承诺受教者的选择权利，例如："你可能不同意这个想法，要不要采纳取决于你。""这完全是你自己的选择，不过，我可以给出一些建议。""如果你愿意的话，你可以尝试…… 当然，你也可以不这么做。""这些只是我的一些想法和提议，你可以选择接受或不接受。"

在教练实践中，教练者无论是表达自己的观点和想法，被要求或主动提供信息，还是向受教者提出建议和提议，都需要教练者结合说的艺术和听、问的技巧，三者是紧密相关、互相促进的。我们可以把教练看成一种特殊的人际活动和沟通过程，听、说、问三种技能与全身心的在场，交织成一种富有艺术色彩和灵动姿态的活动，邀请教练者和受教者共同谱写和谐旋律。

第二十二章　教练心理学家和执业教练的职业伦理

········ **本章导读** ········

- 教练心理学的从业者必须接受一系列具有组织性的培训和教育，必须具有一定的心理学知识，以及遵守心理学领域的伦理准则。

- 教练心理学有其职业伦理方面的特殊性，不能完全借鉴其他心理学的伦理准则。

- 教练心理学包含八个首要的伦理原则：胜任原则、不伤害原则、保密原则、知情同意原则、正直原则、管理多重关系原则、管理利益冲突原则、多元文化和国际胜任原则。

- 伦理决策是一个非线性、循环往复的复杂过程；职业教练者在作出伦理决策的时候可以参考一些决策模型，帮助自己有效反思。

教练心理学在学术和实践领域都取得令人瞩目的进展，相关理论和实践成果源源不断地输出。学者们开始思考一些关乎学科发展的问题，例如：如何实现教练心理学家的"科学研究者和实践工作者整合模型"（scientist-practitioner model）；如何收集更优质、有说服力的实证证据来验证教练方法的效果；如何将教练心理学和其他基于心理学原理的干预方式更好地结合起来，如心理咨询与治疗、教育、职业发展和个人发展辅导等。作为教练心理学的学者和实践者，我们不得不思考一个极其重要的问题——职业伦理。

教练心理学职业伦理的特殊性

　　教练心理学从业者是否需要职业伦理准则？这个问题的开端在于：教练心理学从业者是类似于医生，所从事的是一种正规、具有严格行业规则的职业，还是类似于心理咨询师，来自不同职业身份的人在经过符合行业标准的培训和考核之后，就可以从事教练工作？根据美国心理学会对心理学相关职业的鉴定和区分，罗德尼·劳曼（Rodney Lowman）认为，教练心理学更像一种心理学职业领域的具有普遍性的实践活动，它所要求的专业性表现在心理评估和干预过程中的步骤、技术、策略、能力等方面。不过，教练心理学不需要像临床心理学或法律心理学那样，有界定分明的领域知识和技能。当然，教练心理学从业者也必须接受一系列具有组织性的培训和教育，必须具有一定的心理学知识，以及遵守心理学领域的伦理准则。不论教练者在自己过去所从事的职业领域拥有多少经验，接受过多少教育，他们都必须懂得如何将基本的伦理准则融入教练工作。

　　如果说教练心理学需要一定的职业伦理准则，那么伦理标准由谁定呢？受不同的社会文化的影响，可能没有一套放之四海而皆准的教练心理学伦理准则，但有几个心理学界公认的已经较成熟的行业组织制定了心理学伦理的标准，这些标准中的一些准则可以指导教练心理学从业者。主要的行业组织包括美国心理学会、英国心理学会、加拿大心理学会、澳大利亚心理学会等。在教练及教练心理学领域，主要的学术及行业组织包括国际教练心理学会、英国心理学会的教练心理学分会、澳大利亚心理学会下设的教练心理学研究组等，教练协会、教练组织等非营利组织，以及国际教练联盟等营利组织。

　　这些学术以及行业组织制定的伦理准则涵盖很多重合的方面，包括任何心理学分支的从业者必须首要考虑的伦理议题，教练心理学自然也包含在内。然而，有些心理学会在制定伦理准则的时候并没有特别考虑到教练心理学的行业特殊性。例如，美国心理学会的伦理准则规定，所有心理学家的工作都必须建立在"已经确立的科学和专业知识"之上，也就是说，所有心理学干预或治疗工作用到的理论、模型、操作方法等必须经过科学的实证研究检验（一般指通过随机分组的干预研究，对比实验组和控制组效果的研究方法）；英国心理学会的规定与之类似。但加拿大心理学会没有如此严格地强调"科学指导实践"，它强调心理学家必须认真、尽责地将基本伦理原则和价值应用到新兴的实践活动中；了解各自的实践工作领域的进展，在自己的工作中考虑这些并为行业发展作出自己的贡献。国际教练联盟没有明确强调教练实践的科学基础；英国心理学会的教练心理学分会为了凸显自己作为学术行业机构与其他教练组织的区别，尤其强调教练实践应该基于采用心理学科学方法验证的知识和模型。

　　从整个领域发展的角度来看，教练心理学还处于发展初期，尽管越来越强的科学意识和越来越多的学术工作在检验教练实践，但尚无足够坚实的科学证据去支持每一种教练实践工作，因而产生了一个特殊的伦理议题：教练者是否只能采用那些经过科学方法检验的教练方法？教练者有没有足够的知识去证明其实践的合理性？在科学证据较有限的情况下，有些实际上有效的教练方法可能仅出现在少量研究文献中，教练者是否不应该用这些方法？以上这些议题反映了教练心理学发展过程中的一些困惑和挑战，但它作为一个心理学分支，还是有一些核心、普适性的伦理准则指导其实践活动的。

八项核心伦理原则

教练心理学伦理方面的文献并不多，代表性学者为劳曼、帕斯莫等人，他们的贡献在于界定出教练心理学领域最核心的八项伦理原则，并在案例研究中指出可预见的与教练伦理相关的方面。

胜任原则

从业人员能够胜任当前工作是绝大多数职业最重要的原则之一。某一个领域的职业人员的胜任力需要建立在已经确立的科学知识和专业经验上，这意味着这个领域必须有一套关于职业行为的普遍公认的标准。

美国心理学会的伦理原则条例明确说明，心理学家提供的服务、培训、教学和科研工作，必须严格地控制在由自身教育、培训、接收督导的行业经验、咨询、学习或其他职业经验所界定的胜任范围之内；英国心理学会也明确要求心理学家必须对自己的知识、经验、方法以及实践结论保持觉察并承认其局限性，工作内容不能够超过自己的胜任范围；加拿大心理学会则在"问责关怀原则"（responsible caring principle）中写道，心理学家必须具有清醒的自我认识，只开展自己能够胜任的工作，或在督导下能够胜任的工作。

如同一位做手术的外科医生必须胜任当前任务所需要的能力和技术，教练者也必须确认自己已经接受了足够的相关教育和培训，取得相关资质，足够胜任当前的教练工作。如果仅仅读过几本自助类科普书籍和怀抱着一颗助人之心，但没有经历教练心理学的学历教育，没有接受专业的教练培训和督导，没有取得资质，就会如同赤脚医生行医，可能带来潜在的伤害。另外一种关于教练胜任力的情况是，如果受教者的实质问题已经超出教练者的胜任范围，需要心理治疗或精神治疗方面的帮助，教练者不能自行开展此类工作，需要将受教者转介到合适的心理治疗或精神治疗机构。

不伤害原则

心理学领域所有行业组织的职业伦理都要求，心理学家或心理学从业人员必须采取合理的措施，避免对他人的伤害，以及尽量将一些可预见但不可避免的伤害最小化。这里的"他人"包括来访者、病人、受教者等接受心理服务的人群，学生、受训人员、接受督导的人群，研究参与者或被试，企业或组织中的客户和其他各类共事的人群。

不伤害原则既是一种价值观，也是一种期待行为（expected behaviour）——每一位心理学从业者都应该这么想，也应该这么做。职业教练者需要考虑专业操作涉及的潜在的伤害和益处，预测它们发生的可能性，平衡潜在伤害和潜在获益；只有当潜在获益大大超过潜在伤害的时候，才能执行专业操作。同时，职业教练者需要发展且运用教练技术以将潜在伤害最小化，将潜在获益最大化。

保密原则

教练心理学的伦理责任包括尊重受教者的秘密、安全、个人隐私；对受教者的身份及教练者和受教者之间的沟通保密；对获取和保存机密信息负有责任；承认保密原则在一定程度内执行和具有局限性。

除了受法律保护的保密对话之外，教练者不能够对受教者确保或承诺绝对保密。有一些情况会打破保密原则：教练者因为法律规定必须上报必要信息（如受教者透露了威胁他人人身安全的信息）；教练者将受教者转介给别的机构，需要提供相关信息；在企业教练情境中，教练者需要向教练赞助方汇报教练会谈的情况，其中也必然涉及受教者的信息。这里可能牵涉到一个伦理议题：对于教练会谈的内容和信息，谁具有最高权限？受教者是否有权力决定哪些内容可以透露给教练赞助方？教练者可以许诺何种程度的保密，这一点必须在教练过程的一开始就明确说明并签署协议，与受教者、教练赞助方达成一致。

知情同意原则

综合心理学行业组织对知情同意的定义和规定，在教练心理学领域，知情同意指当教练心理学从业人员（包括心理学家和教练者）通过面谈、书面文字或电子邮件等沟通方式，对个体或团体进行科学研究或提供测评、教练、咨询、辅导等服务的时候，必须获得每一个人的知情同意并做记录；说明知情同意时所使用的语言必须被每个人理解，尤其是涉及未成年人和成人弱势群体时，必须根据其理解能力，给予他们足够的机会去了解职业服务或研究的本质、目的、过程和可预见的结果；每一个人都知道自己将要接受什么，可以期待什么，已知或潜在的风险和其他隐性期待造成的限制；知情同意为志愿性质，不含有任何强制成分；一旦受教者不愿意继续接受教练服务或参与研究，有随时撤回知情同意的权利；如果受教者和教练赞助方（如某位企业员工是受教者，教练赞助方则是该员工工作的企业）不是同一个人，知情同意必须明确三方各自的角色、权利和责任。

正直原则

在职业伦理中，正直指贯穿所有职业行为的诚实可信、公正守信的性格。尽管性格本身是一种相对较为稳定的人格倾向，难以培训或改变，但职业性格并不对从业人员在工作之外的场合表现出的人格倾向有任何要求。

美国心理学会要求心理学家必须拥有正直的职业性格，促进心理学科学、教育和实践工作中的准确、明晰、诚实、可信和公正。英国心理学会在此基础上细化了正直原则的四项议题，即诚实和准确、避免剥削和利益冲突、保持职业边界、处理伦理不端行为。加拿大心理学会还增加了在职业操作中与他人互动所应表现出的人际特征，如直率和坦诚、尽可能保持客观态度，以及将私人偏见最小化。作为职业教练者，必须在教练心理学相关的学术和实践活动中展现出以上正直原则中所规定的职业性格。

管理多重关系原则

在教练心理学领域，人们可能存在不同种类的多重关系，主要包括：教练者与受教者同时具有的其他关系（如师生关系、上司和下属的关系）；教练者同时与和受教者密切相关之人具有其他关系（如教练者是受教者父亲的好友），或同时成为和受教者密切相关之人的教练者（如教练者同时有两位受教者，他们是夫妻，但他们是一对一教练，而非伴侣教练）；从业人员承诺与受教者或和受教者密切相关之人在未来建立别的关系（如教练者未来将成为受教者的上司，或教练者在未来很可能是受教者配偶的同事），等等。

如果多重关系会对教练者的客观性、胜任力或教练效果产生可预见的损害，或者造成教练者和受教者的地位不平等，抑或是对受教者的剥削，教练者就应该尽量避免进入多重关系。如果因为文化习惯或风俗等因素，教练者与受教者具有不可避免的多重关系，教练者需要对潜在损害保持高度的敏感，尽量消除个人偏见和剥削风险，如持续接受督导或引入第三方机构，获取知情同意。一旦发生不可预见的损害，教练者必须以受教者的福祉为最高原则，采取合理措施去解决问题，减少对相关人员的影响。

管理利益冲突原则

理论上来说，教练心理学从业人员应该避免职业操作过程中的利益冲突，因为它们会影响教练者的职业判断。然而，我们同时需要考虑教练情境所具有的合理的复杂性——不同的受教者或受教者与教练赞助方可能存在利益冲突，这时候教练者就需要衡量不同对象的利益以及对某些受教者的潜在伤害，相应地采取不同的行为或不采取任何行为。

在大多数行业伦理准则中，利益冲突本身不需要作出伦理性的规避，而是应该不断辨认和管理。美国心理学会和英国心理学会均指出，如果存在任何关于个人、科学、职业、法律、经济或其他方面的利益冲突，会导致对公正性和胜任力的可预见的损害，或对个体或组织有可预见的伤害或剥夺，心理学从业人员就应该避免与之建立职业关系。一旦建立了职业关系，心理学从业人员绝不能够滥用职业关系去满足自己的经济、性或其他方面的利益。教练心理学从业人员应该采取更主动的态度，首先向受教者和其他相关组织说明教练关系中各自的身份和职责，以及可能存在或出现的利益冲突或干扰；当个人利益影响职业判断时，即刻采取行动，纠正不良情况。

多元文化和国际性胜任原则

国际教练联盟伦理准则在教练者誓言里提及，教练者有责任建立清楚、合理以及具有文化敏感的界限，用以管理自己与受教者及教练赞助方的任何身体接触。但光有对身体接触的管理是远远不够的，教练工作更多地涉及教练者与受教者之间的心理接触。与其他心理学领域的从业人员一样，为了确保教练操作和实践工作具有胜任性和伦理性，职业的教练者必须考虑和意识到，要尊重受教者的文化、个体特征和角色的不同，其中包括年龄、性别、性别认同、种族、民族、文化、教育、国籍、宗教、性取向、残疾、语言、婚姻或家庭地位、社会经济阶层等，并在职业操作中考虑这些因素，消除对这些因素可能持有的偏见对职业操作的影响。另外，教练心理学从业人员不能够在任何公开场合（包括公开发言、演讲、做报告、发表研究报告和论文、与受教者交流等）对受教者的文化、国籍、种族、肤色、宗教信仰、性别、性取向等有侮辱性评论或恶意调侃。

职业教练者的伦理决策模型

教练心理学的伦理原则不是生搬硬套的规定，而是一种动态的决策过程，它的基石是对教练者或教练心理学家这种职业的本质的深刻理解，以及对相关人员尤其是受教者的普适性的尊重；同时需要考虑多方平衡（受教者和教练者之间、受教者和教练赞助方之间、教练行业与更广大的法律及社会要求之间），以使受教者的利益最大化。

马克·达菲（Mark Duffy）和帕斯莫认为，已经发表的关于心理学领域职业伦理的准则和论文虽然对教练者理解高水准的伦理职业行为原则有重要意义，但是它们难以为教练实践者提供操作上的指导，尤其是处理日常教练工作中的伦理困境时。曾任英国心理咨询与治疗学会会长的心理学家蒂姆·邦德（Tim Bond）提倡，心理学行业需要伦理框架，它的作用类似于学习中的支架，旨在支持从业人员进行伦理方面的思考和决策，而不会限制行业操作的其他方面。霍利·佛里斯特–米勒（Holly Forester-Miller）和托马斯·戴维（Thomas Davis）

1996 年提出心理咨询师作出伦理决策的模型，包括七个循序渐进的步骤：确认当前遇到的伦理问题；查阅相关的伦理原则；确定伦理问题的范围和性质；生成预期的行为过程；确定行为过程；回顾行为过程；实施行为。

阿奇·卡罗尔（Archie Carroll）在这个基础上提出另一种伦理决策模型，包括四个按照顺序进行的步骤：首先是培养伦理敏感性；其次是形成伦理行动过程；再次是实施伦理决定；最后，在作出决定之后，心理学家仍然会遇到模棱两可的情况，这时候需要学习如何与这种不确定感共存。

这些线性决策模型的缺陷在于将复杂的伦理困境简化成普通的决策：伦理问题的原因和结果之间有直接联系，只要借助一些外力就能够将这个联系建立起来，从而解决问题。然而，大卫·斯诺登（David Snowden）和玛丽·伯尼（Mary Boone）认为，伦理困境应该从复杂系统的角度去理解：真实的伦理问题是复杂且混沌的，因果之间并没有直接联系，因而心理学实践者需要运用自然发生的、不断浮现的实践操作去试探他们的决策产生的结果，并回到伦理问题中去生成不同的行动过程。

除了线性伦理决策模型本身的问题，近年来，越来越高的呼声是教练心理学必须建立自己的伦理决策模型。教练心理学是一个独特的心理学分支，有其独特的挑战和复杂性，教练心理学从业人员会面对各种伦理困境，例如处理受教者和教练赞助方的关系，决定谁才是真正的"客户"，谁的福利应该放在首位，应该首要关注哪一方的利益，何种信息应该透露给教练赞助方，权利是否会滥用，等等。教练心理学仍处于学科发展时期，它离学科成熟或行业成熟还有一段很长的距离，需要建立自己的理论框架、实践模型和伦理原则，而不必借鉴咨询心理学或临床心理学等领域的内容。

达菲与帕斯默通过扎根理论的质性研究方法，对欧洲和亚洲的教练心理学从业人员（教练心理学家和职业教练者）进行半结构化访谈，试图深入理解教练心理学伦理困境的来源，了解从业人员面对伦理困境的经历，以及探讨他们如何作出伦理决策。研究发现，关于伦理的议题几乎贯穿所有的教练情景，所涉及的伦理原则包括行业组织规定的伦理准则、个人的伦理观和道德观、对社会的责任感、职业标准、与受教者签订的合同以及隐性的协议、人际边界等。研究对参与者作出伦理决策的过程进行编码和分析，得出一种短期的启发式模型（heuristic model），帮助教练心理学从业人员在面对伦理困境时作出决策。这个模型包含以下六个主要步骤：

其一，觉察。伦理决策的过程始于对职业伦理准则的觉察和意识。首先是教练者隶属的行业组织规定的伦理准则，如美国心理学会、英国心理学会、国际教练联盟等。如果教练者隶属于两种或两种以上的行业组织，则需要觉察并思考多种组织规定的伦理准则有何异同，如何将它们结合起来。此外，教练者需要对自身持有的价值观、道德观、伦理观有深刻的觉察和反思。

其二，辨认。涉及分辨当下面临的伦理困境，主要来源可能包括个人、组织或伦理困境发生的情景。个人来源主要包括受教者的问题，如受教者有破坏性行为、情绪障碍，或教练者的问题，如个人情绪问题，在明显应该转介受教者的时候犹豫不决；组织来源包括受教者在工作单位的职位发生变动，教练赞助方宣布停止教练；伦理困境发生的情景来源可能是教练者同时与一家公司的多名受教者开展教练工作，教练者和受教者具有双重关系。清晰地认识伦理困境的本质和来源有助于教练者作出下一步决策。

其三，反思、支持和建议。在这个阶段，教练者需要时间和空间对伦理困境进行反思，可能会快速地花几分钟时间，以便有效率地应对当下的情况；也可能会花上几个小时或几天的时间，尤其是当伦理困境较复杂的时候。教练者可以综合运用自己的职业经验、同行的支持、教练督导以及先前的反思记录来形成更广阔的支持系统。根据自身的需要和个人风格，不同的教练者会倾向于依赖不同的支持系统。例如，较有经验的教练者可能已经在某个行业组织中发展出较成熟的支持系统，而新手教练较看重督导的建议。不论拥有什么样的支持系统和建议来源，教练者都需要对伦理困境具有批判性的深入思考。

其四，发起。教练者形成一系列解决伦理困境的方法，构建选项。每一种选项都必须承诺遵守教练心理学基本的职业伦理准则，与自身的价值观和道德观一致，并与当下的伦理困境相关。不同的解决路径涉及的伦理规定范围可能不同，耗费时间和精力的程度不同，所需要的教练关系基础也不同，因此，教练者需要细致评估多种路径。

其五，评估选择。教练者在评估伦理困境解决路径的时候，首先要考量每一种路径的相关风险和益处，与职业伦理原则一致的做法是尽可能将风险最小化，将益处最大化；其次是评估解决路径与个人伦理和职业伦理准则的一致性；最后是考虑法律法规和教练合同的要求。如有需要，教练者可以与同行或督导讨论，但要注意遵守保密原则，不透露受教者的身份信息和教练对话内容，将涉及的信息保持在能够说明伦理困境的最少量的程度。

其六，更新。一旦教练者选择了某一条解决伦理困境的路径，就需要在教练实践中运用新做法，并将伦理反思和整个教练体验相结合。在遵守保密原则的前提下，与同行交流各自遇到的伦理困境，分享解决方案，可以促进教练心理学从业人员伦理意识的加深和问题解决策略能力的提升。

在教练过程中，没有两个完全一模一样的伦理困境，适合的干预方法也不雷同。伦理决策不是一种线性的过程，而是一种循环反复的过程，教练者需要具有"伦理正念"（ethical mindfulness），即立足当下，在前后的步骤中来回往复，对现实情况和涌现的新信息保持开放性，具有投入更深刻的反思活动中的能力。

总体而言，教练心理学的职业伦理还处于发展阶段，它比教练本身更重视科学证据和源自心理学的伦理准则，在教育和培训未来的教练者和教练心理学家的时候，职业伦理是不可或缺的一环。

参考文献

Adams, M. (2016). *Coaching psychology in schools: Enhancing performance, development and wellbeing*. London: Routledge.

Adler, A. (1958). *What life should mean to you*. New York: Capricorn.

Ahmann, E., Smith, K., Ellington, L., & Pille, R. O. (2020). Health and wellness coaching and psychiatric care collaboration in a multimodal intervention for attention-deficit/ hyperactivity disorder: A case report. *The Permanence Journal, 24* (18), 256.

Allison, S., & Harbour, M. (2009). *The coaching toolkit: A practical guide for your school*. London: Sage.

Anstiss, T., & Passmore, J. (2013). Motivational interviewing approach. In J. Passmore, D. B. Peterson & T. Freire (Eds.), *The Wiley-Blackwell handbook of the psychology of coaching and mentoring* (pp. 339–364). Chichester: John Wiley & Sons.

Bandura, A., & Locke, E. A. (2003). Negative self-efficacy and goal effects revisited. *Journal of Applied Psychology, 88* (1), 87–99.

Barrett-Lennard, G. (1981). The empathy cycle: Refinement of a nuclear concept. *Journal of Counseling Psychology, 28* (2), 91–100.

Barthes, R. (1957). *Mythologies*. France: Les Lettres Nouvelles.

Barthes, R. (1977). *Image, music, text*. New York: Hill & Wang.

Batson, C., Ahmad, N., & Lishner, D. (2009). Empathy and altruism. In S. Lopez & C. R. Snyder (Eds.), *Oxford handbook of positive psychology* (2nd ed., pp. 417–427). New York: Oxford University Press.

Beck, A. T. (1976). *Cognitive therapy and the emotional disorders*. New York: New American Library.

Beck, A. T. (1991). *Cognitive therapy of depression*. New York: Guildford Press.

Beck, J. S. (1995). *Cognitive therapy: Basics and beyond*. New York: Guilford Press.

Beck, U. (2000). *What is globalization?* Oxford: Policy.

Beddoes-Jones, F., & Miller, J. (2007). Short-term cognitive coaching interventions: Worth the effort or a waste of time? *The Coaching Psychologist, 3* (2), 60–69.

Berg, I. K. (1991). *Family preservation: A brief therapy workbook*. London: BT Press.

Berg, I. K. (1994). *Family based services: A solution-focused approach*. New York: Norton.

Berwin, C. R. (2006). Understanding cognitive behavior therapy: A retrieval competition account. *Behavior Research and Therapy, 44*, 765–784.

Biswas-Diener, R. (2006). From the equator to the north pole: A study of character strengths. *Journal of Happiness Studies, 7* (3), 293–310.

Biswas-Diener, R. (2010). *Positive psychology coaching: Assessment, activities and strategies for success*. Hoboken, NJ: John Wiley & Sons.

Biswas-Diener, R., & Dean, B. (2007). *Positive psychology coaching: Pitting the science of happiness to work for your clients*. Hoboken, NJ: John Wiley & Sons.

Boice, R. (1983). Contingency management in writing and the appearance of creative ideas: Implications for the treatment of writing blocks. *Behavioral Research Therapy, 21* (5), 537–543.

Bozer, G., & Sarros, J. C. (2012). Examining the effectiveness of executive coaching on coachees' performance in the Israeli context. *International Journal of Evidence Based Coaching and Mentoring, 10* (1), 14–32.

Brewin, C. R. (2006). Understanding cognitive behaviour therapy: A retrieval competition account. *Behaviour Research and Therapy, 44* (6), 765–784.

Brown, K. W., & Cordon, S. (2009). Toward a phenomenology of mindfulness: Subjective experience and emotional correlates. In F. Didonna (Ed.), *Clinical handbook of mindfulness* (pp. 59–81). New York: Springer.

Brown, K. W., & Ryan, R. M. (2003). The benefits of being present: Mindfulness and its role in psychological well-being. *Journal of Personality and Social Psychology, 84* (4), 822–848.

Brown, K. W., Ryan, R. M., & Creswell, J. D. (2007). Mindfulness: Theoretical foundations and evidence for its salutary effects. *Psychological Inquiry, 18* (4), 211–237.

Brunner, J. (1986). *Actual minds, possible worlds.* Harvard University Press.

Brunner, J. (1987). Life as narrative. *Social Research, 54,* 11–32.

Cain, D. J. (2002). Defining characteristics, history, and evolution of humanistic psychotherapies. In D. J. Cain & J. Seeman (Eds.), *Humanistic psychotherapies: Handbook of research and practice* (pp. 3–54). Washington, DC: American Psychological Association.

Caldwell, K. L., Gray, J., & Wolever, R. Q. (2013). The process of patient empowerment in integrative health coaching: How does it happen? *Global Advances in Health and Medicine, 2* (3), 48–57.

Carroll, M. (2011). Ethical maturity: Making ethical decisions. *Psychotherapy in Australia, 17*(4), 40–51.

Caruso, D. R., & Salovey, P. (2004). *The emotionally intelligent manager: How to develop and use the four key emotional skills of leadership* (1. Aufl.;1st ed.). Jossey-Bass., San Francisco, CA.

Cavanagh, M. J., & Spence, G. B. (2012). Mindfulness in coaching: Philosophy, psychology, or just a useful skill? In J. Passmore, D. B. Peterson & T. Freire (Eds.), *The Wiley-Blackwell handbook of the psychology of coaching and mentoring* (pp. 112–134). Chichester: John Wiley & Sons.

Claxton, G. (2018). *The learning power approach: Teaching learners to teach themselves.* Crown House Publishing.

Claxton, G., Chambers, M., Powell, G., & Lucas, B. (2011). *The learning powered school: Pioneering 21st century education.* Bristol, England: TLO Limited.

Cooperrider, D. L. (1986). *Appreciative inquiry: Toward a methodology for understanding and enhancing organizational innovation* [Doctoral dissertation, Case Western Reserve University]. ProQuest Dissertations Publishing.

Cooperrider, D. L., & Whitney, D. (1999). *Collaborating for change: Appreciative inquiry.* San Francisco: Berrett-Koehler.

Cooperrider, D. L., Whitney, D., & Stavros, J. M. (2003). *Appreciative inquiry handbook.*

San Francisco: Berrett-Koehler.

David, O. A., Ionicioiu, I., Imbăruş, A. C., & Sava, F. A. (2016). Coaching banking managers through the financial crisis: Effects on stress, resilience, and performance. *Journal of Rational-Emotive and Cognitive-Behavior Therapy, 34* (4), 267–281.

Davidson, R. J. (2010). Empirical exploration of mindfulness: Conceptual and methodological conundrums. *Emotion, 10* (1), 8–11.

Davidson, R. J., Jackson, D. C., & Kalin, N. H. (2000). Emotion, plasticity, context, and regulation: Perspectives from affective neuroscience. *Psychological Bulletin, 126,* 890–909.

Deakin-Crick, R., Broadfoot, P., & Claxton, G. (2002). *Developing an effective lifelong learning inventory: The Elli Project.* Bristol: Lifelong Learning Foundation.

Deakin-Crick, R., Broadfoot, P., & Claxton, G. (2004). Developing an effective lifelong learning inventory: The ELLI project. *Assessment in Education: Principles, Policy & Practice, 11* (3), 247–272.

Deci, E. L., & Ryan, R. M. (2008). Self-determination theory: A macrotheory of human motivation, development and health. *Canadian Psychology, 49* (3), 182–185.

de Haan, E. (2008). *Relational coaching: Journeys toward mastering one-to-one learning.* Chichester: John Wiley & Sons.

De Jong, P., & Berg, I. (2008). *Interviewing for solutions.* New York: Brooks/Cole.

de Shazer, S. (1985). *Keys to Solution in Brief Therapy.* New York: Norton.

de Shazer, S., Berg, I. K., Lipchik, E., Nunnally, E., Molnar, A., Gingerich, W., & Weiner-Davis, M. (1986). Brief therapy: Focused solution development. *Family Process, 25* (2), 207–221.

Diedrich, R. C. (1996). An iterative approach to executive coaching. *Consulting Psychology Journal, 48* (2), 61–66.

DiMattia, D. J., & Mennen, S. (1990). *Rational effectiveness training: Increasing personal productivity at work.* New York: Institute for Rational-Emotive Therapy.

Dobson, K. S., & Dozois, D. J. (2001). Historical and philosophical bases of the cognitive-behavioral therapies. In K. S. Dobson (ed.), *Handbook of cognitive-behavioral therapies* (2nd ed., pp. 3–39). New York: Guilford Press.

Downey, M. (2003). *Effective coaching: Lessons from the coaches' coach* (2nd ed.). London: Texere.

Drake, D. B. (2009). Using attachment theory in coaching leaders: The search for a coherent narrative. *International Coaching Psychology Review, 4* (1), 49–58.

Draycott, S., & Dabbs, A. (1998). Cognitive dissonance 2: A theoretical grounding of motivational interviewing. *British Journal of Clinical Psychology, 37* (3), 355–364.

Dryden, W., & Gordon, J. (1993). *Peak performance: Become more effective at work.* Didcot, UK: Mercury Business Books.

Duffy, M., & Passmore, J. (2010). Ethics in coaching: An ethical decision making framework for coaching psychologists. *International Coaching Psychology Review, 5* (2), 140–151.

Eberth, J., & Sedlmeier, P. (2012). The effects of mindfulness meditation: A meta-analysis. *Mindfulness, 3* (3), 174–189.

Egan, G. (2014). *The skilled helper: A client-centred approach* (10th ed.). Hampshire: Cengage Learning.

Edgerton, N., & Palmer, S. (2005). SPACE: A psychological model for use within cognitive behavioural coaching, therapy and stress management. *The Coaching Psychologist, 2* (2), 25–30.

Elliot, A., & Dweck, C. (2005). *Handbook of competence and motivation.* New York: Guilford Press.

Ellis, A. (1994). *Reason and emotion in psychotherapy.* New York: Birch Lane Press.

Ellis, A (1998). *The practice of rational emotive behavioural therapy.* Free Association Books, London.

Ellis, A., & Blum, H. L. (1967). Rational training: A new method of facilitating management and labor relations. *Psychological Report, 20* (3_suppl), 1267–1284.

Ellis, A., Gordon, J., Neenan, M., & Palmer, S. (1997). *Stress counselling: A rational emotive behavior approach.* London: Cassell.

Forester-Miller, H., & Davis, T. (1996). *A practitioner's guide to ethical decision making.* www. Counseling.org/counselors/practioners-guide.aspx

Fredrickson, B. L. (2001). The role of positive emotions in positive psychology: The broaden-and-build theory of positive emotions. *American Psychologist, 56* (3),

218–226.

Fredrickson, B. L., & Losada, M. (2005). Positive affect and the complex dynamics of human flourishing. *American Psychologist, 60* (7), 678–686.

Gallway, T. (1986). *The inner game of tennis*. Pan Books.

Gardiner, M., & Kearns, H. (2010). *Turbocharge your writing*. Adelaide: Flinders Press.

Gergen, K. J. (2009). *Relational being: Beyond self and community*. Oxford: Oxford University Press.

Giddens, A. (1991). *Modernity and self-identity: Self and society in late modern age*. Oxford: Policy.

Gist, M., & Mitchell, T. (1992). Self-efficacy: A theoretical analysis of its determinism and malleability. *Academy of Management Review, 17* (2), pp 183–211.

Good, D., Yeganeh, B., & Yeganeh, R. (2010). Cognitive behavioral executive coaching: A structure for increasing flexibility. *Organization Development Practitioner, 42* (3), 18–23.

Gottman, J. M., & Krokoff, L. J (1989). The relationship between marital interaction and marital satisfaction: A longitudinal view. *Journal of Consulting and Clinical Psychology, 57*, 47–52.

Govindji, R., & Linley, P. A. (2007). Strengths use, self-concordance and well-being: Implications for strengths coaching and coaching psychologists. *International Coaching Psychology Review, 2* (2), 143–153.

Grant, A. M. (2001). *Coaching for enhanced performance: Comparing cognitive and behavioral approaches to coaching* [Paper presentation]. 3rd International Spearman Seminar: Extending Intelligence: Enhancement and New Constructs, Sydney, NSW, Australia.

Grant, A. M. (2003). The impact of life coaching on goal attainment, metacognition and mental health. *Social Behavior and Personality, 31* (3), 253–264.

Grant, A. M. (2008). Personal life coaching for coaches-in-training enhances goal attainment, insight and learning. *Coaching: An International Journal of Theory, Research and Practice, 1* (1), 54–70.

Grant, A. M., & Cavanagh, M. J. (2007). Evidence-based coaching: Flourishing or languishing? *Australian Psychologist, 42* (4), 239–254.

Grant, A., & Greene, J. (2001–2004). *Coaching skills: It's your life — what are you going to do with it?* Harlow: Pearson Education Limited.

Grant, A. M., Curtayne, L., & Burton, G. (2009), Executive coaching enhances goal attainment, resilience and workplace well-being: A randomised controlled study. *The Journal of Positive Psychology, 4* (5), 396–407.

Grant, A. M., Green, L. S., & Rynsaardt, J. (2010). Developmental coaching for high school teachers: Executive coaching goes to school. *Consulting Psychology Journal: Practice and Research, 62* (3), 151–168.

Grbcic, S., & Palmer, S. (2007). Brief report: A cognitive-behavioral self-help approach to stress management and prevention at work: A randomized control trial. *The Rational Emotive Behavior Therapist: Journal of the Association for Rational Emotive Behavior Therapy, 12* (1), 41–43.

Gregory, J. B. (2010). *Employee coaching: The importance of the supervisor/subordinate relationship and related constructs* [Doctoral dissertation, The University of Akron]. ProQuest Dissertations & Theses Global.

Gregory, J. B., & Levy, P. E. (2011). It's not me, it's you: A multi-level examination of variables that impact employee coaching relationships. *Consulting Psychology Journal: Practice and Research, 63* (2), 67–88.

Green, L. S., Oades, L. G., & Grant, A. M. (2005). An evaluation of a life-coaching group program: Initial findings from a waitlist control study. In M. Cavanagh, A. M. Grant & T. Kemp (Eds.), *Evidence-based coaching, Vol 1: Theory, research and practice from the behavioral sciences* (pp. 127–141). QLD Australia: Bowen Hills.

Green, L. S., Oades, L. G., & Grant, A. M. (2006). Cognitive-behavioral, solution-focused life coaching: Enhancing goal striving, well-being, and hope. *The Journal of Positive Psychology, 1* (3), 142–149.

Grossman, P., Niemann, L., Schmidt, S., & Walach, H. (2004). Mindfulness-based stress reduction and health benefits: A meta-analysis. *Journal of Psychosomatic Research, 57* (1), 35–43.

Gyllensten, K., Palmer, S., Nilsson, E., Meland, R. A., & Frodi, A. (2010). Experience of cognitive coaching: A qualitative study. *International Coaching Psychology Review, 2* (1),

24–32.

Hargrove, R. (2003). *Masterful coaching* (Revised Edition). San Francisco: Jossey-Bass.

Hart, V., Blattner, J., & Leipsic, S. (2001). Coaching versus therapy: A perspective. *Consulting Psychology Journal, 53* (4), 229–237.

Hayes, S. C. (2004). Acceptance and commitment therapy, relational frame theory, and the third wave of behavior and cognitive therapies. *Behavior Therapy, 35* (4), 639–665.

Higgins, E. (1987). Self-discrepancy: A theory relating self and affect. *Psychological Review, 94* (3), 319–340.

Hudson, F. (1990). *The handbook of coaching: A comprehensive resource guide for managers, executives, consultants, and human resource professionals.* San Francisco: Jossey-Bass.

Hudson, F. M. (1999). Career coaching. *Career Planning and Adult Development Journal, 15* (2), 69.

Irving, J. A., & Williams, D. I. (2001). The path and price of personal development. *European Journal of Psychotherapy & Counselling, 4* (2), 225–235.

Ivey, A., & Ivey, M. (2003). *Intentional interviewing and counseling: Facilitating client development in a multicultural society.* Singagpore: Cengage Learning.

Johnson, L., & Miller, S. (1994). Modification of depression risk factors: A solution-focused approach. *Psychotherapy, 31* (3), 244–253.

John-Steiner, V. (2000). *Creative collaboration.* Oxford: Oxford University Press.

Joseph, S. (2006). Person-centred coaching psychology: A meta-theoretical perspective. *International Coaching Psychology Review, 1* (1), 47–54.

Joseph, S., & Bryant-Jefferies, R. (2007). Person-centred coaching psychology. In S. Palmer & A. Whybrow (Eds.), *Handbook of Coaching Psychology: A Guide for practitioners* (pp. 211–228). London: Routledge.

Kabat-Zinn, J. (1990). *Full catastrophe living: How to cope with stress, pain and illness using mindful meditation.* London: Piatkus.

Kauffman, C. (2006). Positive psychology: The science at the heart of coaching. In D. Stober & A. Grant (Eds.), *Evidence-based coaching handbook* (pp. 219–254). Hoboken, NJ: John Wiley & Sons.

Kauffman, C., & Scoular, A. (2004). Toward a positive psychology of executive coaching. In P. A. Linley & S. Joseph (Eds.), *Positive psychology in practice* (pp. 287–302). Hoboken, NJ: John Wiley & Sons.

Kauffman, C., Boniwell, I., & Silberman, J. (2009). The positive psychology approach to coaching. In E. Cox, T. Bachkirova & D. Clutterbuck (Eds.), *The complete handbook of coaching* (pp. 158–171). London: Sage.

Kauffman, C., & Sternberg, R. (2010). *Cambridge handbook of creativity.* Cambridge: Cambridge University Press.

Kearns, H., Forbes, A., & Gardner, M. (2007). A cognitive behavioral coaching intervention for the treatment of perfectionism and self-handicapping in a nonclinical population. *Behavioral Change, 24* (3), 157–172.

Kearns, H., & Gardiner, M. (2011). Waiting for the motivation fairy. *Nature, 472* (7341), 127.

Keyes, C., & Magyar-Moe, J. L. (2003). The measurement and utility of adult subjective well-being. In S. J. Lopez & C. R. Snyder (Eds.), *Positive psychological assessment: A handbook of models and measure* (pp. 411–426). Washington, DC: American Psychological Association.

Kiel, F., Rimmer, E., Williams, K., & Doyle, M. (1996). Coaching at the top. *Consulting Psychology Journal: Practice and Research, 48* (2), 67–77.

Killen, M., & Smetana, J. (2006). *Handbook of moral development.* London: Psychology Press.

Kilburg, R. R. (1996). Toward a conceptual understanding and definition of executive coaching. *Consulting Psychology Journal, 48* (2), 134–144.

Kilburg, R. R. (2001). Facilitating intervention adherence in executive coaching: A model and methods. *Consulting Psychology Journal, 53* (4), 251–267.

Ko, I., & Donaldson, S. I. (2011). Applied positive organizational psychology: The state of the science and practice. In S. I. Donaldson, M. Csikszentmihalyi & J. Nakamura (Eds.), *Applied positive psychology: Improving everyday life, health, schools, work and society* (pp. 137–154). New York: Routledge.

Krashen, S. (2002). Optimal levels of writing management: A re-analysis of Boice (1983).

Education, 122 (3), 605–608.

Kraus, W. (2006). The narrative negotiation of identity and belonging. *Narrative Inquiry, 16* (1), 103–111.

Kuyken, W., Watkins, E., Holden, E., White, K., Taylor, R. S., Byford, S., Evans, A., Radford, S., Teasdale, J. D., & Dalgleish, T. (2010). How does mindfulness-based cognitive therapy work? *Behaviour Research and Therapy, 48* (11), 1105–1112.

Ladegard, G., & Gjerde, S. (2014). Leadership coaching, leader role-efficacy, and trust in subordinates. A mixed methods study assessing leadership coaching as a leadership development tool. *Leadership Quarterly, 25* (4), 631–646.

Langer, E. (1997). *The power of mindful learning*. Cambridge, MA: Perseues Books.

Law, H. (2010). Coaching relationships and ethical practice. In S. Palmer & A. McDowall (Eds.), *The coaching relationship: Putting people first* (pp. 182–202). New York: Routledge.

Law, H., Ireland, S., & Hussain, Z. (2007). *Psychology of coaching, mentoring and learning*. Chichester: John Wiley & Sons.

Lazarus, R. S. (1981). A cognitivist's reply to Zajonc on emotion and cognition. *The American Psychologist, 36* (2), 222–223.

Lazarus, A. A. (1989). *The practice of multimodal therapy: Systematic, comprehensive and effective psychotherapy*. Baltimore, MD: Johns Hopkins University Press.

Lee, G. (2003). *Leadership coaching: From personal insight to organizational performance*. London: CIPD.

Linley, P. A., & Kauffman, C. (2007). Positive psychology and coaching psychology. *International Coaching Psychology Review, 2* (1), 5–8.

Linley, P. A., & Harrington, S. (2006). Strengths coaching: A potential-guided approach to coaching psychology. *International Coaching Psychology Review, 1* (1), 37–45.

Linnenbrink, E. A., & Pintrich, P. R. (2002). Motivation as an enabler for academic success. *School Psychology Review, 31* (3), 313–327.

Locke, E. A., & Latham, G. P. (1990). *A theory of goal setting and task performance*. Englewood Cliffs, NJ: Prentice Hall.

Lowman, R. L. (2013). Coaching ethics. In J. Passmore, D. B. Peterson & T. Freire (Eds.),

The Wiley-Blackwell handbook of the psychology of coaching and mentoring (pp. 68–88). Chichester: John Wiley & Sons.

Marianetti, O., & Passmore, J. (2010). Mindfulness at work: Paying attention to enhance wellbeing and performance. In P. A. Lenley, S. Harrington & N. Garcea (Eds.), *Oxford handbook of positive psychology and work* (pp. 189–200). United Kingdom: Oxford University Press.

Markland, D., Ryan, R. M., Tobin, V. J., & Rollnick, S. (2005). Motivational interviewing and self-determination theory. *Journal of Social and Clinical Psychology, 24* (6), 811–831.

McAdams, D. P. (1993). *The stories we live by: Personal myths and the making of the self.* New York: Guilford Press.

McCullough, M. E. (2011). Forgiveness as human strength: Theory, measurement, and links to well-being. *Journal of Social and Clinical Psychology, 19* (1), 43–55.

McDermott, I., & Jago, W. (2005). *The coaching bible: The essential handbook.* London: Piatkus Books.

McGee, D. (1999). *Constructive questions: How do therapeutic questions work?* University of Victoria, BC, Canada.

Meichenbaum, D. (1985). *Stress inoculation training.* New York: Pergamon Press.

Miller, W. R., & Rollnick, S. (2002). *Motivational interviewing: Preparing people for change* (2nd Ed.). New York: Guilford Press.

Milner, P., & Palmer, S. (1998). *Integrative stress counselling: A humanistic problem-focused approach.* London: Cassell (now Sage).

Moore, J. W., Middleton, D., Haggard, P., & Fletcher, P. C. (2012). Exploring implicit and explicit aspects of sense of agency. *Consciousness and Cognition, 21* (4), 1748–1753.

Munro, J. (1999). Contemporary models of psychoeducational intervention: A year-long professional development program. *The Australian Educational and Developmental Psychologist, 16* (2), 85–88.

Neenan, M. (2008). From cognitive behavioral therapy (CBT) to cognitive behavioral coaching (CBC). *Journal of Rational-Emotive and Cognitive-Behavior Therapy, 26* (1), 3–15.

Neenan, M., & Dryden, W. (2002). *Life Coaching: A cognitive behavioural approach.*

Brunner-Routledge, London.

Neenan, M., & Palmer, S. (2001). Cognitive behavior coaching. *Stress News, 13* (3), 15–18.

O'Connell, B., & Palmer, S. (Eds.). (2003). *Handbook of solution-focused therapy.* London: Sage.

O'Donovan, H. (2009). CRAIC—A model suitable for Irish coaching psychology. *Coaching Psychologist, 5* (2), 90–96.

Palmer, S. (2008). Multi-modal coaching and its application to work place, life and health coaching. *The Coaching Psychologist, 4* (1), 21–29.

Palmer, S. (2009). Rational coaching: A cognitive behavioural approach. *The Coaching Psychologist, 5* (1), 12–18.

Palmer, S., & Burton, T. (1996). *Dealing with people problems at work.* Maidenhead: McGraw-Hill.

Palmer, S., & Cooper, C. (2010). *How to deal with stress.* London: Kogan Page.

Palmer, S., & Neenan, M. (2000). Problem-focused counselling and psychotherapy. In S. Palmer & R. Wolfe (Eds.), *Integrative and eclectic counselling and psychotherapy.* London: Sage.

Palmer, S., & Szymanska, K. (2007). Cognitive behavioral coaching: An integrative approach. In S. Palmer & A. Whybrow (Eds.). *Handbook of coaching psychology: A guide for practitioners* (pp. 86–117). Hove: Routledge.

Palmer, S., & Whybrow, A. (Eds.). (2008). *Handbook of coaching psychology: A guide for practitioners.* New York: Routledge.

Palmer, S., & Whybrow, A. (2017, October 18). *What do coaching psychologists and coaches really do? Results from two International surveys.* Invited paper at the 7th International Congress of Coaching Psychology 2017. Theme: Positive and Coaching Psychology: Enhancing Performance, Resilience, and Well-being. Presented, London.

Passmore, J. (Ed.). (2006). *Excellence in coaching: The industry guide.* London: Kogan Page.

Passmore, J. (Ed.). (2010). *Excellence in Coaching: The Industry Guide* (2rd ed.). London: Kogan Page.

Passmore, J. (Ed.). (2011). *Supervision in coaching: Understanding coaching supervision, ethics, CPD and the law.* London: Kogan Page.

Passmore, J. (2016). *Excellence in coaching: The industry guide* (3rd ed.). London: Kogan Page.

Passmore, J., Peterson, D. B., & Freire, T. (Eds.). (2013). *The Wiley-blackwell handbook of the psychology of coaching and mentoring.* Chichester: John Wiley & Sons.

Peltier, B. (2001). *The psychology of executive coaching: Theory and application.* Abingdon: Routledge.

Pennebaker, J. W. (1993). Putting stress into words: Health, linguistic and therapeutic implications. *Behavior Research and Therapy, 31* (6), 539–548.

Peng, Y., & Wang, Q. (2019). The Impact of mindful agency coaching and motivational interviewing on the development of positive learning dispositions in undergraduate students: A quasi-experimental intervention study. *Journal of Educational and Psychological Consultation, 30* (1), 63–89.

Persaud, R. (2005). *The motivated mind: How to get what you want from life.* London: Bantam Books.

Peterson, D. B. (1996). Executive coaching at work: The art of one-on-one change. *Consulting Psychology Journal, 48* (2), 78–86.

Peterson, C., & Seligman, M. (2004). *Character strengths and virtues: A handbook and classification.* Washington, DC: American Psychological Association.

Piaget, J. (1952). *The origins of intelligence in children.* New York: W. W. Norton & Co.

Polkinghorne, D. E. (1988). *Narrative knowing and the human sciences.* Albany, NY: State University of New York Press.

Richard, J. T. (1999). Multimodal therapy: A useful model for the executive coach. *Consulting Psychology Journal: Practice and Research, 51* (1), 24–50.

Robinson, C., & Snipes, K. (2009). Hope, optimism and self-efficacy: A system of competence and control enhancing African American college students academic well-being. *Multiple Linear Regression Viewpoints, 35* (2), 16–26.

Rogers, C. R. (1980). *A way of being.* Boston, MA: Houghton Mifflin.

Runco, M. A. (2007). *Creativity: Theories and themes: Research, development, and practice*. Elsevier Science & Technology.

Ryan, R. M., Deci, E. L., Grolnick, W. S., & LaGuardia, J. G. (2006). The significance of autonomy and autonomy support in psychological development and psychopathology. In D. Cicchetti & D. Cohen (Eds.), *Developmental Psychopathology: Volume 1, Theory and Methods* (2nd Ed., pp. 295–849). New York: John Wiley & Sons.

Ryff, C., & Singer, B. (2006). Best news yet on the six-factor model of well-being. *Social Science Research, 35* (4), 1103–1119.

Ryff, C., & Singer, B. (2008). Know thyself and become what you are: A eudaimonic approach to psychological well-being. *Journal of Happiness Studies, 9* (1), 13–39.

Sarbin, T. R. (ed.). (1986). *Narrative psychology: The storied nature of human existence*. New York: Praeger.

Scheier, M. F. & Carver, C. S. (1985). Optimism, coping and health: Assessment and implication of generalized outcome expectancies. *Health Psychology, 4* (3), 219–247.

Schwarz, N., & Bohner, G. (1996). Feelings and their motivational implications: Moods and the action sequence. In P. Gollwitzer & J. Bargh (Eds.), *The psychology of actions: Linking cognition and motivation to behavior* (pp. 119–145). New York: Guilford Press.

Segal, Z. V., Williams, J. M. G., & Teasdale, J. D. (2002). *Mindfulness-based cognitive therapy for depression*. New York: Guilford.

Segal, Z. V., Williams, J. M. G., & Teasdale, J. D. (2013). *Mindfulness-based cognitive therapy for depression* (2nd Ed.). New York: Guilford.

Seligman, M. (2002). *Authentic happiness*. New York: Free Press.

Seligman, M. E. P., Steen, T. A., Park, N., & Peterson, C. (2005). Positive psychology progress: Empirical validation of interventions. *The American Psychologist, 60* (5), 410–421.

Seligman, M. (2007). Coaching and positive psychology. *Australian Psychologist, 42* (4), 266–267.

Seligman, M., & Csikzentmihalyi, M. (2000). Positive psychology: An introduction. *American Psychologist, 55* (1), 5–14.

Seligman, M., Rashid, T., & Parks, A. (2006). Positive psychotherapy. *American Psychologist, 61* (8), 774–788.

Skiffington, S., & Zeus, P. (2003). *Behavioral coaching*. Sydney: McGraw Hill.

Shapiro, S. L. (2009). Meditation and positive psychology. In S. Lopez & C. R. Snyder (Eds.), *Oxford handbook of positive psychology* (2nd ed., pp. 601–610). New York: Oxford University Press.

Sherman, S., & Freas, A. (2004). The wild west of executive coaching. *Harvard Business Review, 82* (11), 82–148.

Shoukry, H., & Cox, E. (2018), Coaching as a social process. *Management Learning, 49* (4), 413–428.

Simmons, L. A., & Wolever, R. Q. (2013). Integrative health coaching and motivational interviewing: Synergistic approaches to behavior change in healthcare. *Global Advances in Health and Medicine, 2* (4), 28–35.

Singh, N. N., Lamcioni, G. E., Wahler, R. G., Winton, A. S. W., & Singh, J. (2008). Mindfulness approaches in cognitive behavior therapy. *Behavior and Cognitive Therapy, 36* (6), 569–666.

Sklare, G. (2005). *Brief counselling that works: A solution-focused approach for school counsellors and administrators*. Thousand Oaks, CA: Corwin Press.

Snowden, D. J., & Boone, M. E. (2007). A leader's framework for decision making. *Harvard Business Review, 85* (11), 68–149.

Snyder, C. R. (2000). *Handbook of hope: Theory, measures, and applications*. San Diego: Academic Press.

Snyder, C. R., Shorey, H. S., Cheavens, J., Mann Pulvers, K., Adams, V. H., & Wiklund, C. (2002). Hope and academic success in college. *Journal of Educational Psychology, 94* (4), 820–826.

Solomon, L., & Rothblum, E. (1984). Academic procrastination: Frequency and cognitive-behavioral correlates. *Journal of Counseling Psychology, 31* (4), 503–509.

Spence, G. (2008). *New directions in evidence-based coaching: Investigations into the impact of mindfulness training on goal attainment and well-being*. Saarbrucken, Germany: VDM Publishing.

Spence, G. B., & Grant, A. M. (2005). Individual and group life coaching: Initial findings from a randomized, controlled trial. In M. Cavanagh, A. M. Grant & T. Kemp (Eds.),

Evidence-based coaching, Vol 1: Theory, research and practice from the behavioral sciences (pp. 143–158). QLD Australia: Bowen Hills.

Spence, G. B., & Grant, A. M. (2007). Professional and peer life coaching and the performance of goal striving and well-being: An exploratory study. *Journal of Positive Psychology, 2* (3), 185–194.

Stein, S., & Book, H. (2000). *The EQ edge: Emotional intelligence and your success*, MHS, Toronto.

Steiman, M., & Dobson, K. S. (2002). Cognitive-behavioral approaches to depression. In T. Patterson (Vol. ed.) & F. W. Kaslow (Ed.), *Comprehensive handbook of psychotherapy: Vol 2. Cognitive-behavioral approaches* (pp. 295–317). New York: Wiley.

Stelter, R. (2000). The transformation of body experiences into language. *Journal of Phenomenological Psychology, 31* (1), 63–77.

Stelter, R. (2007). Coaching: A process of personal and social meaning making. *International Coaching Psychology Review, 2* (2), 191–201.

Stelter, R. (2012). *A guide to third generation coaching: Narrative-collaborative theory and practice.* New York: Springer.

Stelter, R., & Law, H. (2010). Coaching—narrative-collaborative practice. *International Coaching Psychology Review, 5* (2), 152–164.

Sternberg, R., & Jordan, J. (2005). *A handbook of wisdom: Psychological perspective.* Cambridge: Cambridge University Press.

Stober, D. (2006). Coaching from the humanistic perspective. In D. Stober & A. Grant (Eds.), *Evidence based coaching: Putting best practices to work for your clients* (pp. 17–50). New Jersey: Wiley and Sons.

Stober, D., & Grant, A. (Eds.). (2006). *Evidence based coaching: Putting best practices to work for your clients.* New Jersey: Wiley and Sons.

Strayer, J., & Rossett, A. (1994). Coaching sales performance: A case study. *Performance Improvement Quarterly, 7* (4), 39–53.

Suzuki, S. (1973). *Zen mind, beginner's mind.* New York: Weatherhill.

Snyder, C. R. (2000). The past and possible futures of hope. *Journal of Social and Clinical Psychology, 19* (1), 11–28.

Tangney, J. P. (2009). Humility. In S. Lopez & C. R. Snyder (Eds.), *Oxford handbook of positive psychology* (2nd Ed., pp. 483–490). New York: Oxford University Press.

Tyron, W., & Misurell, J. (2008). Dissonance induction and reduction: A possible principle and connectionist mechanism for why therapies are effective. *Clinical Psychology Review, 28* (8), 1297–1309.

Vygotsky, L. (1978). *Mind in society.* London: Harvard University Press.

Walter, J. L., & Peller, J. E. (1992). *Becoming solution-focused in a brief therapy.* New York: Brunner/Mazel.

Wang, Q. (2013). Towards a systems model of coaching for learning: Empirical lessons from the secondary classroom context. *International Coaching Psychology Review, 8* (1), 35–51.

Wang, Q., & Lu, Y. (2020). Coaching college students in the development of positive learning dispositions: A randomized control trial embedded mixed-methods study. *Psychology in the Schools, 57* (9), 1417–1438.

Wang, Q., Law, H. C., Li, Y., Xu, Z., & Pang, W. (2017). Awareness and awakening: A narrative-oriented inquiry of undergraduate students' development of mindful agency in China. *Frontiers in Psychology, 8,* Article 2036.

Wang, Q., Lai, Y., Xu, X., & McDowall, A. (2022). The effectiveness of workplace coaching: A meta-analysis of contemporary psychologically informed coaching approaches. *Journal of Work-Applied Management, 14* (1), 77–101.

Wagner, C., & Ingersoll, K. (2008). Beyond cognition: Broadening the emotional base of motivational interviewing. *Journal of Psychotherapy Integration, 18* (2), 191–206.

Whitmore, J. (1992). *Coaching for performance.* London: Nicholas Bearley.

Whitmore, J. (1996). *Coaching for performance. Second edition. People skills for professionals series.* Nicholas Brealey Publishing.

Whitmore, J. (2009). *Coaching for performance (4th ed.).* London: Nicholas Bearley.

Williams, H., Edgerton, N., & Palmer, S. (2010). Cognitive behavioral coaching. In E. Cox, T. Bachkirova & D. Clutterbuck (Eds., pp. 37–53), *The complete handbook of coaching.* London: Sage.

Wolever, R. Q., Caldwell, K. L., Wakefield, J. P., Little, K. J., Gresko, J., Shaw, A., Duda,

L. V., Kosey, J. M., & Gaudet, T. (2011 a). Integrative health coaching: An organizational case study. *Explore (New York, N.Y.), 7* (1), 30–36.

Wolever, R. Q., & Dreusicke, M. H. (2016). Integrative health coaching: A behavioral skills approach that improves HbA1c and pharmacy claims-derived medication adherence. *BMJ Open Diabetes Research & Care, 4* (1), e000201.

Wolever, R. Q., Webber, D. M., Meunier, J. P., Greeson, J. M., Lausier, E. R., & Gaudet, T. W. (2011). Modifiable disease risk, readiness to change, and psychosocial functioning improve with integrative medicine immersion model. *Alternative Therapies in Health and Medicine, 17* (4), 38–47.

致谢

我能顺利完成《教练心理学：促进学习和成长的艺术（第二版）》，要感谢的人非常多。首先要感谢我的父母，对我的教育和成长给予无私的支持和帮助，他们是我最早接触到的、最棒的成长教练。感谢我的女儿兮兮，在我写作这本书的时候不断用她古灵精怪的"打扰"鞭策我早日完成。

感谢我在英国布里斯托大学的硕士导师盖伊·克莱克斯顿（Guy Claxton）、博士导师蒂姆·邦德（Tim Bond）以及如斯·科瑞克（Ruth Crick）；感谢那些资深且聪慧的心理学家、教育家、科学家以及教练心理学实践者，给了我无数的学术灵感和愉快的合作机会，特别感谢以下几位：史蒂芬·帕尔默（Stephen Palmer）、乔纳森·帕斯默（Jonathan Passmore）、罗浩松（Ho Chung Law）、赖怡玲（音译，Yi-Ling Lai）。

感谢我在华东师范大学心理与认知科学学院的领导和同事，特别感谢我们大研究组的掌门人庞维国教授，以及邀请我加入"俊秀青年书系"的副院长郝宁教授。感谢上海教育出版社的金亚静编辑，耐心、热忱地支持我完成本书。感谢我可爱的同事兼伙伴，让我感觉一起奋斗的路上并不孤单。感谢我的研究生徐晨欣和许紫仪，帮我完成繁琐的文献校对工作。

本书的每一个字都带着感恩的温度，给沿途我遇见的每一位。

图书在版编目（CIP）数据

教练心理学：促进学习和成长的艺术 / 王青著.—
2版.—上海：上海教育出版社，2023.10
（俊秀青年书系）
ISBN 978-7-5720-2075-9

Ⅰ.①教… Ⅱ.①王… Ⅲ.①教育心理学 Ⅳ.①
G644

中国国家版本馆CIP数据核字(2023)第180130号

责任编辑　金亚静
装帧设计　闻人印画

俊秀青年书系
教练心理学：促进学习和成长的艺术（第二版）
王　青　著

出版发行　上海教育出版社有限公司
官　　网　www.seph.com.cn
地　　址　上海市闵行区号景路159弄C座
邮　　编　201101
印　　刷　上海叶大印务发展有限公司
开　　本　890×1240　1/32　印张 13.75
字　　数　317 千字
版　　次　2024年1月第1版
印　　次　2024年1月第1次印刷
书　　号　ISBN 978-7-5720-2075-9/B·0048
定　　价　69.00 元

如发现质量问题，读者可向本社调换　电话：021-64373213

导师讲堂
作家干货分享精讲课堂
心灵空间
博览群书，阅读唤醒心灵
成长
测试和

知识星球

教练心理学

扫码加入

实践锦囊
教练心理学沟通实践指南

驿站
匹配在线教练

探索教练心理学的奥秘
获取学习与成长的艺术